T&P BOOKS

I0168747

DUITS
WOORDENSCHAT

THEMATISCHE WOORDENLIJST

NEDERLANDS
DUITS

De meest bruikbare woorden
Om uw woordenschat uit te breiden en
uw taalvaardigheid aan te scherpen

9000 woorden

Thematische woordenschat Nederlands-Duits - 9000 woorden

Door Andrey Taranov

Woordenlijsten van T&P Books zijn bedoeld om u woorden van een vreemde taal te helpen leren, onthouden, en bestudering. Dit woordenboek is ingedeeld in thema's en behandelt alle belangrijk terreinen van het dagelijkse leven, bedrijven, wetenschap, cultuur, etc.

Het proces van het leren van woorden met behulp van de op thema's gebaseerde aanpak van T&P Books biedt u de volgende voordelen:

- Correct gegroepeerde informatie is bepalend voor succes bij opeenvolgende stadia van het leren van woorden
- De beschikbaarheid van woorden die van dezelfde stam zijn maakt het mogelijk om woordgroepen te onthouden (in plaats van losse woorden)
- Kleine groepen van woorden faciliteren het proces van het aanmaken van associatieve verbindingen, die nodig zijn bij het consolideren van de woordenschat
- Het niveau van talenkennis kan worden ingeschat door het aantal geleerde woorden

T&P Books Publishing
www.tpbooks.com

ISBN: 978-1-78492-280-1

Dit boek is ook beschikbaar in e-boek formaat.
Gelieve www.tpbooks.com te bezoeken of de belangrijkste online boekwinkels.

DUITSE WOORDENSCHAT
nieuwe woorden leren

T&P Books woordenlijsten zijn bedoeld om u te helpen vreemde woorden te leren, te onthouden, en te bestuderen. De woordenschat bevat meer dan 9000 veel gebruikte woorden die thematisch geordend zijn.

- De woordenlijst bevat de meest gebruikte woorden
- Aanbevolen als aanvulling bij welke taalcursus dan ook
- Voldoet aan de behoeften van de beginnende en gevorderde student in vreemde talen
- Geschikt voor dagelijks gebruik, bestudering en zelftestactiviteiten
- Maakt het mogelijk om uw woordenschat te evalueren

Bijzondere kenmerken van de woordenschat

- De woorden zijn gerangschikt naar hun betekenis, niet volgens alfabet
- De woorden worden weergegeven in drie kolommen om bestudering en zelftesten te vergemakkelijken
- Woorden in groepen worden verdeeld in kleine blokken om het leerproces te vergemakkelijken
- De woordenschat biedt een handige en eenvoudige beschrijving van elk buitenlands woord

De woordenschat bevat 256 onderwerpen zoals:

Basisconcepten, getallen, kleuren, maanden, seizoenen, meeteenheden, kleding en accessoires, eten & voeding, restaurant, familieleden, verwanten, karakter, gevoelens, emoties, ziekten, stad, dorp, bezienswaardigheden, winkelen, geld, huis, thuis, kantoor, werken op kantoor, import & export, marketing, werk zoeken, sport, onderwijs, computer, internet, gereedschap, natuur, landen, nationaliteiten en meer ...

INHOUDSOPGAVE

UITSPRAAKGIDS

T&P fonetisch alfabet	Duits voorbeeld	Nederlands voorbeeld

Klinkers

[a]	Blatt	acht
[ɐ]	Meister	hart
[e]	Melodie	delen, spreken
[ɛ]	Herbst	elf, zwembad
[ə]	Leuchte	formule, wachten
[ɔ]	Knopf	aankomst, bot
[o]	Operette	overeenkomst
[œ]	Förster	Duits - 'Hölle'
[ø]	nötig	neus, beu
[æ]	Los Angeles	Nederlands Nedersaksisch - dät, Engels - cat
[i]	Spiel	bidden, tint
[ɪ]	Absicht	iemand, die
[ʊ]	Skulptur	hoed, doe
[u]	Student	hoed, doe
[y]	Pyramide	fuut, uur
[ʏ]	Eukalyptus	fuut, uur

Medeklinkers

[b]	Bibel	hebben
[d]	Dorf	Dank u, honderd
[f]	Elefant	feestdag, informeren
[ʒ]	Ingenieur	journalist, rouge
[dʒ]	Jeans	jeans, jungle
[j]	Interview	New York, januari
[g]	August	goal, tango
[h]	Haare	het, herhalen
[ç]	glücklich	wiegje
[x]	Kochtopf	licht, school
[k]	Kaiser	kennen, kleur
[l]	Verlag	delen, luchter
[m]	Messer	morgen, etmaal
[n]	Norden	nemen, zonder
[ŋ]	Onkel	optelling, jongeman

11

T&P fonetisch alfabet	Duits voorbeeld	Nederlands voorbeeld
[p]	Gespräch	parallel, koper
[r]	Force majeure	roepen, breken
[ʁ]	Kirche	gutturale R
[ʀ]	fragen	rara
[s]	Fenster	spreken, kosten
[t]	Foto	tomaat, taart
[ts]	Gesetz	niets, plaats
[ʃ]	Anschlag	shampoo, machine
[ʧ]	Deutsche	Tsjechië, cello
[w]	Sweater	twee, willen
[v]	Antwort	beloven, schrijven
[z]	langsam	zeven, zesde

Tweeklanken

[aɪ]	Speicher	byte, majoor
[ɪa]	Miniatur	signaal, Spanjaard
[ɪo]	Radio	New York, jongen
[jo]	Illustration	New York, jongen
[ɔɪ]	feucht	Hanoi, cowboy
[ɪe]	Karriere	project, yen

Aanvullende symbolen

[']	['aːbe]	hoofdklemtoon
[ˌ]	['dɛŋkˌmaːl]	bijklemtoon
[ʔ]	[o'liːvənˌʔøːl]	glottisslag
[ː]	['myːlə]	lange klinker
[·]	['ʀaɪzə·byˌʀoː]	hoge punt

AFKORTINGEN
gebruikt in de woordenschat

Nederlandse afkortingen

abn	-	als bijvoeglijk naamwoord
bijv.	-	bijvoorbeeld
bn	-	bijvoeglijk naamwoord
bw	-	bijwoord
enk.	-	enkelvoud
enz.	-	enzovoort
form.	-	formele taal
inform.	-	informele taal
mann.	-	mannelijk
mil.	-	militair
mv.	-	meervoud
on.ww.	-	onovergankelijk werkwoord
ontelb.	-	ontelbaar
ov.	-	over
ov.ww.	-	overgankelijk werkwoord
telb.	-	telbaar
vn	-	voornaamwoord
vrouw.	-	vrouwelijk
vw	-	voegwoord
vz	-	voorzetsel
wisk.	-	wiskunde
ww	-	werkwoord

Nederlandse artikelen

de	-	gemeenschappelijk geslacht
de/het	-	gemeenschappelijk geslacht, onzijdig
het	-	onzijdig

Duitse afkortingen

f	-	vrouwelijk zelfstandig naamwoord
f pl	-	vrouwelijk meervoud
f, n	-	vrouwelijk, onzijdig
m	-	mannelijk zelfstandig naamwoord
m pl	-	mannelijk meervoud

m, f	-	mannelijk, vrouwelijk
m, n	-	mannelijk, onzijdig
n	-	onzijdig
n pl	-	onzijdig meervoud
pl	-	meervoud
v mod	-	modaal werkwoord
vi	-	onovergankelijk werkwoord
vi, vt	-	onovergankelijk, overgankelijk werkwoord
vt	-	overgankelijk werkwoord

BASISBEGRIPPEN

Basisbegrippen Deel 1

1. Voornaamwoorden

ik	ich	[ɪç]
jij, je	du	[duː]
hij	er	[eːɐ]
zij, ze	sie	[ziː]
het	es	[ɛs]
wij, we	wir	[viːɐ]
jullie	ihr	[iːɐ]
U (form., enk.)	Sie	[ziː]
U (form., mv.)	Sie	[ziː]
zij, ze	sie	[ziː]

2. Begroetingen. Begroetingen. Afscheid

Hallo! Dag!	Hallo!	[haˈloː]
Hallo!	Hallo!	[haˈloː]
Goedemorgen!	Guten Morgen!	[ˈguːtən ˈmɔʁgən]
Goedemiddag!	Guten Tag!	[ˈguːtən ˈtaːk]
Goedenavond!	Guten Abend!	[ˈguːtən ˈaːbənt]
gedag zeggen (groeten)	grüßen (vi, vt)	[ˈgʁyːsən]
Hoi!	Hallo!	[haˈloː]
groeten (het)	Gruß (m)	[gʁuːs]
verwelkomen (ww)	begrüßen (vt)	[bəˈgʁyːsən]
Hoe gaat het?	Wie geht's?	[ˌviː ˈgeːts]
Is er nog nieuws?	Was gibt es Neues?	[vas giːpt ɛs ˈnɔɪəs]
Dag! Tot ziens!	Auf Wiedersehen!	[aʊf ˈviːdɐˌzeːən]
Tot snel! Tot ziens!	Bis bald!	[bɪs balt]
Vaarwel! (inform.)	Lebe wohl!	[ˈleːbə voːl]
Vaarwel! (form.)	Leben Sie wohl!	[ˈleːbən ziː voːl]
afscheid nemen (ww)	sich verabschieden	[zɪç fɛɐˈapʃiːdən]
Tot kijk!	Tschüs!	[tʃyːs]
Dank u!	Danke!	[ˈdaŋkə]
Dank u wel!	Dankeschön!	[ˈdaŋkəʃøːn]
Graag gedaan	Bitte!	[ˈbɪtə]
Geen dank!	Keine Ursache!	[ˈkaɪnə ˈuːɐˌzaxə]
Geen moeite.	Nichts zu danken!	[nɪçts tsu ˈdaŋkən]
Excuseer me, ... (inform.)	Entschuldige!	[ɛntˈʃʊldɪgə]

| Excuseer me, ... (form.) | Entschuldigung! | [ɛnt'ʃʊldɪɡʊŋ] |
| excuseren (verontschuldigen) | entschuldigen (vt) | [ɛnt'ʃʊldɪɡən] |

zich verontschuldigen	sich entschuldigen	[zɪç ɛnt'ʃʊldɪɡən]
Mijn excuses.	Verzeihung!	[fɛɐ'tsaɪʊŋ]
Het spijt me!	Entschuldigung!	[ɛnt'ʃʊldɪɡʊŋ]
vergeven (ww)	verzeihen (vt)	[fɛɐ'tsaɪən]
Maakt niet uit!	Das macht nichts!	[das maxt nɪçts]
alsjeblieft	bitte	['bɪtə]

Vergeet het niet!	Nicht vergessen!	[nɪçt fɛɐ'ɡɛsən]
Natuurlijk!	Natürlich!	[na'ty:ɐlɪç]
Natuurlijk niet!	Natürlich nicht!	[na'ty:ɐlɪç 'nɪçt]
Akkoord!	Gut! Okay!	[ɡu:t], [o'ke:]
Zo is het genoeg!	Es ist genug!	[ɛs ist ɡə'nu:k]

3. Hoe aan te spreken

meneer	Herr	[hɛʁ]
mevrouw	Frau	[fʀaʊ]
juffrouw	Frau	[fʀaʊ]
jongeman	Junger Mann	['jʏŋɐ man]
jongen	Junge	['jʊŋə]
meisje	Mädchen	['mɛːtçən]

4. Kardinale getallen. Deel 1

nul	null	[nʊl]
een	eins	[aɪns]
twee	zwei	[tsvaɪ]
drie	drei	[dʀaɪ]
vier	vier	[fi:ɐ]

vijf	fünf	[fʏnf]
zes	sechs	[zɛks]
zeven	sieben	['zi:bən]
acht	acht	[axt]
negen	neun	[nɔɪn]

tien	zehn	[tse:n]
elf	elf	[ɛlf]
twaalf	zwölf	[tsvœlf]
dertien	dreizehn	['dʀaɪtse:n]
veertien	vierzehn	['fɪʁtse:n]

vijftien	fünfzehn	['fʏnftse:n]
zestien	sechzehn	['zɛçtse:n]
zeventien	siebzehn	['zi:ptse:n]
achttien	achtzehn	['axtse:n]
negentien	neunzehn	['nɔɪntse:n]
twintig	zwanzig	['tsvantsɪç]
eenentwintig	einundzwanzig	['aɪn·ʊnt·'tsvantsɪç]

tweeëntwintig	zweiundzwanzig	['tsvaɪ·ʊnt·'tsvantsɪç]
drieëntwintig	dreiundzwanzig	['dRaɪ·ʊnt·'tsvantsɪç]
dertig	dreißig	['dRaɪsɪç]
eenendertig	einunddreißig	['aɪn·ʊnt·'dRaɪsɪç]
tweeëndertig	zweiunddreißig	['tsvaɪ·ʊnt·'dRaɪsɪç]
drieëndertig	dreiunddreißig	['dRaɪ·ʊnt·'dRaɪsɪç]
veertig	vierzig	['fɪʁtsɪç]
eenenveertig	einundvierzig	['aɪn·ʊnt·'fɪʁtsɪç]
tweeënveertig	zweiundvierzig	['tsvaɪ·ʊnt·'fɪʁtsɪç]
drieënveertig	dreiundvierzig	['dRaɪ·ʊnt·'fɪʁtsɪç]
vijftig	fünfzig	['fʏnftsɪç]
eenenvijftig	einundfünfzig	['aɪn·ʊnt·'fʏnftsɪç]
tweeënvijftig	zweiundfünfzig	['tsvaɪ·ʊnt·'fʏnftsɪç]
drieënvijftig	dreiundfünfzig	['dRaɪ·ʊnt·'fʏnftsɪç]
zestig	sechzig	['zɛçtsɪç]
eenenzestig	einundsechzig	['aɪn·ʊnt·'zɛçtsɪç]
tweeënzestig	zweiundsechzig	['tsvaɪ·ʊnt·'zɛçtsɪç]
drieënzestig	dreiundsechzig	['dRaɪ·ʊnt·'zɛçtsɪç]
zeventig	siebzig	['ziːptsɪç]
eenenzeventig	einundsiebzig	['aɪn·ʊnt·'ziːptsɪç]
tweeënzeventig	zweiundsiebzig	['tsvaɪ·ʊnt·'ziːptsɪç]
drieënzeventig	dreiundsiebzig	['dRaɪ·ʊnt·'ziːptsɪç]
tachtig	achtzig	['aχtsɪç]
eenentachtig	einundachtzig	['aɪn·ʊnt·'aχtsɪç]
tweeëntachtig	zweiundachtzig	['tsvaɪ·ʊnt·'aχtsɪç]
drieëntachtig	dreiundachtzig	['dRaɪ·ʊnt·'aχtsɪç]
negentig	neunzig	['nɔɪntsɪç]
eenennegentig	einundneunzig	['aɪn·ʊnt·'nɔɪntsɪç]
tweeënnegentig	zweiundneunzig	['tsvaɪ·ʊnt·'nɔɪntsɪç]
drieënnegentig	dreiundneunzig	['dRaɪ·ʊnt·'nɔɪntsɪç]

5. Kardinale getallen. Deel 2

honderd	einhundert	['aɪn‚hʊndɐt]
tweehonderd	zweihundert	['tsvaɪ‚hʊndɐt]
driehonderd	dreihundert	['dRaɪ‚hʊndɐt]
vierhonderd	vierhundert	['fiːɐ‚hʊndɐt]
vijfhonderd	fünfhundert	['fʏnf‚hʊndɐt]
zeshonderd	sechshundert	[zɛks‚hʊndɐt]
zevenhonderd	siebenhundert	['ziːbən‚hʊndɐt]
achthonderd	achthundert	['aχt‚hʊndɐt]
negenhonderd	neunhundert	['nɔɪn‚hʊndɐt]
duizend	eintausend	['aɪn‚taʊzənt]
tweeduizend	zweitausend	['tsvaɪ‚taʊzənt]
drieduizend	dreitausend	['dRaɪ‚taʊzənt]

tienduizend	zehntausend	['tsen͵taʊzənt]
honderdduizend	hunderttausend	['hʊndet͵taʊzənt]
miljoen (het)	Million (f)	[mɪ'ljoːn]
miljard (het)	Milliarde (f)	[mɪ'lɪaʁdə]

6. Ordinale getallen

eerste (bn)	der erste	[deːɐ 'ɛʁstə]
tweede (bn)	der zweite	[deːɐ 'tsvaɪtə]
derde (bn)	der dritte	[deːɐ 'dʀɪtə]
vierde (bn)	der vierte	[deːɐ 'fiːɐtə]
vijfde (bn)	der fünfte	[deːɐ 'fʏnftə]

zesde (bn)	der sechste	[deːɐ 'zɛkstə]
zevende (bn)	der siebte	[deːɐ 'ziːptə]
achtste (bn)	der achte	[deːɐ 'aχtə]
negende (bn)	der neunte	[deːɐ 'nɔɪntə]
tiende (bn)	der zehnte	[deːɐ tseːntə]

7. Getallen. Breuken

breukgetal (het)	Bruch (m)	[bʀʊχ]
half	Hälfte (f)	['hɛlftə]
een derde	Drittel (n)	['dʀɪtəl]
kwart	Viertel (n)	['fɪʁtəl]

een achtste	Achtel (m, n)	['aχtəl]
een tiende	Zehntel (m, n)	['tseːntəl]
twee derde	zwei Drittel	[tsvaɪ 'dʀɪtəl]
driekwart	drei Viertel	[dʀaɪ 'fɪʁtəl]

8. Getallen. Eenvoudige berekeningen

aftrekking (de)	Subtraktion (f)	[zuptʀak'tsjoːn]
aftrekken (ww)	subtrahieren (vt)	[zuptʀa'hiːʀən]
deling (de)	Division (f)	[divi'zjoːn]
delen (ww)	dividieren (vt)	[divi'diːʀən]
optelling (de)	Addition (f)	[adi'tsjoːn]
erbij optellen	addieren (vt)	[a'diːʀən]
(bij elkaar voegen)		

optellen (ww)	hinzufügen (vt)	[hɪn'tsuː͵fyːgən]
vermenigvuldiging (de)	Multiplikation (f)	[mʊltiplika'tsjoːn]
vermenigvuldigen (ww)	multiplizieren (vt)	[mʊltipli'tsiːʀən]

9. Getallen. Diversen

| cijfer (het) | Ziffer (f) | ['tsɪfə] |
| nummer (het) | Zahl (f) | [tsaːl] |

telwoord (het)	Zahlwort (n)	['tsa:l‚voʁt]
minteken (het)	Minus (n)	['mi:nʊs]
plusteken (het)	Plus (n)	[plʊs]
formule (de)	Formel (f)	['foʁməl]

berekening (de)	Berechnung (f)	[bə'ʀɛçnʊŋ]
tellen (ww)	zählen (vt)	['tsɛ:lən]
bijrekenen (ww)	berechnen (vt)	[bə'ʀɛçnən]
vergelijken (ww)	vergleichen (vt)	[fɛʁ'glaɪçən]

| Hoeveel? (ontelb.) | Wie viel? | ['vi: fi:l] |
| Hoeveel? (telb.) | Wie viele? | [vi: 'fi:lə] |

som (de), totaal (het)	Summe (f)	['zʊmə]
uitkomst (de)	Ergebnis (n)	[ɛʁ'ge:pnɪs]
rest (de)	Rest (m)	[ʀɛst]

enkele (bijv. ~ minuten)	einige	['aɪnɪgə]
weinig (bw)	wenig ...	['ve:nɪç]
restant (het)	Übrige (n)	['y:bʀɪgə]
anderhalf	anderthalb	['andɐt'halp]
dozijn (het)	Dutzend (n)	['dʊtsənt]

middendoor (bw)	entzwei	[ɛn'tsvaɪ]
even (bw)	zu gleichen Teilen	[tsu 'glaɪçən 'taɪlən]
helft (de)	Hälfte (f)	['hɛlftə]
keer (de)	Mal (n)	[ma:l]

10. De belangrijkste werkwoorden. Deel 1

aanbevelen (ww)	empfehlen (vt)	[ɛm'pfe:lən]
aandringen (ww)	bestehen auf	[bə'ʃte:ən aʊf]
aankomen (per auto, enz.)	ankommen (vi)	['an‚kɔmən]
aanraken (ww)	berühren (vt)	[bə'ʀy:ʀən]
adviseren (ww)	raten (vt)	['ʀa:tən]

afdalen (on.ww.)	herabsteigen (vi)	[hɛ'ʀapʃtaɪgən]
afslaan (naar rechts ~)	abbiegen (vi)	['ap‚bi:gən]
antwoorden (ww)	antworten (vi)	['ant‚voʁtən]
bang zijn (ww)	Angst haben	['aŋst 'ha:bən]
bedreigen (bijv. met een pistool)	drohen (vi)	['dʀo:ən]

bedriegen (ww)	täuschen (vt)	['tɔɪʃən]
beëindigen (ww)	beenden (vt)	[bə'ʔɛndən]
beginnen (ww)	beginnen (vt)	[bə'gɪnən]
begrijpen (ww)	verstehen (vt)	[fɛʁ'ʃte:ən]
beheren (managen)	leiten (vt)	['laɪtən]

beledigen (met scheldwoorden)	kränken (vt)	['kʀɛŋkən]
beloven (ww)	versprechen (vt)	[fɛʁ'ʃpʀɛçən]
bereiden (koken)	zubereiten (vt)	['tsu:bə‚ʀaɪtən]
bespreken (spreken over)	besprechen (vt)	[bə'ʃpʀɛçən]

bestellen (eten ~)	bestellen (vt)	[bə'ʃtɛlən]
bestraffen (een stout kind ~)	bestrafen (vt)	[bə'ʃtʀa:fən]
betalen (ww)	zahlen (vt)	['tsa:lən]
betekenen (beduiden)	bedeuten (vt)	[bə'dɔɪtən]
betreuren (ww)	bedauern (vt)	[bə'dauɐn]

bevallen (prettig vinden)	gefallen (vi)	[gə'falən]
bevelen (mil.)	befehlen (vt)	[ˌbə'fe:lən]
bevrijden (stad, enz.)	befreien (vt)	[bə'fʀaɪən]
bewaren (ww)	aufbewahren (vt)	['aufbəˌva:ʀən]
bezitten (ww)	besitzen (vt)	[bə'zɪtsən]

bidden (praten met God)	beten (vi)	['be:tən]
binnengaan (een kamer ~)	hereinkommen (vi)	[hɛ'ʀaɪnˌkɔmən]
breken (ww)	brechen (vt)	['bʀɛçən]
controleren (ww)	kontrollieren (vt)	[kɔntʀɔ'li:ʀən]
creëren (ww)	schaffen (vt)	['ʃafən]

deelnemen (ww)	teilnehmen (vi)	['taɪlˌne:mən]
denken (ww)	denken (vi, vt)	['dɛŋkən]
doden (ww)	ermorden (vt)	[ɛɐ'mɔʀdən]
doen (ww)	machen (vt)	['maχən]
dorst hebben (ww)	Durst haben	['duʀst 'ha:bən]

11. De belangrijkste werkwoorden. Deel 2

een hint geven	andeuten (vt)	['anˌdɔɪtən]
eisen (met klem vragen)	verlangen (vt)	[fɛɐ'laŋən]
existeren (bestaan)	existieren (vi)	[ˌɛksɪs'ti:ʀən]
gaan (te voet)	gehen (vi)	['ge:ən]

gaan zitten (ww)	sich setzen	[zɪç 'zɛtsən]
gaan zwemmen	schwimmen gehen	['ʃvɪmən 'ge:ən]
geven (ww)	geben (vt)	['ge:bən]
glimlachen (ww)	lächeln (vi)	['lɛçəln]
goed raden (ww)	richtig raten (vt)	['ʀɪçtɪç 'ʀa:tən]

| grappen maken (ww) | Witz machen | [vɪts 'maχən] |
| graven (ww) | graben (vt) | ['gʀa:bən] |

hebben (ww)	haben (vt)	[ha:bən]
helpen (ww)	helfen (vi)	['hɛlfən]
herhalen (opnieuw zeggen)	noch einmal sagen	[nɔχ 'aɪnma:l 'za:gən]
honger hebben (ww)	hungrig sein	['huŋʀɪç zaɪn]

hopen (ww)	hoffen (vi)	['hɔfən]
horen	hören (vt)	['hø:ʀən]
(waarnemen met het oor)		
huilen (wenen)	weinen (vi)	['vaɪnən]
huren (huis, kamer)	mieten (vt)	['mi:tən]
informeren (informatie geven)	informieren (vt)	[ɪnfɔʀ'mi:ʀən]

| instemmen (akkoord gaan) | zustimmen (vi) | ['tsu:ˌʃtɪmən] |
| jagen (ww) | jagen (vi) | ['jagən] |

kennen (kennis hebben van iemand)	kennen (vt)	['kɛnən]
kiezen (ww)	wählen (vt)	['vɛ:lən]
klagen (ww)	klagen (vi)	['kla:gən]

kosten (ww)	kosten (vt)	['kɔstən]
kunnen (ww)	können (v mod)	['kœnən]
lachen (ww)	lachen (vi)	['laxən]
laten vallen (ww)	fallen lassen	['falən 'lasən]
lezen (ww)	lesen (vi, vt)	['le:zən]

liefhebben (ww)	lieben (vt)	['li:bən]
lunchen (ww)	zu Mittag essen	[tsu 'mɪta:k 'ɛsən]
nemen (ww)	nehmen (vt)	['ne:mən]
nodig zijn (ww)	nötig sein	['nø:tɪç zaɪn]

12. De belangrijkste werkwoorden. Deel 3

onderschatten (ww)	unterschätzen (vt)	[ˌʊntɐ'ʃɛtsən]
ondertekenen (ww)	unterschreiben (vt)	[ˌʊntɐ'ʃʁaɪbən]
ontbijten (ww)	frühstücken (vi)	['fʁy:ʃtʏkən]
openen (ww)	öffnen (vt)	['œfnən]
ophouden (ww)	einstellen (vt)	['aɪnʃtɛlən]
opmerken (zien)	bemerken (vt)	[bə'mɛʁkən]

opscheppen (ww)	prahlen (vi)	['pʁa:lən]
opschrijven (ww)	aufschreiben (vt)	['aʊfʃʁaɪbən]
plannen (ww)	planen (vt)	['pla:nən]
prefereren (verkiezen)	vorziehen (vt)	['foɐˌtsi:ən]
proberen (trachten)	versuchen (vt)	[fɛɐ'zu:xən]
redden (ww)	retten (vt)	['ʁɛtən]

rekenen op …	auf … zählen	[aʊf … 'tsɛ:lən]
rennen (ww)	laufen (vi)	['laʊfən]
reserveren (een hotelkamer ~)	reservieren (vt)	[ʁezɛɐ'vi:ʁən]
roepen (om hulp)	rufen (vi)	['ʁu:fən]
schieten (ww)	schießen (vi)	['ʃi:sən]
schreeuwen (ww)	schreien (vi)	['ʃʁaɪən]

schrijven (ww)	schreiben (vi, vt)	['ʃʁaɪbən]
souperen (ww)	zu Abend essen	[tsu 'a:bənt 'ɛsən]
spelen (kinderen)	spielen (vi, vt)	['ʃpi:lən]
spreken (ww)	sprechen (vi)	['ʃpʁɛçən]
stelen (ww)	stehlen (vt)	['ʃte:lən]
stoppen (pauzeren)	stoppen (vt)	['ʃtɔpən]

studeren (Nederlands ~)	lernen (vt)	['lɛʁnən]
sturen (zenden)	abschicken (vt)	['apʃɪkən]
tellen (optellen)	rechnen (vt)	['ʁɛçnən]
toebehoren aan …	gehören (vi)	[gə'hø:ʁən]
toestaan (ww)	erlauben (vt)	[ɛɐ'laʊbən]
tonen (ww)	zeigen (vt)	['tsaɪgən]
twijfelen (onzeker zijn)	zweifeln (vi)	['tsvaɪfəln]

uitgaan (ww)	**ausgehen** (vi)	['aʊsˌgeːən]
uitnodigen (ww)	**einladen** (vt)	['aɪnˌlaːdən]
uitspreken (ww)	**aussprechen** (vt)	['aʊsˌʃpʀɛçən]
uitvaren tegen (ww)	**schelten** (vt)	['ʃɛltən]

13. De belangrijkste werkwoorden. Deel 4

vallen (ww)	**fallen** (vi)	['falən]
vangen (ww)	**fangen** (vt)	['faŋən]
veranderen (anders maken)	**ändern** (vt)	['ɛndən]
verbaasd zijn (ww)	**staunen** (vi)	['ʃtaunən]
verbergen (ww)	**verstecken** (vt)	[fɛɐ'ʃtɛkən]

verdedigen (je land ~)	**verteidigen** (vt)	[fɛɐ'taɪdɪgən]
verenigen (ww)	**vereinigen** (vt)	[fɛɐ'ʔaɪnɪgən]
vergelijken (ww)	**vergleichen** (vt)	[fɛɐ'glaɪçən]
vergeten (ww)	**vergessen** (vt)	[fɛɐ'gɛsən]
vergeven (ww)	**verzeihen** (vt)	[fɛɐ'tsaɪən]

verklaren (uitleggen)	**erklären** (vt)	[ɛɐ'klɛːʀən]
verkopen (per stuk ~)	**verkaufen** (vt)	[fɛɐ'kaʊfən]
vermelden (praten over)	**erwähnen** (vt)	[ɛɐ'vɛːnən]
versieren (decoreren)	**schmücken** (vt)	['ʃmʏkən]
vertalen (ww)	**übersetzen** (vt)	[ˌyːbe'zɛtsən]

vertrouwen (ww)	**vertrauen** (vi)	[fɛɐ'tʀaʊən]
vervolgen (ww)	**fortsetzen** (vt)	['fɔʁtˌzɛtsən]
verwarren (met elkaar ~)	**verwechseln** (vt)	[fɛɐ'vɛksəln]
verzoeken (ww)	**bitten** (vt)	['bɪtən]
verzuimen (school, enz.)	**versäumen** (vt)	[fɛɐ'zɔɪmən]

vinden (ww)	**finden** (vt)	['fɪndən]
vliegen (ww)	**fliegen** (vi)	['fliːgən]
volgen (ww)	**folgen** (vi)	['fɔlgən]
voorstellen (ww)	**vorschlagen** (vt)	['foːɐ̯ʃlaːgən]
voorzien (verwachten)	**voraussehen** (vt)	[fo'ʀaʊsˌzeːən]
vragen (ww)	**fragen** (vt)	['fʀaːgən]

waarnemen (ww)	**beobachten** (vt)	[bə'ʔoːbaχtən]
waarschuwen (ww)	**warnen** (vt)	['vaʁnən]
wachten (ww)	**warten** (vi)	['vaʁtən]
weerspreken (ww)	**einwenden** (vt)	['aɪnˌvɛndən]
weigeren (ww)	**sich weigern**	[zɪç 'vaɪgən]

werken (ww)	**arbeiten** (vi)	['aʁbaɪtən]
weten (ww)	**wissen** (vt)	['vɪsən]
willen (verlangen)	**wollen** (vt)	['vɔlən]
zeggen (ww)	**sagen** (vt)	['zaːgən]
zich haasten (ww)	**sich beeilen**	[zɪç bə'ʔaɪlən]

zich interesseren voor ...	**sich interessieren**	[zɪç ɪntəʀɛ'siːʀən]
zich vergissen (ww)	**sich irren**	[zɪç 'ɪʀən]
zich verontschuldigen	**sich entschuldigen**	[zɪç ɛnt'ʃʊldɪgən]
zien (ww)	**sehen** (vi, vt)	['zeːən]

zijn (ww)	sein (vi)	[zaɪn]
zoeken (ww)	suchen (vt)	['zu:χən]
zwemmen (ww)	schwimmen (vi)	['ʃvɪmən]
zwijgen (ww)	schweigen (vi)	['ʃvaɪgən]

14. Kleuren

kleur (de)	Farbe (f)	['faʁbə]
tint (de)	Schattierung (f)	[ʃa'ti:ʁʊŋ]
kleurnuance (de)	Farbton (m)	['faʁpˌtoːn]
regenboog (de)	Regenbogen (m)	['ʀeːgənˌboːgən]

wit (bn)	weiß	[vaɪs]
zwart (bn)	schwarz	[ʃvaʁts]
grijs (bn)	grau	[gʀaʊ]

groen (bn)	grün	[gʀyːn]
geel (bn)	gelb	[gɛlp]
rood (bn)	rot	[ʀoːt]

blauw (bn)	blau	[blaʊ]
lichtblauw (bn)	hellblau	['hɛlˌblaʊ]
roze (bn)	rosa	['ʀoːza]
oranje (bn)	orange	[o'ʀanʃ]
violet (bn)	violett	[vɪo'lɛt]
bruin (bn)	braun	[bʀaʊn]

| goud (bn) | golden | ['gɔldən] |
| zilverkleurig (bn) | silbrig | ['zɪlbʀɪç] |

beige (bn)	beige	[be:ʃ]
roomkleurig (bn)	cremefarben	['kʀɛːmˌfaʁbən]
turkoois (bn)	türkis	[tʏʁ'kiːs]
kersrood (bn)	kirschrot	['kɪʁʃʀoːt]
lila (bn)	lila	['liːla]
karmijnrood (bn)	himbeerrot	['hɪmbeːɐˌʀoːt]

licht (bn)	hell	[hɛl]
donker (bn)	dunkel	['dʊŋkəl]
fel (bn)	grell	[gʀɛl]

kleur-, kleurig (bn)	Farb-	['faʁp]
kleuren- (abn)	Farb-	['faʁp]
zwart-wit (bn)	schwarz-weiß	['ʃvaʁtsˌvaɪs]
eenkleurig (bn)	einfarbig	['aɪnˌfaʁbɪç]
veelkleurig (bn)	bunt	[bʊnt]

15. Vragen

Wie?	Wer?	[veːɐ]
Wat?	Was?	[vas]
Waar?	Wo?	[voː]

Waarheen?	Wohin?	[vo'hɪn]
Waarvandaan?	Woher?	[vo'he:ɐ]
Wanneer?	Wann?	[van]
Waarom?	Wozu?	[vo'tsu:]
Waarom?	Warum?	[va'ʀʊm]

Waarvoor dan ook?	Wofür?	[vo'fy:ɐ]
Hoe?	Wie?	[vi:]
Wat voor …?	Welcher?	['vɛlçɐ]
Welk?	Welcher?	['vɛlçɐ]

Aan wie?	Wem?	[ve:m]
Over wie?	Über wen?	['y:bɐ ve:n]
Waarover?	Wovon?	[vo:'fɔn]
Met wie?	Mit wem?	[mɪt ve:m]

Hoeveel? (ontelb.)	Wie viel?	['vi: fi:l]
Hoeveel? (telb.)	Wie viele?	[vi: 'fi:lə]
Van wie? (mann.)	Wessen?	['vɛsən]

16. Voorzetsels

met (bijv. ~ beleg)	mit	[mɪt]
zonder (~ accent)	ohne	['o:nə]
naar (in de richting van)	nach	[na:χ]
over (praten ~)	über	['y:bɐ]
voor (in tijd)	vor	[fo:ɐ]
voor (aan de voorkant)	vor	[fo:ɐ]

onder (lager dan)	unter	['ʊntɐ]
boven (hoger dan)	über	['y:bɐ]
op (bovenop)	auf	[aʊf]
van (uit, afkomstig van)	aus	['aʊs]
van (gemaakt van)	aus, von	['aʊs], [fɔn]

| over (bijv. ~ een uur) | in | [ɪn] |
| over (over de bovenkant) | über | ['y:bɐ] |

17. Functiewoorden. Bijwoorden. Deel 1

Waar?	Wo?	[vo:]
hier (bw)	hier	[hi:ɐ]
daar (bw)	dort	[dɔʁt]

| ergens (bw) | irgendwo | ['ɪʁɡənt'vo:] |
| nergens (bw) | nirgends | ['nɪʁɡənts] |

| bij … (in de buurt) | an | [an] |
| bij het raam | am Fenster | [am 'fɛnstɐ] |

| Waarheen? | Wohin? | [vo'hɪn] |
| hierheen (bw) | hierher | ['hi:ɐ'he:ɐ] |

daarheen (bw)	dahin	[da'hɪn]
hiervandaan (bw)	von hier	[fɔn hi:ɐ]
daarvandaan (bw)	von da	[fɔn da:]

| dichtbij (bw) | nah | [na:] |
| ver (bw) | weit | [vaɪt] |

in de buurt (van ...)	in der Nähe von ...	[ɪn de:ɐ 'nɛ:ɐ fɔn]
dichtbij (bw)	in der Nähe	[ɪn de:ɐ 'nɛ:ə]
niet ver (bw)	unweit	['ʊnvaɪt]

linker (bn)	link	[lɪŋk]
links (bw)	links	[lɪŋks]
linksaf, naar links (bw)	nach links	[na:χ lɪŋks]

rechter (bn)	recht	[ʀɛçt]
rechts (bw)	rechts	[ʀɛçts]
rechtsaf, naar rechts (bw)	nach rechts	[na:χ ʀɛçts]

vooraan (bw)	vorne	['fɔʀnə]
voorste (bn)	Vorder-	['fɔʀdɐ]
vooruit (bw)	vorwärts	['fo:ɐvɛʀts]

achter (bw)	hinten	['hɪntən]
van achteren (bw)	von hinten	[fɔn 'hɪntən]
achteruit (naar achteren)	rückwärts	['ʀʏk,vɛʀts]

| midden (het) | Mitte (f) | ['mɪtə] |
| in het midden (bw) | in der Mitte | [ɪn de:ɐ 'mɪtə] |

opzij (bw)	seitlich	['zaɪtlɪç]
overal (bw)	überall	[y:bɐ'ʔal]
omheen (bw)	ringsherum	[,ʀɪŋshɛ'ʀʊm]

binnenuit (bw)	von innen	[fɔn 'ɪnən]
naar ergens (bw)	irgendwohin	['ɪʀgənt·vo'hɪn]
rechtdoor (bw)	geradeaus	[gəʀa:də'ʔaʊs]
terug (bijv. ~ komen)	zurück	[tsu'ʀʏk]

| ergens vandaan (bw) | irgendwoher | ['ɪʀgənt·vo'he:ɐ] |
| ergens vandaan (en dit geld moet ~ komen) | von irgendwo | [fɔn ,ɪʀgənt'vo:] |

ten eerste (bw)	erstens	['e:ɐstəns]
ten tweede (bw)	zweitens	['tsvaɪtəns]
ten derde (bw)	drittens	['dʀɪtəns]

plotseling (bw)	plötzlich	['plœtslɪç]
in het begin (bw)	zuerst	[tsu'ʔe:ɐst]
voor de eerste keer (bw)	zum ersten Mal	[tsʊm 'e:ɐstən 'ma:l]
lang voor ... (bw)	lange vor ...	['laŋə fo:ɐ]
opnieuw (bw)	von Anfang an	[fɔn 'an,faŋ an]
voor eeuwig (bw)	für immer	[fy:ɐ 'ɪmɐ]

| nooit (bw) | nie | [ni:] |
| weer (bw) | wieder | ['vi:dɐ] |

25

nu (bw)	jetzt	[jɛtst]
vaak (bw)	oft	[ɔft]
toen (bw)	damals	['da:ma:ls]
urgent (bw)	dringend	['dʀɪŋənt]
meestal (bw)	gewöhnlich	[gə'vø:nlɪç]

trouwens, ...	übrigens, ...	['y:bʀɪgəns]
(tussen haakjes)		
mogelijk (bw)	möglicherweise	['mø:klɪçɐ'vaɪzə]
waarschijnlijk (bw)	wahrscheinlich	[va:ɐ'ʃaɪnlɪç]
misschien (bw)	vielleicht	[fi'laɪçt]
trouwens (bw)	außerdem ...	['aʊsɐde:m]
daarom ...	deshalb ...	['dɛs'halp]
in weerwil van ...	trotz ...	[tʀɔts]
dankzij ...	dank ...	[daŋk]

wat (vn)	was	[vas]
dat (vw)	das	[das]
iets (vn)	etwas	['ɛtvas]
iets	irgendwas	['ɪʁgənt'vas]
niets (vn)	nichts	[nɪçts]

wie (~ is daar?)	wer	[ve:ɐ]
iemand (een onbekende)	jemand	['je:mant]
iemand	irgendwer	['ɪʁgənt've:ɐ]
(een bepaald persoon)		

niemand (vn)	niemand	['ni:mant]
nergens (bw)	nirgends	['nɪʁgənts]
niemands (bn)	niemandes	['ni:mandəs]
iemands (bn)	jemandes	['je:mandəs]

zo (Ik ben ~ blij)	so	[zo:]
ook (evenals)	auch	['aʊx]
alsook (eveneens)	ebenfalls	['e:bən‚fals]

18. Functiewoorden. Bijwoorden. Deel 2

Waarom?	Warum?	[va'ʀʊm]
om een bepaalde reden	aus irgendeinem Grund	['aʊs 'ɪʁgənt'ʔaɪnəm gʀʊnt]
omdat ...	weil ...	[vaɪl]
voor een bepaald doel	zu irgendeinem Zweck	[tsu 'ɪʁgənt'ʔaɪnəm tsvɛk]

en (vw)	und	[ʊnt]
of (vw)	oder	['o:dɐ]
maar (vw)	aber	['a:bɐ]
voor (vz)	für	[fy:ɐ]

te (~ veel mensen)	zu	[tsu:]
alleen (bw)	nur	[nu:ɐ]
precies (bw)	genau	[gə'naʊ]
ongeveer (~ 10 kg)	etwa	['ɛtva]
omstreeks (bw)	ungefähr	['ʊngəfɛ:ɐ]

bij benadering (bn)	ungefähr	['ʊngəfɛ:ɐ]
bijna (bw)	fast	[fast]
rest (de)	Übrige (n)	['y:brɪgə]

de andere (tweede)	der andere	[de:ɐ 'andəʀə]
ander (bn)	andere	['andəʀə]
elk (bn)	jeder (m)	['je:dɐ]
om het even welk	beliebig	[bɛ'li:bɪç]
veel (grote hoeveelheid)	viel	[fi:l]
veel mensen	viele Menschen	['fi:lə 'mɛnʃən]
iedereen (alle personen)	alle	['alə]

in ruil voor ...	im Austausch gegen ...	[ɪm 'aʊsˌtaʊʃ 'ge:gən]
in ruil (bw)	dafür	[da'fy:ɐ]
met de hand (bw)	mit der Hand	[mɪt de:ɐ hant]
onwaarschijnlijk (bw)	schwerlich	['ʃve:elɪç]

waarschijnlijk (bw)	wahrscheinlich	[va:ɐ'ʃaɪnlɪç]
met opzet (bw)	absichtlich	['apˌzɪçtlɪç]
toevallig (bw)	zufällig	['tsu:fɛlɪç]

zeer (bw)	sehr	[ze:ɐ]
bijvoorbeeld (bw)	zum Beispiel	[tsʊm 'baɪʃpi:l]
tussen (~ twee steden)	zwischen	['tsvɪʃən]
tussen (te midden van)	unter	['ʊntɐ]
zoveel (bw)	so viel	[zo: 'fi:l]
vooral (bw)	besonders	[bə'zɔndɐs]

Basisbegrippen Deel 2

19. Dagen van de week

maandag (de)	Montag (m)	['moːntaːk]
dinsdag (de)	Dienstag (m)	['diːnstaːk]
woensdag (de)	Mittwoch (m)	['mɪtvɔx]
donderdag (de)	Donnerstag (m)	['dɔnɐstaːk]
vrijdag (de)	Freitag (m)	['fʀaɪtaːk]
zaterdag (de)	Samstag (m)	['zamstaːk]
zondag (de)	Sonntag (m)	['zɔntaːk]

vandaag (bw)	heute	['hɔɪtə]
morgen (bw)	morgen	['mɔʀgən]
overmorgen (bw)	übermorgen	['yːbɐˌmɔʀgən]
gisteren (bw)	gestern	['gɛstɐn]
eergisteren (bw)	vorgestern	['foːɐgɛstɐn]

dag (de)	Tag (m)	[taːk]
werkdag (de)	Arbeitstag (m)	['aʁbaɪtsˌtaːk]
feestdag (de)	Feiertag (m)	['faɪɐˌtaːk]
verlofdag (de)	freier Tag (m)	['fʀaɪɐ taːk]
weekend (het)	Wochenende (n)	['vɔxənˌʔɛndə]

de hele dag (bw)	den ganzen Tag	[den 'gantsən 'taːk]
de volgende dag (bw)	am nächsten Tag	[am 'nɛːçstən taːk]
twee dagen geleden	zwei Tage vorher	[tsvaɪ 'taːgə 'foːɐhəːɐ]
aan de vooravond (bw)	am Vortag	[am 'foːɐˌtaːk]
dag-, dagelijks (bn)	täglich	['tɛːklɪç]
elke dag (bw)	täglich	['tɛːklɪç]

week (de)	Woche (f)	['vɔxə]
vorige week (bw)	letzte Woche	['lɛtstə 'vɔxə]
volgende week (bw)	nächste Woche	['nɛːçstə 'vɔxə]
wekelijks (bn)	wöchentlich	['vœçəntlɪç]
elke week (bw)	wöchentlich	['vœçəntlɪç]
twee keer per week	zweimal pro Woche	['tsvaɪmaːl pʀɔ 'vɔxə]
elke dinsdag	jeden Dienstag	['jeːdən 'diːnstaːk]

20. Uren. Dag en nacht

morgen (de)	Morgen (m)	['mɔʀgən]
's morgens (bw)	morgens	['mɔʀgəns]
middag (de)	Mittag (m)	['mɪtaːk]
's middags (bw)	nachmittags	['naːxmɪˌtaːks]

avond (de)	Abend (m)	['aːbənt]
's avonds (bw)	abends	['aːbənts]

nacht (de)	Nacht (f)	[naxt]
's nachts (bw)	nachts	[naxts]
middernacht (de)	Mitternacht (f)	['mɪtɐˌnaxt]

seconde (de)	Sekunde (f)	[ze'kʊndə]
minuut (de)	Minute (f)	[mi'nu:tə]
uur (het)	Stunde (f)	['ʃtʊndə]
halfuur (het)	eine halbe Stunde	['aɪnə 'halbə 'ʃtʊndə]
kwartier (het)	Viertelstunde (f)	['fɪʁtəlˌʃtʊndə]
vijftien minuten	fünfzehn Minuten	['fʏnftseːn mi'nu:tən]
etmaal (het)	Tag und Nacht	['ta:k ʊnt 'naxt]

zonsopgang (de)	Sonnenaufgang (m)	['zɔnənˌʔaʊfgaŋ]
dageraad (de)	Morgendämmerung (f)	['mɔʁgənˌdɛmərʊŋ]
vroege morgen (de)	früher Morgen (m)	['fʁy:ɐ 'mɔʁgən]
zonsondergang (de)	Sonnenuntergang (m)	['zɔnənˌʔʊntɐgaŋ]

's morgens vroeg (bw)	früh am Morgen	[fʁy: am 'mɔʁgən]
vanmorgen (bw)	heute morgen	['hɔɪtə 'mɔʁgən]
morgenochtend (bw)	morgen früh	['mɔʁgən fʁy:]
vanmiddag (bw)	heute Mittag	['hɔɪtə 'mɪta:k]
's middags (bw)	nachmittags	['na:xmɪˌta:ks]
morgenmiddag (bw)	morgen Nachmittag	['mɔʁgən 'na:xmɪˌta:k]
vanavond (bw)	heute Abend	['hɔɪtə 'a:bənt]
morgenavond (bw)	morgen Abend	['mɔʁgən 'a:bənt]

klokslag drie uur	Punkt drei Uhr	[pʊŋkt dʁaɪ u:ɐ]
ongeveer vier uur	gegen vier Uhr	['ge:gn fi:ɐ u:ɐ]
tegen twaalf uur	um zwölf Uhr	[ʊm tsvœlf u:ɐ]

over twintig minuten	in zwanzig Minuten	[ɪn 'tsvantsɪç mi'nu:tən]
over een uur	in einer Stunde	[ɪn 'aɪnə 'ʃtʊndə]
op tijd (bw)	rechtzeitig	['ʁɛçtˌtsaɪtɪç]

kwart voor ...	Viertel vor ...	['fɪʁtəl fo:ɐ]
binnen een uur	innerhalb einer Stunde	['ɪnɐhalp 'aɪnə 'ʃtʊndə]
elk kwartier	alle fünfzehn Minuten	['alə 'fʏnftse:n mi'nu:tən]
de klok rond	Tag und Nacht	['ta:k ʊnt 'naxt]

21. Maanden. Seizoenen

januari (de)	Januar (m)	['janua:ɐ]
februari (de)	Februar (m)	['fe:bʁua:ɐ]
maart (de)	März (m)	[mɛʁts]
april (de)	April (m)	[a'pʁɪl]
mei (de)	Mai (m)	[maɪ]
juni (de)	Juni (m)	['ju:ni]

juli (de)	Juli (m)	['ju:li]
augustus (de)	August (m)	[aʊ'gʊst]
september (de)	September (m)	[zɛp'tɛmbɐ]
oktober (de)	Oktober (m)	[ɔk'to:bɐ]
november (de)	November (m)	[no'vɛmbɐ]
december (de)	Dezember (m)	[de'tsɛmbɐ]

lente (de)	Frühling (m)	['fʀy:lɪŋ]
in de lente (bw)	im Frühling	[ɪm 'fʀy:lɪŋ]
lente- (abn)	Frühlings-	['fʀy:lɪŋs]
zomer (de)	Sommer (m)	['zɔmɐ]
in de zomer (bw)	im Sommer	[ɪm 'zɔmɐ]
zomer-, zomers (bn)	Sommer-	['zɔmɐ]
herfst (de)	Herbst (m)	[hɛʁpst]
in de herfst (bw)	im Herbst	[ɪm hɛʁpst]
herfst- (abn)	Herbst-	[hɛʁpst]
winter (de)	Winter (m)	['vɪntɐ]
in de winter (bw)	im Winter	[ɪm 'vɪntɐ]
winter- (abn)	Winter-	['vɪntɐ]
maand (de)	Monat (m)	['mo:nat]
deze maand (bw)	in diesem Monat	[ɪn 'di:zəm 'mo:nat]
volgende maand (bw)	nächsten Monat	['nɛ:çstən 'mo:nat]
vorige maand (bw)	letzten Monat	['lɛtstən 'mo:nat]
een maand geleden (bw)	vor einem Monat	[fo:ɐ 'aɪnəm 'mo:nat]
over een maand (bw)	über eine Monat	['y:bɐ 'aɪnə 'mo:nat]
over twee maanden (bw)	in zwei Monaten	[ɪn tsvaɪ 'mo:natən]
de hele maand (bw)	einen ganzen Monat	['aɪnən 'gantsən 'mo:nat]
een volle maand (bw)	den ganzen Monat	[de:n 'gantsən 'mo:nat]
maand-, maandelijks (bn)	monatlich	['mo:natlɪç]
maandelijks (bw)	monatlich	['mo:natlɪç]
elke maand (bw)	jeden Monat	['je:dən 'mo:nat]
twee keer per maand	zweimal pro Monat	['tsvaɪma:l pʀo 'mo:nat]
jaar (het)	Jahr (n)	[ja:ɐ]
dit jaar (bw)	dieses Jahr	['di:zəs ja:ɐ]
volgend jaar (bw)	nächstes Jahr	['nɛ:çstəs ja:ɐ]
vorig jaar (bw)	voriges Jahr	['fo:ʀɪgəs ja:ɐ]
een jaar geleden (bw)	vor einem Jahr	[fo:ɐ 'aɪnəm ja:ɐ]
over een jaar	in einem Jahr	[ɪn 'aɪnəm ja:ɐ]
over twee jaar	in zwei Jahren	[ɪn tsvaɪ 'ja:ʀən]
het hele jaar	ein ganzes Jahr	[aɪn 'gantsəs ja:ɐ]
een vol jaar	das ganze Jahr	[das 'gantsə ja:ɐ]
elk jaar	jedes Jahr	['je:dəs ja:ɐ]
jaar-, jaarlijks (bn)	jährlich	['jɛ:ɐlɪç]
jaarlijks (bw)	jährlich	['jɛ:ɐlɪç]
4 keer per jaar	viermal pro Jahr	['fi:ɐma:l pʀo ja:ɐ]
datum (de)	Datum (n)	['da:tʊm]
datum (de)	Datum (n)	['da:tʊm]
kalender (de)	Kalender (m)	[ka'lɛndɐ]
een half jaar	ein halbes Jahr	[aɪn 'halbəs ja:ɐ]
zes maanden	Halbjahr (n)	['halpja:ɐ]
seizoen (bijv. lente, zomer)	Saison (f)	[zɛ'zɔn]
eeuw (de)	Jahrhundert (n)	[ja:ɐ'hʊndɐt]

22. Tijd. Diversen

tijd (de)	Zeit (f)	[tsaɪt]
ogenblik (het)	Augenblick (m)	[ˌaʊgən'blɪk]
moment (het)	Moment (m)	[mo'mɛnt]
ogenblikkelijk (bn)	augenblicklich	[ˌaʊgən'blɪklɪç]
tijdsbestek (het)	Zeitspanne (f)	['tsaɪtʃpanə]
leven (het)	Leben (n)	['le:bən]
eeuwigheid (de)	Ewigkeit (f)	['e:vɪçkaɪt]

epoche (de), tijdperk (het)	Epoche (f)	[e'pɔχə]
era (de), tijdperk (het)	Ära (f)	['ɛ:ʀa]
cyclus (de)	Zyklus (m)	['tsy:klʊs]
periode (de)	Periode (f)	[pe'ʀɪo:də]
termijn (vastgestelde periode)	Frist (f)	[fʀɪst]

toekomst (de)	Zukunft (f)	['tsu:ˌkʊnft]
toekomstig (bn)	zukünftig	['tsu:ˌkʏnftɪç]
de volgende keer	nächstes Mal	['nɛ:çstəs mal]
verleden (het)	Vergangenheit (f)	[ˌfɛɐ'gaŋənhaɪt]
vorig (bn)	vorig	['fo:ʀɪç]
de vorige keer	letztes Mal	['lɛtstəs ma:l]

later (bw)	später	['ʃpɛ:tɐ]
na (~ het diner)	danach	[da'na:χ]
tegenwoordig (bw)	zur Zeit	[tsu:ɐ 'tsaɪt]
nu (bw)	jetzt	[jɛtst]
onmiddellijk (bw)	sofort	[zo'fɔʁt]
snel (bw)	bald	[balt]
bij voorbaat (bw)	im Voraus	[ɪm fo'ʀaʊs]

lang geleden (bw)	lange her	['laŋə he:ɐ]
kort geleden (bw)	vor kurzem	[fo:ɐ 'kʊʁtsəm]
noodlot (het)	Schicksal (n)	['ʃɪkˌza:l]
herinneringen (mv.)	Erinnerungen (pl)	[ɛɐ'ʔɪnəʀʊŋən]
archief (het)	Archiv (n)	[aʁ'çi:f]

tijdens … (ten tijde van)	während …	['vɛ:ʀənt]
lang (bw)	lange	['laŋə]
niet lang (bw)	nicht lange	[nɪçt 'laŋə]
vroeg (bijv. ~ in de ochtend)	früh	[fʀy:]
laat (bw)	spät	[ʃpɛ:t]

voor altijd (bw)	für immer	[fy:ɐ 'ɪmɐ]
beginnen (ww)	beginnen (vt)	[bə'gɪnən]
uitstellen (ww)	verschieben (vt)	[fɛɐ'ʃi:bən]

tegelijkertijd (bw)	gleichzeitig	['glaɪçˌtsaɪtɪç]
voortdurend (bw)	ständig	['ʃtɛndɪç]
voortdurend	konstant	[kɔn'stant]
tijdelijk (bn)	zeitweilig	['tsaɪtvaɪlɪç]

soms (bw)	manchmal	['mançma:l]
zelden (bw)	selten	['zɛltən]
vaak (bw)	oft	[ɔft]

23. Tegenovergestelden

| rijk (bn) | reich | [ʀaɪç] |
| arm (bn) | arm | [aʁm] |

| ziek (bn) | krank | [kʀaŋk] |
| gezond (bn) | gesund | [gə'zʊnt] |

| groot (bn) | groß | [gʀo:s] |
| klein (bn) | klein | [klaɪn] |

| snel (bw) | schnell | [ʃnɛl] |
| langzaam (bw) | langsam | ['laŋza:m] |

| snel (bn) | schnell | [ʃnɛl] |
| langzaam (bn) | langsam | ['laŋza:m] |

| vrolijk (bn) | froh | [fʀo:] |
| treurig (bn) | traurig | ['tʀaʊʀɪç] |

| samen (bw) | zusammen | [tsu'zamən] |
| apart (bw) | getrennt | [gə'tʀɛnt] |

| hardop (~ lezen) | laut | [laʊt] |
| stil (~ lezen) | still | [ʃtɪl] |

| hoog (bn) | hoch | [ho:χ] |
| laag (bn) | niedrig | ['ni:dʀɪç] |

| diep (bn) | tief | [ti:f] |
| ondiep (bn) | flach | [flaχ] |

| ja | ja | [ja:] |
| nee | nein | [naɪn] |

| ver (bn) | fern | [fɛʁn] |
| dicht (bn) | nah | [na:] |

| ver (bw) | weit | [vaɪt] |
| dichtbij (bw) | nebenan | [ne:bən'ʔan] |

| lang (bn) | lang | [laŋ] |
| kort (bn) | kurz | [kʊʁts] |

| vriendelijk (goedhartig) | gut | [gu:t] |
| kwaad (bn) | böse | ['bø:zə] |

| gehuwd (mann.) | verheiratet | [fɛɐ'haɪʀa:tət] |
| ongehuwd (mann.) | ledig | ['le:dɪç] |

| verbieden (ww) | verbieten (vt) | [fɛɐ'bi:tən] |
| toestaan (ww) | erlauben (vt) | [ɛɐ'laʊbən] |

| einde (het) | Ende (n) | ['ɛndə] |
| begin (het) | Anfang (m) | ['anfaŋ] |

| linker (bn) | link | [lɪŋk] |
| rechter (bn) | recht | [ʀɛçt] |

| eerste (bn) | der erste | [de:ɐ 'ɛʀstə] |
| laatste (bn) | der letzte | [de:ɐ 'lɛtstə] |

| misdaad (de) | Verbrechen (n) | [fɛɐ'bʀɛçən] |
| bestraffing (de) | Bestrafung (f) | [bə'ʃtʀa:fʊŋ] |

| bevelen (ww) | befehlen (vt) | [ˌbə'fe:lən] |
| gehoorzamen (ww) | gehorchen (vi) | [gə'hɔʀçən] |

| recht (bn) | gerade | [gə'ʀa:də] |
| krom (bn) | krumm | [kʀʊm] |

| paradijs (het) | Paradies (n) | [paʀa'di:s] |
| hel (de) | Hölle (f) | ['hœlə] |

| geboren worden (ww) | geboren sein | [gə'bo:ʀən zaɪn] |
| sterven (ww) | sterben (vi) | ['ʃtɛʀbən] |

| sterk (bn) | stark | [ʃtaʀk] |
| zwak (bn) | schwach | ['ʃvaχ] |

| oud (bn) | alt | [alt] |
| jong (bn) | jung | [jʊŋ] |

| oud (bn) | alt | [alt] |
| nieuw (bn) | neu | [nɔɪ] |

| hard (bn) | hart | [haʀt] |
| zacht (bn) | weich | [vaɪç] |

| warm (bn) | warm | [vaʀm] |
| koud (bn) | kalt | [kalt] |

| dik (bn) | dick | [dɪk] |
| dun (bn) | mager | ['ma:gə] |

| smal (bn) | eng | [ɛŋ] |
| breed (bn) | breit | [bʀaɪt] |

| goed (bn) | gut | [gu:t] |
| slecht (bn) | schlecht | [ʃlɛçt] |

| moedig (bn) | tapfer | ['tapfɐ] |
| laf (bn) | feige | ['faɪgə] |

24. Lijnen en vormen

vierkant (het)	Quadrat (n)	[kva'dʀa:t]
vierkant (bn)	quadratisch	[kva'dʀa:tɪʃ]
cirkel (de)	Kreis (m)	[kʀaɪs]
rond (bn)	rund	[ʀʊnt]

driehoek (de)	Dreieck (n)	['dʀaɪʔɛk]
driehoekig (bn)	dreieckig	['dʀaɪʔɛkɪç]

ovaal (het)	Oval (n)	[o'va:l]
ovaal (bn)	oval	[o'va:l]
rechthoek (de)	Rechteck (n)	['ʀɛçtʔɛk]
rechthoekig (bn)	rechteckig	['ʀɛçtʔɛkɪç]

piramide (de)	Pyramide (f)	[pyʀa'mi:də]
ruit (de)	Rhombus (m)	['ʀɔmbʊs]
trapezium (het)	Trapez (n)	[tʀa'pe:ts]
kubus (de)	Würfel (m)	['vʏʀfəl]
prisma (het)	Prisma (n)	['pʀɪsma]

omtrek (de)	Kreis (m)	[kʀaɪs]
bol, sfeer (de)	Sphäre (f)	['sfɛ:ʀə]
bal (de)	Kugel (f)	['ku:gəl]
diameter (de)	Durchmesser (m)	['dʊʀç,mɛsɐ]
straal (de)	Radius (m)	['ʀa:dɪʊs]
omtrek (~ van een cirkel)	Umfang (m)	['ʊmfaŋ]
middelpunt (het)	Zentrum (n)	['tsɛntʀʊm]

horizontaal (bn)	waagerecht	['va:gəʀɛçt]
verticaal (bn)	senkrecht	['zɛŋkʀɛçt]
parallel (de)	Parallele (f)	[paʀa'le:lə]
parallel (bn)	parallel	[paʀa'le:l]

lijn (de)	Linie (f)	['li:niə]
streep (de)	Strich (m)	[ʃtʀɪç]
rechte lijn (de)	Gerade (f)	[gə'ʀa:də]
kromme (de)	Kurve (f)	['kʊʀvə]
dun (bn)	dünn	[dʏn]
omlijning (de)	Kontur (m, f)	[kɔn'tu:ɐ]

snijpunt (het)	Schnittpunkt (m)	['ʃnɪt,pʊŋkt]
rechte hoek (de)	rechter Winkel (m)	['ʀɛçtɐ 'vɪŋkəl]
segment (het)	Segment (n)	[zɛ'gmɛnt]
sector (de)	Sektor (m)	['zɛkto:ɐ]
zijde (de)	Seite (f)	['zaɪtə]
hoek (de)	Winkel (m)	['vɪŋkəl]

25. Meeteenheden

gewicht (het)	Gewicht (n)	[gə'vɪçt]
lengte (de)	Länge (f)	['lɛŋə]
breedte (de)	Breite (f)	['bʀaɪtə]
hoogte (de)	Höhe (f)	['hø:ə]
diepte (de)	Tiefe (f)	['ti:fə]
volume (het)	Volumen (n)	[vo'lu:mən]
oppervlakte (de)	Fläche (f)	['flɛçə]

gram (het)	Gramm (n)	[gʀam]
milligram (het)	Milligramm (n)	['mɪli,gʀam]
kilogram (het)	Kilo (n)	['ki:lo]

ton (duizend kilo)	Tonne (f)	['tɔnə]
pond (het)	Pfund (n)	[pfʊnt]
ons (het)	Unze (f)	['ʊntsə]

meter (de)	Meter (m, n)	['me:tə]
millimeter (de)	Millimeter (m)	['mɪli‚me:tə]
centimeter (de)	Zentimeter (m, n)	[‚tsɛnti'me:tə]
kilometer (de)	Kilometer (m)	[‚kilo'me:tə]
mijl (de)	Meile (f)	['maɪlə]

duim (de)	Zoll (m)	[tsɔl]
voet (de)	Fuß (m)	[fu:s]
yard (de)	Yard (n)	[ja:et]

vierkante meter (de)	Quadratmeter (m)	[kva'dʀa:t‚me:tə]
hectare (de)	Hektar (n)	['hɛkta:ɐ]

liter (de)	Liter (m, n)	['li:tə]
graad (de)	Grad (m)	[gʀa:t]
volt (de)	Volt (n)	[vɔlt]
ampère (de)	Ampere (n)	[am'pe:ɐ]
paardenkracht (de)	Pferdestärke (f)	['pfe:ɐdəˌʃtɛʁkə]

hoeveelheid (de)	Anzahl (f)	['antsa:l]
een beetje ...	etwas ...	['ɛtvas]
helft (de)	Hälfte (f)	['hɛlftə]
dozijn (het)	Dutzend (n)	['dʊtsənt]
stuk (het)	Stück (n)	[ʃtʏk]

afmeting (de)	Größe (f)	['gʀø:sə]
schaal (bijv. ~ van 1 op 50)	Maßstab (m)	['ma:sˌʃta:p]

minimaal (bn)	minimal	[mini'ma:l]
minste (bn)	der kleinste	[de:ɐ 'klaɪnstə]
medium (bn)	mittler, mittel-	['mɪtlə], ['mɪtəl]
maximaal (bn)	maximal	[maksi'ma:l]
grootste (bn)	der größte	[de:ɐ 'gʀø:stə]

26. Containers

glazen pot (de)	Glas (n)	[gla:s]
blik (conserven~)	Dose (f)	['do:zə]
emmer (de)	Eimer (m)	['aɪmɐ]
ton (bijv. regenton)	Fass (n), Tonne (f)	[fas], ['tɔnə]

ronde waterbak (de)	Waschschüssel (n)	['vaʃʃʏsəl]
tank (bijv. watertank-70-ltr)	Tank (m)	[taŋk]
heupfles (de)	Flachmann (m)	['flaxman]
jerrycan (de)	Kanister (m)	[ka'nɪstə]
tank (bijv. ketelwagen)	Zisterne (f)	[tsɪs'tɛʁnə]

beker (de)	Kaffeebecher (m)	['kafeˌbɛçə]
kopje (het)	Tasse (f)	['tasə]
schoteltje (het)	Untertasse (f)	['ʊntəˌtasə]

glas (het)	Wasserglas (n)	['vasəˌglaːs]
wijnglas (het)	Weinglas (n)	['vaɪnˌglaːs]
pan (de)	Kochtopf (m)	['kɔxˌtɔpf]

| fles (de) | Flasche (f) | ['flaʃə] |
| flessenhals (de) | Flaschenhals (m) | ['flaʃənˌhals] |

karaf (de)	Karaffe (f)	[ka'ʀafə]
kruik (de)	Tonkrug (m)	['toːnˌkʀuːk]
vat (het)	Gefäß (n)	[gə'fɛːs]
pot (de)	Tontopf (m)	['toːnˌtɔpf]
vaas (de)	Vase (f)	['vaːzə]

flacon (de)	Flakon (n)	[fla'kɔŋ]
flesje (het)	Fläschchen (n)	['flɛʃçən]
tube (bijv. ~ tandpasta)	Tube (f)	['tuːbə]

zak (bijv. ~ aardappelen)	Sack (m)	[zak]
tasje (het)	Tüte (f)	['tyːtə]
pakje (~ sigaretten, enz.)	Schachtel (f)	['ʃaχtəl]

doos (de)	Karton (m)	[kaʀ'tɔŋ]
kist (de)	Kiste (f)	['kɪstə]
mand (de)	Korb (m)	[kɔʀp]

27. Materialen

materiaal (het)	Stoff (n)	[ʃtɔf]
hout (het)	Holz (n)	[hɔlts]
houten (bn)	hölzern	['hœltsən]

| glas (het) | Glas (n) | [glaːs] |
| glazen (bn) | gläsern, Glas- | ['glɛːzən], [glaːs] |

| steen (de) | Stein (m) | [ʃtaɪn] |
| stenen (bn) | steinern | ['ʃtaɪnən] |

| plastic (het) | Kunststoff (m) | ['kʊnstˌʃtɔf] |
| plastic (bn) | Kunststoff- | ['kʊnstˌʃtɔf] |

| rubber (het) | Gummi (m, n) | ['gʊmi] |
| rubber-, rubberen (bn) | Gummi- | ['gʊmi] |

| stof (de) | Stoff (m) | [ʃtɔf] |
| van stof (bn) | aus Stoff | ['aʊs ʃtɔf] |

| papier (het) | Papier (n) | [pa'piːɐ] |
| papieren (bn) | Papier- | [pa'piːɐ] |

karton (het)	Pappe (f)	['papə]
kartonnen (bn)	Pappen-	['papən]
polyethyleen (het)	Polyäthylen (n)	[polyʔɛty'leːn]
cellofaan (het)	Zellophan (n)	[tsɛlo'faːn]
multiplex (het)	Furnier (n)	[fuʀ'niːɐ]

porselein (het)	Porzellan (n)	[pɔʁtsɛ'la:n]
porseleinen (bn)	aus Porzellan	['aʊs pɔʁtsɛ'la:n]
klei (de)	Ton (m)	[to:n]
klei-, van klei (bn)	Ton-	[to:n]
keramiek (de)	Keramik (f)	[ke'ʀa:mɪk]
keramieken (bn)	keramisch	[ke'ʀa:mɪʃ]

28. Metalen

metaal (het)	Metall (n)	[me'tal]
metalen (bn)	metallisch, Metall-	[me'talɪʃ], [me'tal]
legering (de)	Legierung (f)	[le'gi:ʀʊŋ]

goud (het)	Gold (n)	[gɔlt]
gouden (bn)	golden	['gɔldən]
zilver (het)	Silber (n)	['zɪlbə]
zilveren (bn)	silbern, Silber-	['zɪlbɛn], ['zɪlbə]

ijzer (het)	Eisen (n)	['aɪzən]
ijzeren	eisern, Eisen-	['aɪzɛn], ['aɪzən]
staal (het)	Stahl (m)	[ʃta:l]
stalen (bn)	stählern	['ʃtɛ:lɛn]
koper (het)	Kupfer (n)	['kʊpfə]
koperen (bn)	kupfern, Kupfer-	['kʊpfɛn], ['kʊpfə]

aluminium (het)	Aluminium (n)	[alu:'mi:njʊm]
aluminium (bn)	Aluminium-	[alu:'mi:njʊm]
brons (het)	Bronze (f)	['bʀɔŋsə]
bronzen (bn)	bronzen	['bʀɔŋsən]

messing (het)	Messing (n)	['mɛsɪŋ]
nikkel (het)	Nickel (n)	['nɪkəl]
platina (het)	Platin (n)	['pla:ti:n]
kwik (het)	Quecksilber (n)	['kvɛk͵zɪlbə]
tin (het)	Zinn (n)	[tsɪn]
lood (het)	Blei (n)	[blaɪ]
zink (het)	Zink (n)	[tsɪŋk]

MENS

Mens. Het lichaam

29. Mensen. Basisbegrippen

mens (de)	Mensch (m)	[mɛnʃ]
man (de)	Mann (m)	[man]
vrouw (de)	Frau (f)	[fʀaʊ]
kind (het)	Kind (n)	[kɪnt]
meisje (het)	Mädchen (n)	['mɛːtçən]
jongen (de)	Junge (m)	['jʊŋə]
tiener, adolescent (de)	Teenager (m)	['tiːneːdʒɐ]
oude man (de)	Greis (m)	[gʀaɪs]
oude vrouw (de)	alte Frau (f)	['altə 'fʀaʊ]

30. Menselijke anatomie

organisme (het)	Organismus (m)	[ˌɔʁgaˈnɪsmʊs]
hart (het)	Herz (n)	[hɛʁts]
bloed (het)	Blut (n)	[bluːt]
slagader (de)	Arterie (f)	[aʁˈteːʀiə]
ader (de)	Vene (f)	['veːnə]
hersenen (mv.)	Gehirn (n)	[gəˈhɪʁn]
zenuw (de)	Nerv (m)	[nɛʁf]
zenuwen (mv.)	Nerven (pl)	['nɛʁfən]
wervel (de)	Wirbel (m)	['vɪʁbəl]
ruggengraat (de)	Wirbelsäule (f)	['vɪʁbəlˌzɔɪlə]
maag (de)	Magen (m)	['maːgən]
darmen (mv.)	Gedärm (n)	[gəˈdɛʁm]
darm (de)	Darm (m)	[daʁm]
lever (de)	Leber (f)	['leːbɐ]
nier (de)	Niere (f)	['niːʀə]
been (deel van het skelet)	Knochen (m)	['knɔχən]
skelet (het)	Skelett (n)	[skeˈlɛt]
rib (de)	Rippe (f)	['ʀɪpə]
schedel (de)	Schädel (m)	['ʃɛːdəl]
spier (de)	Muskel (m)	['mʊskəl]
biceps (de)	Bizeps (m)	['biːtsɛps]
triceps (de)	Trizeps (m)	['tʀiːtsɛps]
pees (de)	Sehne (f)	['zeːnə]
gewricht (het)	Gelenk (n)	[gəˈlɛŋk]

longen (mv.)	Lungen (pl)	['lʊŋən]
geslachtsorganen (mv.)	Geschlechtsorgane (pl)	[gə'ʃlɛçts?ɔʁ,ga:nə]
huid (de)	Haut (f)	[haʊt]

31. Hoofd

hoofd (het)	Kopf (m)	[kɔpf]
gezicht (het)	Gesicht (n)	[gə'zɪçt]
neus (de)	Nase (f)	['na:zə]
mond (de)	Mund (m)	[mʊnt]

oog (het)	Auge (n)	['aʊgə]
ogen (mv.)	Augen (pl)	['aʊgən]
pupil (de)	Pupille (f)	[pu'pɪlə]
wenkbrauw (de)	Augenbraue (f)	['aʊgən,bʀaʊə]
wimper (de)	Wimper (f)	['vɪmpə]
ooglid (het)	Augenlid (n)	['aʊgən,li:t]

tong (de)	Zunge (f)	['tsʊŋə]
tand (de)	Zahn (m)	[tsa:n]
lippen (mv.)	Lippen (pl)	['lɪpən]
jukbeenderen (mv.)	Backenknochen (pl)	['bakən,knɔχən]
tandvlees (het)	Zahnfleisch (n)	['tsa:n,flaɪʃ]
gehemelte (het)	Gaumen (m)	['gaʊmən]

neusgaten (mv.)	Nasenlöcher (pl)	['na:zən,lœçə]
kin (de)	Kinn (n)	[kɪn]
kaak (de)	Kiefer (m)	['ki:fə]
wang (de)	Wange (f)	['vaŋə]

voorhoofd (het)	Stirn (f)	[ʃtɪʀn]
slaap (de)	Schläfe (f)	['ʃlɛːfə]
oor (het)	Ohr (n)	[o:ɐ]
achterhoofd (het)	Nacken (m)	['nakən]
hals (de)	Hals (m)	[hals]
keel (de)	Kehle (f)	['ke:lə]

haren (mv.)	Haare (pl)	['ha:ʀə]
kapsel (het)	Frisur (f)	[,fʀi'zu:ɐ]
haarsnit (de)	Haarschnitt (m)	['ha:ɐ,ʃnɪt]
pruik (de)	Perücke (f)	[pe'ʀʏkə]

snor (de)	Schnurrbart (m)	['ʃnʊʁ,ba:ɐt]
baard (de)	Bart (m)	[ba:ɐt]
dragen (een baard, enz.)	haben (vt)	[ha:bən]
vlecht (de)	Zopf (m)	[tsɔpf]
bakkebaarden (mv.)	Backenbart (m)	['bakən,ba:ɐt]

ros (roodachtig, rossig)	rothaarig	['ʀo:t,ha:ʀɪç]
grijs (~ haar)	grau	[gʀaʊ]
kaal (bn)	kahl	[ka:l]
kale plek (de)	Glatze (f)	['glatsə]
paardenstaart (de)	Pferdeschwanz (m)	['pfe:ɐdə,ʃvants]
pony (de)	Pony (m)	['pɔni]

32. Menselijk lichaam

hand (de)	Hand (f)	[hant]
arm (de)	Arm (m)	[aʁm]
vinger (de)	Finger (m)	['fɪŋɐ]
teen (de)	Zehe (f)	['tse:ə]
duim (de)	Daumen (m)	['daʊmən]
pink (de)	kleiner Finger (m)	['klaɪnɐ 'fɪŋɐ]
nagel (de)	Nagel (m)	['na:gəl]
vuist (de)	Faust (f)	[faʊst]
handpalm (de)	Handfläche (f)	['hant·ˌflɛçə]
pols (de)	Handgelenk (n)	['hant·gəˌlɛŋk]
voorarm (de)	Unterarm (m)	['ʊntɐˌʔaʁm]
elleboog (de)	Ellbogen (m)	['ɛlˌboːgən]
schouder (de)	Schulter (f)	['ʃʊltɐ]
been (rechter ~)	Bein (n)	[baɪn]
voet (de)	Fuß (m)	[fuːs]
knie (de)	Knie (n)	[kniː]
kuit (de)	Wade (f)	['vaːdə]
heup (de)	Hüfte (f)	['hʏftə]
hiel (de)	Ferse (f)	['fɛʁzə]
lichaam (het)	Körper (m)	['kœʁpɐ]
buik (de)	Bauch (m)	['baʊx]
borst (de)	Brust (f)	[bʁʊst]
borst (de)	Busen (m)	['buːzən]
zijde (de)	Seite (f), Flanke (f)	['zaɪtə], ['flaŋkə]
rug (de)	Rücken (m)	['ʁʏkən]
lage rug (de)	Kreuz (n)	[kʁɔɪts]
taille (de)	Taille (f)	['taljə]
navel (de)	Nabel (m)	['na:bəl]
billen (mv.)	Gesäßbacken (pl)	[gə'zɛːs·bakən]
achterwerk (het)	Hinterteil (n)	['hɪntɐˌtaɪl]
huidvlek (de)	Leberfleck (m)	['le:bɐˌflɛk]
moedervlek (de)	Muttermal (n)	['mu:tɐˌma:l]
tatoeage (de)	Tätowierung (f)	[tɛto'vi:ʁʊŋ]
litteken (het)	Narbe (f)	['naʁbə]

Kleding en accessoires

33. Bovenkleding. Jassen

kleren (mv.)	Kleidung (f)	['klaɪdʊŋ]
bovenkleding (de)	Oberkleidung (f)	['oːbɐˌklaɪdʊŋ]
winterkleding (de)	Winterkleidung (f)	['vɪntɐˌklaɪdʊŋ]
jas (de)	Mantel (m)	['mantəl]
bontjas (de)	Pelzmantel (m)	['pɛltsˌmantəl]
bontjasje (het)	Pelzjacke (f)	['pɛltsˌjakə]
donzen jas (de)	Daunenjacke (f)	['daʊnənˌjakə]
jasje (bijv. een leren ~)	Jacke (f)	['jakə]
regenjas (de)	Regenmantel (m)	['ʀeːgənˌmantəl]
waterdicht (bn)	wasserdicht	['vasɐˌdɪçt]

34. Heren & dames kleding

overhemd (het)	Hemd (n)	[hɛmt]
broek (de)	Hose (f)	['hoːzə]
jeans (de)	Jeans (f)	[dʒiːns]
colbert (de)	Jackett (n)	[ʒa'kɛt]
kostuum (het)	Anzug (m)	['anˌtsuːk]
jurk (de)	Kleid (n)	[klaɪt]
rok (de)	Rock (m)	[ʀɔk]
blouse (de)	Bluse (f)	['bluːzə]
wollen vest (de)	Strickjacke (f)	['ʃtʀɪkˌjakə]
blazer (kort jasje)	Jacke (f)	['jakə]
T-shirt (het)	T-Shirt (n)	['tiːˌʃøːɐt]
shorts (mv.)	Shorts (pl)	[ʃɔɐts]
trainingspak (het)	Sportanzug (m)	['ʃpɔɐtˌantsuːk]
badjas (de)	Bademantel (m)	['baːdəˌmantəl]
pyjama (de)	Schlafanzug (m)	['ʃlaːfʔanˌtsuːk]
sweater (de)	Sweater (m)	['swɛtɐ]
pullover (de)	Pullover (m)	[pʊ'loːvɐ]
gilet (het)	Weste (f)	['vɛstə]
rokkostuum (het)	Frack (m)	[fʀak]
smoking (de)	Smoking (m)	['smoːkɪŋ]
uniform (het)	Uniform (f)	['ʊniˌfɔɐm]
werkkleding (de)	Arbeitskleidung (f)	['aɐbaɪtsˌklaɪdʊŋ]
overall (de)	Overall (m)	['oːvəʀal]
doktersjas (de)	Kittel (m)	['kɪtəl]

35. Kleding. Ondergoed

ondergoed (het)	Unterwäsche (f)	['ʊntɐˌvɛʃə]
herenslip (de)	Herrenslip (m)	['hɛʀənˌslɪp]
slipjes (mv.)	Damenslip (m)	['da:mənˌslɪp]
onderhemd (het)	Unterhemd (n)	['ʊntɐˌhɛmt]
sokken (mv.)	Socken (pl)	['zɔkən]
nachthemd (het)	Nachthemd (n)	['naχtˌhɛmt]
beha (de)	Büstenhalter (m)	['bystənˌhaltɐ]
kniekousen (mv.)	Kniestrümpfe (pl)	['kni:ˌʃtʀʏmpfə]
panty (de)	Strumpfhose (f)	['ʃtʀʊmpfˌho:zə]
nylonkousen (mv.)	Strümpfe (pl)	['ʃtʀʏmpfə]
badpak (het)	Badeanzug (m)	['ba:dəˌʔantsu:k]

36. Hoofddeksels

hoed (de)	Mütze (f)	['mʏtsə]
deukhoed (de)	Filzhut (m)	['fɪltsˌhu:t]
honkbalpet (de)	Baseballkappe (f)	['bɛɪsbɔ:lˌkapə]
kleppet (de)	Schiebermütze (f)	['ʃi:bɐˌmʏtsə]
baret (de)	Baskenmütze (f)	['baskənˌmʏtsə]
kap (de)	Kapuze (f)	[ka'pu:tsə]
panamahoed (de)	Panamahut (m)	['panama:ˌhu:t]
gebreide muts (de)	Strickmütze (f)	['ʃtʀɪkˌmʏtsə]
hoofddoek (de)	Kopftuch (n)	['kɔpfˌtu:χ]
dameshoed (de)	Damenhut (m)	['da:mənˌhu:t]
veiligheidshelm (de)	Schutzhelm (m)	['ʃutsˌhɛlm]
veldmuts (de)	Feldmütze (f)	['fɛltˌmʏtsə]
helm, valhelm (de)	Helm (m)	[hɛlm]
bolhoed (de)	Melone (f)	[me'lo:nə]
hoge hoed (de)	Zylinder (m)	[tsy'lɪndɐ]

37. Schoeisel

schoeisel (het)	Schuhe (pl)	['ʃu:ə]
schoenen (mv.)	Stiefeletten (pl)	[ʃti:fə'lɛtən]
vrouwenschoenen (mv.)	Halbschuhe (pl)	['halpˌʃu:ə]
laarzen (mv.)	Stiefel (pl)	['ʃti:fəl]
pantoffels (mv.)	Hausschuhe (pl)	['haʊsˌʃu:ə]
sportschoenen (mv.)	Tennisschuhe (pl)	['tɛnɪsˌʃu:ə]
sneakers (mv.)	Leinenschuhe (pl)	['laɪnən·ʃu:ə]
sandalen (mv.)	Sandalen (pl)	[zan'da:lən]
schoenlapper (de)	Schuster (m)	['ʃu:stɐ]
hiel (de)	Absatz (m)	['apˌzats]

paar (een ~ schoenen)	Paar (n)	[pa:ɐ]
veter (de)	Schnürsenkel (m)	['ʃny:ɐˌsɛŋkəl]
rijgen (schoenen ~)	schnüren (vt)	['ʃny:ʀən]
schoenlepel (de)	Schuhlöffel (m)	['ʃu:ˌlœfəl]
schoensmeer (de/het)	Schuhcreme (f)	['ʃu:ˌkʀɛ:m]

38. Textiel. Weefsel

katoen (de/het)	Baumwolle (f)	['baʊmˌvɔlə]
katoenen (bn)	Baumwolle-	['baʊmˌvɔlə]
vlas (het)	Leinen (m)	['laɪnən]
vlas-, van vlas (bn)	Leinen-	['laɪnən]

zijde (de)	Seide (f)	['zaɪdə]
zijden (bn)	Seiden-	['zaɪdən]
wol (de)	Wolle (f)	['vɔlə]
wollen (bn)	Woll-	['vɔl]

fluweel (het)	Samt (m)	[zamt]
suède (de)	Wildleder (n)	['vɪltˌle:dɐ]
ribfluweel (het)	Cord (m)	[kɔʁt]

nylon (de/het)	Nylon (n)	['naɪlɔn]
nylon-, van nylon (bn)	Nylon-	['naɪlɔn]
polyester (het)	Polyester (m)	[polɪ'ɛstɐ]
polyester- (abn)	Polyester-	[polɪ'ɛstɐ]

leer (het)	Leder (n)	['le:dɐ]
leren (van leer gemaak)	Leder	['le:dɐ]
bont (het)	Pelz (m)	[pɛlts]
bont- (abn)	Pelz-	[pɛlts]

39. Persoonlijke accessoires

handschoenen (mv.)	Handschuhe (pl)	['hantʃu:ə]
wanten (mv.)	Fausthandschuhe (pl)	['faʊst·hantʃu:ə]
sjaal (fleece ~)	Schal (m)	[ʃa:l]

bril (de)	Brille (f)	['bʀɪlə]
brilmontuur (het)	Brillengestell (n)	['bʀɪlən·gə'ʃtɛl]
paraplu (de)	Regenschirm (m)	['ʀe:gənʃɪʁm]
wandelstok (de)	Spazierstock (m)	[ʃpa'tsi:ɐ ʃtɔk]
haarborstel (de)	Haarbürste (f)	['ha:ɐˌbyʁstə]
waaier (de)	Fächer (m)	['fɛçɐ]

das (de)	Krawatte (f)	[kʀa'vatə]
strikje (het)	Fliege (f)	['fli:gə]
bretels (mv.)	Hosenträger (pl)	['ho:zənˌtʀɛ:gɐ]
zakdoek (de)	Taschentuch (n)	['taʃənˌtu:x]

| kam (de) | Kamm (m) | [kam] |
| haarspeldje (het) | Haarspange (f) | ['ha:ɐʃpaŋə] |

| schuifspeldje (het) | Haarnadel (f) | ['ha:ɐˌna:dəl] |
| gesp (de) | Schnalle (f) | ['ʃnalə] |

| broekriem (de) | Gürtel (m) | ['gʏʁtəl] |
| draagriem (de) | Umhängegurt (m) | ['ʊmhɛŋəˌgʊʁt] |

handtas (de)	Tasche (f)	['taʃə]
damestas (de)	Handtasche (f)	['hantˌtaʃə]
rugzak (de)	Rucksack (m)	['ʀʊkˌzak]

40. Kleding. Diversen

mode (de)	Mode (f)	['mo:də]
de mode (bn)	modisch	['mo:dɪʃ]
kledingstilist (de)	Modedesigner (m)	['mo:dəˈdi'zaɪnɐ]

kraag (de)	Kragen (m)	['kʀa:gən]
zak (de)	Tasche (f)	['taʃə]
zak- (abn)	Taschen-	['taʃən]
mouw (de)	Ärmel (m)	['ɛʁməl]
lusje (het)	Aufhänger (m)	['aʊfˌhɛŋɐ]
gulp (de)	Hosenschlitz (m)	['ho:zənˌʃlɪts]

rits (de)	Reißverschluss (m)	['ʀaɪsˈfɛɐʃlʊs]
sluiting (de)	Verschluss (m)	[fɛɐ'ʃlʊs]
knoop (de)	Knopf (m)	[knɔpf]
knoopsgat (het)	Knopfloch (n)	['knɔpfˌlɔx]
losraken (bijv. knopen)	abgehen (vi)	['apˌge:ən]

naaien (kleren, enz.)	nähen (vi, vt)	['nɛ:ən]
borduren (ww)	sticken (vt)	['ʃtɪkən]
borduursel (het)	Stickerei (f)	[ʃtɪkə'ʀaɪ]
naald (de)	Nadel (f)	['na:dəl]
draad (de)	Faden (m)	['fa:dən]
naad (de)	Naht (f)	[na:t]

vies worden (ww)	sich beschmutzen	[zɪç bə'ʃmʊtsən]
vlek (de)	Fleck (m)	[flɛk]
gekreukt raken (ov. kleren)	sich knittern	[zɪç 'knɪtən]
scheuren (ov.ww.)	zerreißen (vt)	[tsɛɐ'ʀaɪsən]
mot (de)	Motte (f)	['mɔtə]

41. Persoonlijke verzorging. Schoonheidsmiddelen

tandpasta (de)	Zahnpasta (f)	['tsa:nˌpasta]
tandenborstel (de)	Zahnbürste (f)	['tsa:nˌbʏʁstə]
tanden poetsen (ww)	Zähne putzen	['tsɛːnə 'pʊtsən]

scheermes (het)	Rasierer (m)	[ʀa'zi:ʀɐ]
scheerschuim (het)	Rasiercreme (f)	[ʀa'ziːɐˌkʀɛ:m]
zich scheren (ww)	sich rasieren	[zɪç ʀa'zi:ʀən]
zeep (de)	Seife (f)	['zaɪfə]

shampoo (de)	Shampoo (n)	['ʃampu]
schaar (de)	Schere (f)	['ʃeːʀə]
nagelvijl (de)	Nagelfeile (f)	['naːgəlˌfaɪlə]
nagelknipper (de)	Nagelzange (f)	['naːgəlˌtsaŋə]
pincet (het)	Pinzette (f)	[pɪn'tsɛtə]

cosmetica (mv.)	Kosmetik (f)	[kɔs'meːtɪk]
masker (het)	Gesichtsmaske (f)	[gə'zɪçtsˌmaskə]
manicure (de)	Maniküre (f)	[mani'kyːʀə]
manicure doen	Maniküre machen	[mani'kyːʀə 'maχən]
pedicure (de)	Pediküre (f)	[pedi'kyːʀə]

cosmetica tasje (het)	Kosmetiktasche (f)	[kɔs'meːtɪkˌtaʃə]
poeder (de/het)	Puder (m)	['puːdɐ]
poederdoos (de)	Puderdose (f)	['puːdɐˌdoːzə]
rouge (de)	Rouge (n)	[ʀuːʒ]

parfum (de/het)	Parfüm (n)	[paʀ'fyːm]
eau de toilet (de)	Duftwasser (n)	['dʊftˌvasɐ]
lotion (de)	Lotion (f)	[lo'tsjoːn]
eau de cologne (de)	Kölnischwasser (n)	['kœlnɪʃˌvasɐ]

oogschaduw (de)	Lidschatten (m)	['liːtʃatən]
oogpotlood (het)	Kajalstift (m)	[ka'jaːlˌʃtɪft]
mascara (de)	Wimperntusche (f)	['vɪmpɐnˌtʊʃə]

lippenstift (de)	Lippenstift (m)	['lɪpənˌʃtɪft]
nagellak (de)	Nagellack (m)	['naːgəlˌlak]
haarlak (de)	Haarlack (m)	['haːɐˌlak]
deodorant (de)	Deodorant (n)	[deodo'ʀant]

crème (de)	Creme (f)	[kʀɛːm]
gezichtscrème (de)	Gesichtscreme (f)	[gə'zɪçtsˌkʀɛːm]
handcrème (de)	Handcreme (f)	['hantˌkʀɛːm]
antirimpelcrème (de)	Anti-Falten-Creme (f)	[ˌanti'faltən·kʀɛːm]
dagcrème (de)	Tagescreme (f)	['taːgəsˌkʀɛːm]
nachtcrème (de)	Nachtcreme (f)	['naχtˌkʀɛːm]
dag- (abn)	Tages-	['taːgəs]
nacht- (abn)	Nacht-	[naχt]

tampon (de)	Tampon (m)	['tampoːn]
toiletpapier (het)	Toilettenpapier (n)	[toa'lɛtən·paˌpiːɐ]
föhn (de)	Föhn (m)	['føːn]

42. Juwelen

sieraden (mv.)	Schmuck (m)	[ʃmʊk]
edel (bijv. ~ stenen)	Edel-	['eːdəl]
keurmerk (het)	Repunze (f)	[ʀe'pʊntsə]

ring (de)	Ring (m)	[ʀɪŋ]
trouwring (de)	Ehering (m)	['eːəˌʀɪŋ]
armband (de)	Armband (n)	['aʀmˌbant]
oorringen (mv.)	Ohrringe (pl)	['oːɐˌʀɪŋə]

halssnoer (het)	Kette (f)	['kɛtə]
kroon (de)	Krone (f)	['kʁoːnə]
kralen snoer (het)	Halskette (f)	['hals͵kɛtə]

diamant (de)	Brillant (m)	[bʁɪl'jant]
smaragd (de)	Smaragd (m)	[sma'ʁakt]
robijn (de)	Rubin (m)	[ʁu'biːn]
saffier (de)	Saphir (m)	['zaːfiɐ]
parel (de)	Perle (f)	['pɛʁlə]
barnsteen (de)	Bernstein (m)	['bɛʁnʃtaɪn]

43. Horloges. Klokken

polshorloge (het)	Armbanduhr (f)	['aʁmbant͵ʔuːɐ]
wijzerplaat (de)	Zifferblatt (n)	['tsɪfɐ͵blat]
wijzer (de)	Zeiger (m)	['tsaɪɡɐ]
metalen horlogeband (de)	Metallarmband (n)	[me'tal͵ʔaʁmbant]
horlogebandje (het)	Uhrenarmband (n)	['uːʁən͵ʔaʁmbant]

batterij (de)	Batterie (f)	[batə'ʁiː]
leeg zijn (ww)	verbraucht sein	[fɛɐ'bʁaʊxt zaɪn]
batterij vervangen	die Batterie wechseln	[di batə'ʁiː 'vɛksəln]
voorlopen (ww)	vorgehen (vi)	['foːɐ͵ɡeːən]
achterlopen (ww)	nachgehen (vi)	['naːx͵ɡeːən]

wandklok (de)	Wanduhr (f)	['vant͵ʔuːɐ]
zandloper (de)	Sanduhr (f)	['zant͵ʔuːɐ]
zonnewijzer (de)	Sonnenuhr (f)	['zɔnən͵ʔuːɐ]
wekker (de)	Wecker (m)	['vɛkɐ]
horlogemaker (de)	Uhrmacher (m)	['uːɐ͵maxɐ]
repareren (ww)	reparieren (vt)	[ʁepa'ʁiːʁən]

Voedsel. Voeding

44. Voedsel

vlees (het)	Fleisch (n)	[flaɪʃ]
kip (de)	Hühnerfleisch (n)	['hy:nɐˌflaɪʃ]
kuiken (het)	Küken (n)	['ky:kən]
eend (de)	Ente (f)	['ɛntə]
gans (de)	Gans (f)	[gans]
wild (het)	Wild (n)	[vɪlt]
kalkoen (de)	Pute (f)	['pu:tə]
varkensvlees (het)	Schweinefleisch (n)	['ʃvaɪnəˌflaɪʃ]
kalfsvlees (het)	Kalbfleisch (n)	['kalpˌflaɪʃ]
schapenvlees (het)	Hammelfleisch (n)	['haməlˌflaɪʃ]
rundvlees (het)	Rindfleisch (n)	['ʀɪntˌflaɪʃ]
konijnenvlees (het)	Kaninchenfleisch (n)	[ka'ni:nçənˌflaɪʃ]
worst (de)	Wurst (f)	[vʊʀst]
saucijs (de)	Würstchen (n)	['vʏʀstçən]
spek (het)	Schinkenspeck (m)	['ʃɪŋkənˌʃpɛk]
ham (de)	Schinken (m)	['ʃɪŋkən]
gerookte achterham (de)	Räucherschinken (m)	['ʀɔɪçɐˌʃɪŋkən]
paté (de)	Pastete (f)	[pas'te:tə]
lever (de)	Leber (f)	['le:bɐ]
gehakt (het)	Hackfleisch (n)	['hakˌflaɪʃ]
tong (de)	Zunge (f)	['tsʊŋə]
ei (het)	Ei (n)	[aɪ]
eieren (mv.)	Eier (pl)	['aɪɐ]
eiwit (het)	Eiweiß (n)	['aɪvaɪs]
eigeel (het)	Eigelb (n)	['aɪgɛlp]
vis (de)	Fisch (m)	[fɪʃ]
zeevruchten (mv.)	Meeresfrüchte (pl)	['me:ʀəsˌfʀʏçtə]
schaaldieren (mv.)	Krebstiere (pl)	['kʀe:psˌti:ʀə]
kaviaar (de)	Kaviar (m)	['ka:vɪaʀ]
krab (de)	Krabbe (f)	['kʀabə]
garnaal (de)	Garnele (f)	[gaʀ'ne:lə]
oester (de)	Auster (f)	['aʊstɐ]
langoest (de)	Languste (f)	[laŋ'gʊstə]
octopus (de)	Krake (m)	['kʀa:kə]
inktvis (de)	Kalmar (m)	['kalmaʀ]
steur (de)	Störfleisch (n)	['ʃtø:ɐˌflaɪʃ]
zalm (de)	Lachs (m)	[laks]
heilbot (de)	Heilbutt (m)	['haɪlbʊt]
kabeljauw (de)	Dorsch (m)	[dɔʀʃ]

makreel (de)	**Makrele** (f)	[ma'kʀeːlə]
tonijn (de)	**Tunfisch** (m)	['tuːnfɪʃ]
paling (de)	**Aal** (m)	[aːl]

forel (de)	**Forelle** (f)	[ˌfo'ʀɛlə]
sardine (de)	**Sardine** (f)	[zaʁ'diːnə]
snoek (de)	**Hecht** (m)	[hɛçt]
haring (de)	**Hering** (m)	['heːʀɪŋ]

brood (het)	**Brot** (n)	[bʀoːt]
kaas (de)	**Käse** (m)	['kɛːzə]
suiker (de)	**Zucker** (m)	['tsʊkɐ]
zout (het)	**Salz** (n)	[zalts]

rijst (de)	**Reis** (m)	[ʀaɪs]
pasta (de)	**Teigwaren** (pl)	['taɪkˌvaːʀən]
noedels (mv.)	**Nudeln** (pl)	['nuːdəln]

boter (de)	**Butter** (f)	['bʊtɐ]
plantaardige olie (de)	**Pflanzenöl** (n)	['pflantsənˌʔøːl]
zonnebloemolie (de)	**Sonnenblumenöl** (n)	['zɔnənbluːmənˌʔøːl]
margarine (de)	**Margarine** (f)	[maʁga'ʀiːnə]

olijven (mv.)	**Oliven** (pl)	[o'liːvən]
olijfolie (de)	**Olivenöl** (n)	[o'liːvənˌʔøːl]

melk (de)	**Milch** (f)	[mɪlç]
gecondenseerde melk (de)	**Kondensmilch** (f)	[kɔn'dɛnsˌmɪlç]
yoghurt (de)	**Joghurt** (m, f)	['joːgʊʁt]
zure room (de)	**saure Sahne** (f)	['zaʊʀə 'zaːnə]
room (de)	**Sahne** (f)	['zaːnə]

mayonaise (de)	**Mayonnaise** (f)	[majɔ'nɛːzə]
crème (de)	**Buttercreme** (f)	['bʊtəˌkʀɛːm]

graan (het)	**Grütze** (f)	['gʀʏtsə]
meel (het), bloem (de)	**Mehl** (n)	[meːl]
conserven (mv.)	**Konserven** (pl)	[kɔn'zɛʁvən]

maïsvlokken (mv.)	**Maisflocken** (pl)	[maɪs'flɔkən]
honing (de)	**Honig** (m)	['hoːnɪç]
jam (de)	**Marmelade** (f)	[ˌmaʁmə'laːdə]
kauwgom (de)	**Kaugummi** (m, n)	['kaʊˌgumi]

45. Drankjes

water (het)	**Wasser** (n)	['vasɐ]
drinkwater (het)	**Trinkwasser** (n)	['tʀɪŋkˌvasɐ]
mineraalwater (het)	**Mineralwasser** (n)	[mine'ʀaːlˌvasɐ]

zonder gas	**still**	[ʃtɪl]
koolzuurhoudend (bn)	**mit Kohlensäure**	[mɪt 'koːlənˌzɔɪʀə]
bruisend (bn)	**mit Gas**	[mɪt gaːs]
ijs (het)	**Eis** (n)	[aɪs]

met ijs	mit Eis	[mɪt aɪs]
alcohol vrij (bn)	alkoholfrei	['alkoho:l·fʀaɪ]
alcohol vrije drank (de)	alkoholfreies Getränk (n)	['alkoho:l·fʀaɪəs gə'tʀɛŋk]
frisdrank (de)	Erfrischungsgetränk (n)	[ɛɐ'fʀɪʃuŋs·gə‚tʀɛŋk]
limonade (de)	Limonade (f)	[limo'na:də]

alcoholische dranken (mv.)	Spirituosen (pl)	[ʃpiʀi'tʊo:zən]
wijn (de)	Wein (m)	[vaɪn]
witte wijn (de)	Weißwein (m)	['vaɪs‚vaɪn]
rode wijn (de)	Rotwein (m)	['ʀo:t‚vaɪn]

likeur (de)	Likör (m)	[li'kø:ɐ]
champagne (de)	Champagner (m)	[ʃam'panjɐ]
vermout (de)	Wermut (m)	['ve:ɐmu:t]

whisky (de)	Whisky (m)	['vɪski]
wodka (de)	Wodka (m)	['vɔtka]
gin (de)	Gin (m)	[dʒɪn]
cognac (de)	Kognak (m)	['kɔnjak]
rum (de)	Rum (m)	[ʀʊm]

koffie (de)	Kaffee (m)	['kafe]
zwarte koffie (de)	schwarzer Kaffee (m)	['ʃvaʁtsɐ 'kafe]
koffie (de) met melk	Milchkaffee (m)	['mɪlç·ka‚fe:]
cappuccino (de)	Cappuccino (m)	[‚kapʊ'tʃi:no]
oploskoffie (de)	Pulverkaffee (m)	['pʊlfɐ‚kafe]

melk (de)	Milch (f)	[mɪlç]
cocktail (de)	Cocktail (m)	['kɔktɛɪl]
milkshake (de)	Milchcocktail (m)	['mɪlç‚kɔktɛɪl]

sap (het)	Saft (m)	[zaft]
tomatensap (het)	Tomatensaft (m)	[to'ma:tən‚zaft]
sinaasappelsap (het)	Orangensaft (m)	[o'ʀa:ŋʒən‚zaft]
vers geperst sap (het)	frisch gepresster Saft (m)	[fʀɪʃ gə'pʀɛstə zaft]

bier (het)	Bier (n)	[bi:ɐ]
licht bier (het)	Helles (n)	['hɛlɛs]
donker bier (het)	Dunkelbier (n)	['dʊŋkəl‚bi:ɐ]

thee (de)	Tee (m)	[te:]
zwarte thee (de)	schwarzer Tee (m)	['ʃvaʁtsɐ 'te:]
groene thee (de)	grüner Tee (m)	['gʀy:nɐ te:]

46. Groenten

groenten (mv.)	Gemüse (n)	[gə'my:zə]
verse kruiden (mv.)	grünes Gemüse (pl)	['gʀy:nəs gə'my:zə]

tomaat (de)	Tomate (f)	[to'ma:tə]
augurk (de)	Gurke (f)	['gʊʁkə]
wortel (de)	Karotte (f)	[ka'ʀɔtə]
aardappel (de)	Kartoffel (f)	[kaʁ'tɔfəl]
ui (de)	Zwiebel (f)	['tsvi:bəl]

knoflook (de)	Knoblauch (m)	['kno:pˌlaʊχ]
kool (de)	Kohl (m)	[ko:l]
bloemkool (de)	Blumenkohl (m)	['blu:mənˌko:l]
spruitkool (de)	Rosenkohl (m)	['ʀo:zənˌko:l]
broccoli (de)	Brokkoli (m)	['bʀɔkoli]
rode biet (de)	Rote Bete (f)	[ˌʀo:tə'be:tə]
aubergine (de)	Aubergine (f)	[ˌobɛʀ'ʒi:nə]
courgette (de)	Zucchini (f)	[tsʊ'ki:ni]
pompoen (de)	Kürbis (m)	['kʏʀbɪs]
raap (de)	Rübe (f)	['ʀy:bə]
peterselie (de)	Petersilie (f)	[petɐ'zi:lɪə]
dille (de)	Dill (m)	[dɪl]
sla (de)	Kopf Salat (m)	[kɔpf za'la:t]
selderij (de)	Sellerie (m)	['zɛləʀi]
asperge (de)	Spargel (m)	['ʃpaʀɡəl]
spinazie (de)	Spinat (m)	[ʃpi'na:t]
erwt (de)	Erbse (f)	['ɛʀpsə]
bonen (mv.)	Bohnen (pl)	['bo:nən]
maïs (de)	Mais (m)	['maɪs]
nierboon (de)	weiße Bohne (f)	['vaɪsə 'bo:nə]
peper (de)	Paprika (m)	['papʀika]
radijs (de)	Radieschen (n)	[ʀa'di:sçən]
artisjok (de)	Artischocke (f)	[aʀti'ʃɔkə]

47. Vruchten. Noten

vrucht (de)	Frucht (f)	[fʀʊχt]
appel (de)	Apfel (m)	['apfəl]
peer (de)	Birne (f)	['bɪʀnə]
citroen (de)	Zitrone (f)	[tsi'tʀo:nə]
sinaasappel (de)	Apfelsine (f)	[apfəl'zi:nə]
aardbei (de)	Erdbeere (f)	['e:ɐtˌbe:ʀə]
mandarijn (de)	Mandarine (f)	[ˌmanda'ʀi:nə]
pruim (de)	Pflaume (f)	['pflaʊmə]
perzik (de)	Pfirsich (m)	['pfɪʀzɪç]
abrikoos (de)	Aprikose (f)	[ˌapʀi'ko:zə]
framboos (de)	Himbeere (f)	['hɪmˌbe:ʀə]
ananas (de)	Ananas (f)	['ananas]
banaan (de)	Banane (f)	[ba'na:nə]
watermeloen (de)	Wassermelone (f)	['vasɐmeˌlo:nə]
druif (de)	Weintrauben (pl)	['vaɪnˌtʀaʊbən]
zure kers (de)	Sauerkirsche (f)	['zaʊɐˌkɪʀʃə]
zoete kers (de)	Süßkirsche (f)	['zy:sˌkɪʀʃə]
meloen (de)	Melone (f)	[me'lo:nə]
grapefruit (de)	Grapefruit (f)	['ɡʀɛɪpˌfʀu:t]
avocado (de)	Avocado (f)	[avo'ka:do]
papaja (de)	Papaya (f)	[pa'pa:ja]

| mango (de) | Mango (f) | ['maŋgo] |
| granaatappel (de) | Granatapfel (m) | [gʀa'na:t͜ʔapfəl] |

rode bes (de)	rote Johannisbeere (f)	['ʀo:tə jo:'hanɪsbe:ʀə]
zwarte bes (de)	schwarze Johannisbeere (f)	['ʃvaʁtsə jo:'hanɪsbe:ʀə]
kruisbes (de)	Stachelbeere (f)	['ʃtaχəl͜be:ʀə]
blauwe bosbes (de)	Heidelbeere (f)	['haɪdəl͜be:ʀə]
braambes (de)	Brombeere (f)	['bʀɔm͜be:ʀə]

rozijn (de)	Rosinen (pl)	[ʀo'zi:nən]
vijg (de)	Feige (f)	['faɪgə]
dadel (de)	Dattel (f)	['datəl]

pinda (de)	Erdnuss (f)	['e:ɐt͜nʊs]
amandel (de)	Mandel (f)	['mandəl]
walnoot (de)	Walnuss (f)	['val͜nʊs]
hazelnoot (de)	Haselnuss (f)	['ha:zəl͜nʊs]
kokosnoot (de)	Kokosnuss (f)	['ko:kɔs͜nʊs]
pistaches (mv.)	Pistazien (pl)	[pɪs'ta:tsɪən]

48. Brood. Snoep

suikerbakkerij (de)	Konditorwaren (pl)	[kɔn'dito:ɐ͜va:ʀən]
brood (het)	Brot (n)	[bʀo:t]
koekje (het)	Keks (m, n)	[ke:ks]

chocolade (de)	Schokolade (f)	[ʃoko'la:də]
chocolade- (abn)	Schokoladen-	[ʃoko'la:dən]
snoepje (het)	Bonbon (m, n)	[bɔŋ'bɔŋ]
cakeje (het)	Kuchen (m)	['ku:χən]
taart (bijv. verjaardags~)	Torte (f)	['tɔʁtə]

| pastei (de) | Kuchen (m) | ['ku:χən] |
| vulling (de) | Füllung (f) | ['fʏlʊŋ] |

confituur (de)	Konfitüre (f)	[ˌkɔnfi'ty:ʀə]
marmelade (de)	Marmelade (f)	[ˌmaʁmə'la:də]
wafel (de)	Waffeln (pl)	[vafəln]
ijsje (het)	Eis (n)	[aɪs]
pudding (de)	Pudding (m)	['pʊdɪŋ]

49. Bereide gerechten

gerecht (het)	Gericht (n)	[gə'ʀɪçt]
keuken (bijv. Franse ~)	Küche (f)	['kʏçə]
recept (het)	Rezept (n)	[ʀe'tsɛpt]
portie (de)	Portion (f)	[pɔʁ'tsjo:n]

salade (de)	Salat (m)	[za'la:t]
soep (de)	Suppe (f)	['zʊpə]
bouillon (de)	Brühe (f), Bouillon (f)	['bʀy:ə], [bul'jɔŋ]
boterham (de)	belegtes Brot (n)	[bə'le:ktəs bʀo:t]

spiegelei (het)	Spiegelei (n)	['ʃpiːɡəl,ʔaɪ]
hamburger (de)	Hamburger (m)	['ham,buʁɡɐ]
biefstuk (de)	Beefsteak (n)	['biːfʃteːk]

garnering (de)	Beilage (f)	['baɪ,laːɡə]
spaghetti (de)	Spaghetti (pl)	[ʃpa'ɡɛti]
aardappelpuree (de)	Kartoffelpüree (n)	[kaʁ'tɔfəl·py,ʁeː]
pizza (de)	Pizza (f)	['pɪtsa]
pap (de)	Brei (m)	[bʀaɪ]
omelet (de)	Omelett (n)	[ɔm'lɛt]

gekookt (in water)	gekocht	[ɡə'kɔχt]
gerookt (bn)	geräuchert	[ɡə'ʀɔɪçɐt]
gebakken (bn)	gebraten	[ɡə'bʀaːtən]
gedroogd (bn)	getrocknet	[ɡə'tʀɔknət]
diepvries (bn)	tiefgekühlt	['tiːfɡə,kyːlt]
gemarineerd (bn)	mariniert	[maʀi'niːɐt]

zoet (bn)	süß	[zyːs]
gezouten (bn)	salzig	['zaltsɪç]
koud (bn)	kalt	[kalt]
heet (bn)	heiß	[haɪs]
bitter (bn)	bitter	['bɪtɐ]
lekker (bn)	lecker	['lɛkɐ]

koken (in kokend water)	kochen (vt)	['kɔχən]
bereiden (avondmaaltijd ~)	zubereiten (vt)	['tsuːbə,ʀaɪtən]
bakken (ww)	braten (vt)	['bʀaːtən]
opwarmen (ww)	aufwärmen (vt)	['aʊf,vɛʁmən]

zouten (ww)	salzen (vt)	['zaltsən]
peperen (ww)	pfeffern (vt)	['pfɛfɐn]
raspen (ww)	reiben (vt)	['ʀaɪbən]
schil (de)	Schale (f)	['ʃaːlə]
schillen (ww)	schälen (vt)	['ʃɛːlən]

50. Kruiden

zout (het)	Salz (n)	[zalts]
gezouten (bn)	salzig	['zaltsɪç]
zouten (ww)	salzen (vt)	['zaltsən]

zwarte peper (de)	schwarzer Pfeffer (m)	['ʃvaʁtsɐ 'pfɛfɐ]
rode peper (de)	roter Pfeffer (m)	['ʀoːtɐ 'pfɛfɐ]
mosterd (de)	Senf (m)	[zɛnf]
mierikswortel (de)	Meerrettich (m)	['meːɐ,ʀɛtɪç]

condiment (het)	Gewürz (n)	[ɡə'vyʁts]
specerij, kruiderij (de)	Gewürz (n)	[ɡə'vyʁts]
saus (de)	Soße (f)	['zoːsə]
azijn (de)	Essig (m)	['ɛsɪç]

| anijs (de) | Anis (m) | [a'niːs] |
| basilicum (de) | Basilikum (n) | [ba'ziːlikʊm] |

kruidnagel (de)	Nelke (f)	['nɛlkə]
gember (de)	Ingwer (m)	['ɪŋvə]
koriander (de)	Koriander (m)	[ko'ʀɪandɐ]
kaneel (de/het)	Zimt (m)	[tsɪmt]

sesamzaad (het)	Sesam (m)	['ze:zam]
laurierblad (het)	Lorbeerblatt (n)	['loʀbe:ɐˌblat]
paprika (de)	Paprika (m)	['papʀika]
komijn (de)	Kümmel (m)	['kʏməl]
saffraan (de)	Safran (m)	['zafʀan]

51. Maaltijden

| eten (het) | Essen (n) | ['ɛsən] |
| eten (ww) | essen (vi, vt) | ['ɛsən] |

ontbijt (het)	Frühstück (n)	['fʀy:ʃtʏk]
ontbijten (ww)	frühstücken (vi)	['fʀy:ʃtʏkən]
lunch (de)	Mittagessen (n)	['mɪta:kˌʔɛsən]
lunchen (ww)	zu Mittag essen	[tsu 'mɪta:k 'ɛsən]
avondeten (het)	Abendessen (n)	['a:bəntˌʔɛsən]
souperen (ww)	zu Abend essen	[tsu 'a:bənt 'ɛsən]

| eetlust (de) | Appetit (m) | [ape'ti:t] |
| Eet smakelijk! | Guten Appetit! | [ˌgutən ˌʔape'ti:t] |

openen (een fles ~)	öffnen (vt)	['œfnən]
morsen (koffie, enz.)	verschütten (vt)	[fɛɐ'ʃʏtən]
zijn gemorst	verschüttet werden	[fɛɐ'ʃʏtət 've:ɐdən]

koken (water kookt bij 100°C)	kochen (vi)	['kɔχən]
koken (Hoe om water te ~)	kochen (vt)	['kɔχən]
gekookt (~ water)	gekocht	[gə'kɔχt]

| afkoelen (koeler maken) | kühlen (vt) | ['ky:lən] |
| afkoelen (koeler worden) | abkühlen (vi) | ['apˌky:lən] |

| smaak (de) | Geschmack (m) | [gə'ʃmak] |
| nasmaak (de) | Beigeschmack (m) | ['baɪgəˌʃmak] |

volgen een dieet	auf Diät sein	[aʊf di'ɛ:t zaɪn]
dieet (het)	Diät (f)	[di'ɛ:t]
vitamine (de)	Vitamin (n)	[vita'mi:n]
calorie (de)	Kalorie (f)	[kalo'ʀi:]

| vegetariër (de) | Vegetarier (m) | [vege'ta:ʀɪɐ] |
| vegetarisch (bn) | vegetarisch | [vege'ta:ʀɪʃ] |

vetten (mv.)	Fett (n)	[fɛt]
eiwitten (mv.)	Protein (n)	[pʀote'i:n]
koolhydraten (mv.)	Kohlenhydrat (n)	['ko:lənhyˌdʀa:t]
snede (de)	Scheibchen (n)	['ʃaɪpçən]
stuk (bijv. een ~ taart)	Stück (n)	[ʃtʏk]
kruimel (de)	Krümel (m)	['kʀy:məl]

53

52. Tafelschikking

lepel (de)	Löffel (m)	['lœfəl]
mes (het)	Messer (n)	['mɛsə]
vork (de)	Gabel (f)	[ga:bəl]
kopje (het)	Tasse (f)	['tasə]
bord (het)	Teller (m)	['tɛlə]
schoteltje (het)	Untertasse (f)	['untə,tasə]
servet (het)	Serviette (f)	[zɛʁ'vɪɛtə]
tandenstoker (de)	Zahnstocher (m)	['tsa:nʃtɔχə]

53. Restaurant

restaurant (het)	Restaurant (n)	[ʀɛsto'ʀaŋ]
koffiehuis (het)	Kaffeehaus (n)	[ka'fe:,haʊs]
bar (de)	Bar (f)	[ba:ɐ]
tearoom (de)	Teesalon (m)	['te:·za'lɔŋ]
kelner, ober (de)	Kellner (m)	['kɛlnə]
serveerster (de)	Kellnerin (f)	['kɛlnəʀɪn]
barman (de)	Barmixer (m)	['ba:ɐ,mɪksə]
menu (het)	Speisekarte (f)	['ʃpaɪzə,kaʁtə]
wijnkaart (de)	Weinkarte (f)	['vaɪn,kaʁtə]
een tafel reserveren	einen Tisch reservieren	['aɪnən tɪʃ ʀɛzɛʁ'vi:ʀən]
gerecht (het)	Gericht (n)	[gə'ʀɪçt]
bestellen (eten ~)	bestellen (vt)	[bə'ʃtɛlən]
een bestelling maken	eine Bestellung aufgeben	['aɪnə bə'ʃtɛlʊŋ 'aʊf,ge:bən]
aperitief (de/het)	Aperitif (m)	[apeʀi'ti:f]
voorgerecht (het)	Vorspeise (f)	['fo:ɐ,ʃpaɪzə]
dessert (het)	Nachtisch (m)	['na:χ,tɪʃ]
rekening (de)	Rechnung (f)	['ʀɛçnʊŋ]
de rekening betalen	Rechnung bezahlen	['ʀɛçnʊŋ bə'tsa:lən]
wisselgeld teruggeven	das Wechselgeld geben	[das 'vɛksəl,gɛlt 'ge:bən]
fooi (de)	Trinkgeld (n)	['tʀɪŋk,gɛlt]

Familie, verwanten en vrienden

54. Persoonlijke informatie. Formulieren

naam (de)	Vorname (m)	['fo:ɐ,na:mə]
achternaam (de)	Name (m)	['na:mə]
geboortedatum (de)	Geburtsdatum (n)	[gə'bu:ɐts,da:tʊm]
geboorteplaats (de)	Geburtsort (m)	[gə'bu:ɐts,ʔɔʁt]
nationaliteit (de)	Nationalität (f)	[natsjɔnali'tɛ:t]
woonplaats (de)	Wohnort (m)	['vo:n,ʔɔʁt]
land (het)	Land (n)	[lant]
beroep (het)	Beruf (m)	[bə'ʀu:f]
geslacht (ov. het vrouwelijk ~)	Geschlecht (n)	[gə'ʃlɛçt]
lengte (de)	Größe (f)	['gʀø:sə]
gewicht (het)	Gewicht (n)	[gə'vɪçt]

55. Familieleden. Verwanten

moeder (de)	Mutter (f)	['mʊtə]
vader (de)	Vater (m)	['fa:tə]
zoon (de)	Sohn (m)	[zo:n]
dochter (de)	Tochter (f)	['tɔxtə]
jongste dochter (de)	jüngste Tochter (f)	['jʏŋstə 'tɔxtə]
jongste zoon (de)	jüngste Sohn (m)	['jʏŋstə 'zo:n]
oudste dochter (de)	ältere Tochter (f)	['ɛltəʀə 'tɔxtə]
oudste zoon (de)	älterer Sohn (m)	['ɛltəʀə 'zo:n]
broer (de)	Bruder (m)	['bʀu:də]
zuster (de)	Schwester (f)	['ʃvɛstə]
neef (zoon van oom, tante)	Cousin (m)	[ku'zɛn]
nicht (dochter van oom, tante)	Cousine (f)	[ku'zi:nə]
mama (de)	Mama (f)	['mama]
papa (de)	Papa (m)	['papa]
ouders (mv.)	Eltern (pl)	['ɛltən]
kind (het)	Kind (n)	[kɪnt]
kinderen (mv.)	Kinder (pl)	['kɪndə]
oma (de)	Großmutter (f)	['gʀo:s,mʊtə]
opa (de)	Großvater (m)	['gʀo:s,fa:tə]
kleinzoon (de)	Enkel (m)	['ɛŋkəl]
kleindochter (de)	Enkelin (f)	['ɛŋkəlɪn]
kleinkinderen (mv.)	Enkelkinder (pl)	['ɛŋkəl,kɪndə]

oom (de)	Onkel (m)	['ɔŋkəl]
tante (de)	Tante (f)	['tantə]
neef (zoon van broer, zus)	Neffe (m)	['nɛfə]
nicht (dochter van broer, zus)	Nichte (f)	['nɪçtə]

schoonmoeder (de)	Schwiegermutter (f)	['ʃviːgɐˌmʊtɐ]
schoonvader (de)	Schwiegervater (m)	['ʃviːgɐˌfaːtɐ]
schoonzoon (de)	Schwiegersohn (m)	['ʃviːgɐˌzoːn]
stiefmoeder (de)	Stiefmutter (f)	['ʃtiːfˌmʊtɐ]
stiefvader (de)	Stiefvater (m)	['ʃtiːfˌfaːtɐ]

zuigeling (de)	Säugling (m)	['zɔɪklɪŋ]
wiegenkind (het)	Kleinkind (n)	['klaɪnˌkɪnt]
kleuter (de)	Kleine (m)	['klaɪnə]

vrouw (de)	Frau (f)	[fʀaʊ]
man (de)	Mann (m)	[man]
echtgenoot (de)	Ehemann (m)	['eːəˌman]
echtgenote (de)	Gemahlin (f)	[gə'maːlɪn]

gehuwd (mann.)	verheiratet	[fɛɛ'haɪʀaːtət]
gehuwd (vrouw.)	verheiratet	[fɛɛ'haɪʀaːtət]
ongehuwd (mann.)	ledig	['leːdɪç]
vrijgezel (de)	Junggeselle (m)	['jʊŋgəˌzɛlə]
gescheiden (bn)	geschieden	[gə'ʃiːdən]
weduwe (de)	Witwe (f)	['vɪtvə]
weduwnaar (de)	Witwer (m)	['vɪtvɐ]

familielid (het)	Verwandte (m)	[fɛɛ'vantə]
dichte familielid (het)	naher Verwandter (m)	['naːɐ fɛɛ'vantə]
verre familielid (het)	entfernter Verwandter (m)	[ɛnt'fɛʀntə fɛɛ'vantə]
familieleden (mv.)	Verwandte (pl)	[fɛɛ'vantə]

wees (de), weeskind (het)	Waise (m, f)	['vaɪzə]
voogd (de)	Vormund (m)	['foːɐˌmʊnt]
adopteren (een jongen te ~)	adoptieren (vt)	[adɔp'tiːʀən]
adopteren (een meisje te ~)	adoptieren (vt)	[adɔp'tiːʀən]

56. Vrienden. Collega's

vriend (de)	Freund (m)	[fʀɔɪnt]
vriendin (de)	Freundin (f)	['fʀɔɪndɪn]
vriendschap (de)	Freundschaft (f)	['fʀɔɪntʃaft]
bevriend zijn (ww)	befreundet sein	[bə'fʀɔɪndət zaɪn]

makker (de)	Freund (m)	[fʀɔɪnt]
vriendin (de)	Freundin (f)	['fʀɔɪndɪn]
partner (de)	Partner (m)	['paʀtnɐ]

chef (de)	Chef (m)	[ʃɛf]
baas (de)	Vorgesetzte (m)	['foːɐgəˌzɛtstə]
eigenaar (de)	Besitzer (m)	[bə'zɪtsɐ]
ondergeschikte (de)	Untergeordnete (m)	['ʊntɐgəˌʔɔʀtnətə]
collega (de)	Kollege (m), Kollegin (f)	[kɔ'leːgə], [kɔ'leːgɪn]

kennis (de)	Bekannte (m)	[bə'kantə]
medereiziger (de)	Reisegefährte (m)	['ʀaɪzəˌɡə'fɛːetə]
klasgenoot (de)	Mitschüler (m)	['mɪtʃyːlə]
buurman (de)	Nachbar (m)	['naχˌbaːɐ]
buurvrouw (de)	Nachbarin (f)	['naχbaːʀɪn]
buren (mv.)	Nachbarn (pl)	['naχbaːɐn]

57. Man. Vrouw

vrouw (de)	Frau (f)	[fʀaʊ]
meisje (het)	Mädchen (n)	['mɛːtçən]
bruid (de)	Braut (f)	[bʀaʊt]
mooi(e) (vrouw, meisje)	schöne	['ʃøːnə]
groot, grote (vrouw, meisje)	große	['ɡʀoːsə]
slank(e) (vrouw, meisje)	schlanke	['ʃlaŋkə]
korte, kleine (vrouw, meisje)	kleine	['klaɪnə]
blondine (de)	Blondine (f)	[blɔn'diːnə]
brunette (de)	Brünette (f)	[bʀy'nɛtə]
dames- (abn)	Damen-	['daːmən]
maagd (de)	Jungfrau (f)	['jʊnfʀaʊ]
zwanger (bn)	schwangere	['ʃvaŋəʀə]
man (de)	Mann (m)	[man]
blonde man (de)	Blonde (m)	['blɔndə]
bruinharige man (de)	Brünette (m)	[bʀy'nɛtə]
groot (bn)	hoch	[hoːχ]
klein (bn)	klein	[klaɪn]
onbeleefd (bn)	grob	[ɡʀoːp]
gedrongen (bn)	untersetzt	[ˌʊntə'zɛtst]
robuust (bn)	robust	[ʀo'bʊst]
sterk (bn)	stark	[ʃtaʁk]
sterkte (de)	Kraft (f)	[kʀaft]
mollig (bn)	dick	[dɪk]
getaand (bn)	dunkelhäutig	['dʊŋkəlˌhɔɪtɪç]
slank (bn)	schlank	[ʃlaŋk]
elegant (bn)	elegant	[ele'ɡant]

58. Leeftijd

leeftijd (de)	Alter (n)	['altə]
jeugd (de)	Jugend (f)	['juːɡənt]
jong (bn)	jung	[jʊŋ]
jonger (bn)	jünger	['jʏŋə]
ouder (bn)	älter	['ɛltə]

jongen (de)	Junge (m)	['jʊŋə]
tiener, adolescent (de)	Teenager (m)	['ti:ne:dʒɐ]
kerel (de)	Bursche (m)	['bʊʁʃə]

oude man (de)	Greis (m)	[gʀaɪs]
oude vrouw (de)	alte Frau (f)	['altə 'fʀaʊ]

volwassen (bn)	Erwachsene (f)	[ɛɐ'vaksənə]
van middelbare leeftijd (bn)	in mittleren Jahren	[ɪn 'mɪtləʀən 'ja:ʀən]
bejaard (bn)	älterer	['ɛltəʀɐ]
oud (bn)	alt	[alt]

pensioen (het)	Ruhestand (m)	['ʀu:əʃtant]
met pensioen gaan	in Rente gehen	[ɪn 'ʀɛntə 'ge:ən]
gepensioneerde (de)	Rentner (m)	['ʀɛntnɐ]

59. Kinderen

kind (het)	Kind (n)	[kɪnt]
kinderen (mv.)	Kinder (pl)	['kɪndɐ]
tweeling (de)	Zwillinge (pl)	['tsvɪlɪŋə]

wieg (de)	Wiege (f)	['vi:gə]
rammelaar (de)	Rassel (f)	['ʀasəl]
luier (de)	Windel (f)	['vɪndəl]

speen (de)	Schnuller (m)	['ʃnʊlɐ]
kinderwagen (de)	Kinderwagen (m)	['kɪndɐˌva:gən]

kleuterschool (de)	Kindergarten (m)	['kɪndɐˌgaʁtən]
babysitter (de)	Kinderfrau (f)	['kɪndɐˌfʀaʊ]

kindertijd (de)	Kindheit (f)	['kɪnthaɪt]
pop (de)	Puppe (f)	['pʊpə]

speelgoed (het)	Spielzeug (n)	['ʃpi:lˌtsɔɪk]
bouwspeelgoed (het)	Baukasten (m)	['baʊˌkastən]

welopgevoed (bn)	wohlerzogen	['vo:lɛɐˌtso:gən]
onopgevoed (bn)	ungezogen	['ʊngəˌtso:gən]
verwend (bn)	verwöhnt	[fɛɐ'vø:nt]

stout zijn (ww)	unartig sein	['ʊnʔaʁtɪç zaɪn]
stout (bn)	unartig	['ʊnʔaʁtɪç]

stoutheid (de)	Unart (f)	['ʊnʔaʁt]
stouterd (de)	Schelm (m)	[ʃɛlm]

gehoorzaam (bn)	gehorsam	[gə'ho:ɐza:m]
ongehoorzaam (bn)	ungehorsam	['ʊngəˌho:ɐza:m]

braaf (bn)	fügsam	[fy:ksam]
slim (verstandig)	klug	[klu:k]
wonderkind (het)	Wunderkind (n)	['vʊndɐˌkɪnt]

60. Gehuwde paren. Gezinsleven

kussen (een kus geven)	küssen (vt)	['kʏsən]
elkaar kussen (ww)	sich küssen	[zɪç 'kʏsən]
gezin (het)	Familie (f)	[fa'mi:liə]
gezins- (abn)	Familien-	[fa'mi:liən]
paar (het)	Paar (n)	[pa:ɐ]
huwelijk (het)	Ehe (f)	['e:ə]
thuis (het)	Heim (n)	['haɪm]
dynastie (de)	Dynastie (f)	[dynas'ti:]
date (de)	Rendezvous (n)	[Rãde'vu:]
zoen (de)	Kuss (m)	[kʊs]
liefde (de)	Liebe (f)	['li:bə]
liefhebben (ww)	lieben (vt)	['li:bən]
geliefde (bn)	geliebt	[gə'li:pt]
tederheid (de)	Zärtlichkeit (f)	['tsɛ:ɐtlɪçkaɪt]
teder (bn)	zärtlich	['tsɛ:ɐtlɪç]
trouw (de)	Treue (f)	['tRɔɪə]
trouw (bn)	treu	[tRɔɪ]
zorg (bijv. bejaarden~)	Fürsorge (f)	['fy:ɐˌzɔʁgə]
zorgzaam (bn)	sorgsam	['zɔʁkza:m]
jonggehuwden (mv.)	Frischvermählte (pl)	['fRɪʃˈfɛɐ'mɛ:ltə]
wittebroodsweken (mv.)	Flitterwochen (pl)	['flɪteˌvɔҳən]
trouwen (vrouw)	heiraten (vi)	['haɪRa:tən]
trouwen (man)	heiraten (vi)	['haɪRa:tən]
bruiloft (de)	Hochzeit (f)	['hɔҳˌtsaɪt]
gouden bruiloft (de)	goldene Hochzeit (f)	['gɔldənə 'hɔҳˌtsaɪt]
verjaardag (de)	Jahrestag (m)	['ja:Rəsˌta:k]
minnaar (de)	Geliebte (m)	[gə'li:ptə]
minnares (de)	Geliebte (f)	[gə'li:ptə]
overspel (het)	Ehebruch (m)	['e:əˌbRʊҳ]
overspel plegen (ww)	Ehebruch begehen	['e:əˌbRʊҳ bə'ge:ən]
jaloers (bn)	eifersüchtig	['aɪfeˌzʏçtɪç]
jaloers zijn (echtgenoot, enz.)	eifersüchtig sein	['aɪfeˌzʏçtɪç zaɪn]
echtscheiding (de)	Scheidung (f)	['ʃaɪdʊn]
scheiden (ww)	sich scheiden lassen	[zɪç 'ʃaɪdən 'lasən]
ruzie hebben (ww)	streiten (vi)	['ʃtRaɪtən]
vrede sluiten (ww)	sich versöhnen	[zɪç fɛɐ'zø:nən]
samen (bw)	zusammen	[tsu'zamən]
seks (de)	Sex (m)	[sɛks], [zɛks]
geluk (het)	Glück (n)	[glʏk]
gelukkig (bn)	glücklich	['glʏklɪç]
ongeluk (het)	Unglück (n)	['ʊnˌglʏk]
ongelukkig (bn)	unglücklich	['ʊnˌglʏklɪç]

Karakter. Gevoelens. Emoties

61. Gevoelens. Emoties

gevoel (het)	Gefühl (n)	[gə'fy:l]
gevoelens (mv.)	Gefühle (pl)	[gə'fy:lə]
voelen (ww)	fühlen (vt)	['fy:lən]
honger (de)	Hunger (m)	['huŋɐ]
honger hebben (ww)	hungrig sein	['huŋʀɪç zaɪn]
dorst (de)	Durst (m)	[duʁst]
dorst hebben	Durst haben	['duʁst 'ha:bən]
slaperigheid (de)	Schläfrigkeit (f)	['ʃlɛ:fʀɪçkaɪt]
willen slapen	schlafen wollen	['ʃla:fən 'vɔlən]
moeheid (de)	Müdigkeit (f)	['my:dɪçkaɪt]
moe (bn)	müde	['my:də]
vermoeid raken (ww)	müde werden	['my:də 've:ɐdən]
stemming (de)	Laune (f)	['laʊnə]
verveling (de)	Langeweile (f)	['laŋə‚vaɪlə]
zich vervelen (ww)	sich langweilen	[zɪç 'laŋ‚vaɪlən]
afzondering (de)	Zurückgezogenheit (n)	[tsu'ʀʏkgə‚tso:gənhaɪt]
zich afzonderen (ww)	sich zurückziehen	[zɪç tsu'ʀʏk‚tsi:ən]
bezorgd maken	beunruhigen (vt)	[bə'ʔʊn‚ʀu:ɪgən]
bezorgd zijn (ww)	sorgen (vi)	['zɔʁgən]
zorg (bijv. geld~en)	Besorgnis (f)	[bə'zɔʁknɪs]
ongerustheid (de)	Angst (f)	['aŋst]
ongerust (bn)	besorgt	[bə'zɔʁkt]
zenuwachtig zijn (ww)	nervös sein	[nɛʁ'vø:s zaɪn]
in paniek raken	in Panik verfallen (vi)	[ɪn 'pa:nɪk fɛɐ'falən]
hoop (de)	Hoffnung (f)	['hɔfnʊŋ]
hopen (ww)	hoffen (vi)	['hɔfən]
zekerheid (de)	Sicherheit (f)	['zɪçɐhaɪt]
zeker (bn)	sicher	['zɪçɐ]
onzekerheid (de)	Unsicherheit (f)	['ʊn‚zɪçɐhaɪt]
onzeker (bn)	unsicher	['ʊn‚zɪçɐ]
dronken (bn)	betrunken	[bə'tʀʊŋkən]
nuchter (bn)	nüchtern	['nʏçtɐn]
zwak (bn)	schwach	['ʃvaχ]
gelukkig (bn)	glücklich	['glʏklɪç]
doen schrikken (ww)	erschrecken (vt)	[ɛɐ'ʃʀɛkən]
toorn (de)	Wut (f)	[vu:t]
woede (de)	Rage (f)	['ʀa:ʒə]
depressie (de)	Depression (f)	[depʀɛ'sjo:n]
ongemak (het)	Unbehagen (n)	['ʊnbə‚ha:gən]

gemak, comfort (het)	Komfort (m)	[kɔm'fo:ɐ]
spijt hebben (ww)	bedauern (vt)	[bə'daʊɐn]
spijt (de)	Bedauern (n)	[bə'daʊɐn]
pech (de)	Missgeschick (n)	['mɪsgəʃɪk]
bedroefdheid (de)	Kummer (m)	['kʊmɐ]

schaamte (de)	Scham (f)	[ʃa:m]
pret (de), plezier (het)	Freude (f)	['fʀɔɪdə]
enthousiasme (het)	Begeisterung (f)	[bə'gaɪstəʀʊŋ]
enthousiasteling (de)	Enthusiast (m)	[ɛntu'zɪast]
enthousiasme vertonen	Begeisterung zeigen	[bə'gaɪstəʀʊŋ 'tsaɪgən]

62. Karakter. Persoonlijkheid

karakter (het)	Charakter (m)	[ka'ʀaktɐ]
karakterfout (de)	Charakterfehler (m)	[ka'ʀaktɐˌfe:lɐ]
verstand (het)	Verstand (m)	[fɛɐ'ʃtant]
rede (de)	Vernunft (f)	[fɛɐ'nʊnft]

geweten (het)	Gewissen (n)	[gə'vɪsən]
gewoonte (de)	Gewohnheit (f)	[gə'vo:nhaɪt]
bekwaamheid (de)	Fähigkeit (f)	['fɛ:ɪçkaɪt]
kunnen (bijv., ~ zwemmen)	können (v mod)	['kœnən]

geduldig (bn)	geduldig	[gə'dʊldɪç]
ongeduldig (bn)	ungeduldig	['ʊngədʊldɪç]
nieuwsgierig (bn)	neugierig	['nɔɪˌgi:ʀɪç]
nieuwsgierigheid (de)	Neugier (f)	['nɔɪˌgi:ɐ]

bescheidenheid (de)	Bescheidenheit (f)	[bə'ʃaɪdənhaɪt]
bescheiden (bn)	bescheiden	[bə'ʃaɪdən]
onbescheiden (bn)	unbescheiden	['ʊnbə'ʃaɪdən]

luiheid (de)	Faulheit (f)	['faʊlhaɪt]
lui (bn)	faul	[faʊl]
luiwammes (de)	Faulenzer (m)	['faʊlɛntsɐ]

sluwheid (de)	Listigkeit (f)	['lɪstɪçkaɪt]
sluw (bn)	listig	['lɪstɪç]
wantrouwen (het)	Misstrauen (n)	['mɪsˌtʀaʊən]
wantrouwig (bn)	misstrauisch	['mɪstʀaʊɪʃ]

gulheid (de)	Freigebigkeit (f)	['fʀaɪˌge:bɪçkaɪt]
gul (bn)	freigebig	['fʀaɪˌge:bɪç]
talentrijk (bn)	talentiert	[talɛn'ti:ɐt]
talent (het)	Talent (n)	[ta'lɛnt]

moedig (bn)	tapfer	['tapfɐ]
moed (de)	Tapferkeit (f)	['tapfɐkaɪt]
eerlijk (bn)	ehrlich	['e:ɐlɪç]
eerlijkheid (de)	Ehrlichkeit (f)	['e:ɐlɪçkaɪt]

voorzichtig (bn)	vorsichtig	['fo:ɐˌzɪçtɪç]
manhaftig (bn)	tapfer	['tapfɐ]

ernstig (bn)	ernst	[εʁnst]
streng (bn)	streng	[ʃtʀεŋ]

resoluut (bn)	entschlossen	[εnt'ʃlɔsən]
onzeker, irresoluut (bn)	unentschlossen	['ʊn?εntʃlɔsən]
schuchter (bn)	schüchtern	['ʃʏçtən]
schuchterheid (de)	Schüchternheit (f)	['ʃʏçtənhaɪt]

vertrouwen (het)	Vertrauen (n)	[fεɐ'tʀaʊən]
vertrouwen (ww)	vertrauen (vi)	[fεɐ'tʀaʊən]
goedgelovig (bn)	vertrauensvoll	[fεɐ'tʀaʊəns,fɔl]

oprecht (bw)	aufrichtig	['aʊf,ʀɪçtɪç]
oprecht (bn)	aufrichtig	['aʊf,ʀɪçtɪç]
oprechtheid (de)	Aufrichtigkeit (f)	['aʊf,ʀɪçtɪçkaɪt]
open (bn)	offen	['ɔfən]

rustig (bn)	still	[ʃtɪl]
openhartig (bn)	freimütig	['fʀaɪ,myːtɪç]
naïef (bn)	naiv	[na'iːf]
verstrooid (bn)	zerstreut	[tsεɐ'ʃtʀɔɪt]
leuk, grappig (bn)	drollig, komisch	['dʀɔlɪç], ['koːmɪʃ]

gierigheid (de)	Gier (f)	[giːɐ]
gierig (bn)	habgierig	['haːp,giːʀɪç]
inhalig (bn)	geizig	['gaɪtsɪç]
kwaad (bn)	böse	['bøːzə]
koppig (bn)	hartnäckig	['haʁt,nεkɪç]
onaangenaam (bn)	unangenehm	['ʊn?angə,neːm]

egoïst (de)	Egoist (m)	[ego'ɪst]
egoïstisch (bn)	egoistisch	[ego'ɪstɪʃ]
lafaard (de)	Feigling (m)	['faɪklɪŋ]
laf (bn)	feige	['faɪgə]

63. Slaap. Dromen

slapen (ww)	schlafen (vi)	['ʃlaːfən]
slaap (in ~ vallen)	Schlaf (m)	[ʃlaːf]
droom (de)	Traum (m)	[tʀaʊm]
dromen (in de slaap)	träumen (vi, vt)	['tʀɔɪmən]
slaperig (bn)	verschlafen	[fεɐ'ʃlaːfən]

bed (het)	Bett (n)	[bεt]
matras (de)	Matratze (f)	[ma'tʀatsə]
deken (de)	Decke (f)	['dεkə]
kussen (het)	Kissen (n)	['kɪsən]
laken (het)	Laken (n)	['laːkən]

slapeloosheid (de)	Schlaflosigkeit (f)	['ʃlaːfloːzɪçkaɪt]
slapeloos (bn)	schlaflos	['ʃlaːfloːs]
slaapmiddel (het)	Schlafmittel (n)	['ʃlaːf,mɪtəl]
slaapmiddel innemen	Schlafmittel nehmen	['ʃlaːf,mɪtəl 'neːmən]
willen slapen	schlafen wollen	['ʃlaːfən 'vɔlən]

geeuwen (ww)	gähnen (vi)	['gɛ:nən]
gaan slapen	schlafen gehen	['ʃla:fən 'ge:ən]
het bed opmaken	das Bett machen	[das bɛt 'maχən]
inslapen (ww)	einschlafen (vi)	['aɪnˌʃaltən]

nachtmerrie (de)	Alptraum (m)	['alpˌtʁaʊm]
gesnurk (het)	Schnarchen (n)	['ʃnaʁçən]
snurken (ww)	schnarchen (vi)	['ʃnaʁçən]

wekker (de)	Wecker (m)	['vɛkɐ]
wekken (ww)	aufwecken (vt)	['aʊfˌvɛkən]
wakker worden (ww)	erwachen (vi)	[ɛɐ'vaχən]
opstaan (ww)	aufstehen (vi)	['aʊfˌʃte:ən]
zich wassen (ww)	sich waschen	[zɪç 'vaʃən]

64. Humor. Gelach. Blijdschap

humor (de)	Humor (m)	[hu'mo:ɐ]
gevoel (het) voor humor	Sinn (m) für Humor	[zɪn fy:ɐ hu'mo:ɐ]
plezier hebben (ww)	sich amüsieren	[zɪç amy'zi:ʁən]
vrolijk (bn)	froh	[fʁo:]
pret (de), plezier (het)	Fröhlichkeit (f)	['fʁø:lɪçˌkaɪt]

glimlach (de)	Lächeln (n)	['lɛçəln]
glimlachen (ww)	lächeln (vi)	['lɛçəln]
beginnen te lachen (ww)	auflachen (vi)	['aʊflaχən]
lachen (ww)	lachen (vi)	['laχən]
lach (de)	Lachen (n)	['laχən]

mop (de)	Anekdote, Witz (m)	[anɛk'do:tə], [vɪts]
grappig (een ~ verhaal)	lächerlich	['lɛçɐlɪç]
grappig (~e clown)	komisch	['ko:mɪʃ]

grappen maken (ww)	Witz machen	[vɪts 'maχən]
grap (de)	Spaß (m)	[ʃpa:s]
blijheid (de)	Freude (f)	['fʁɔɪdə]
blij zijn (ww)	sich freuen	[zɪç 'fʁɔɪən]
blij (bn)	froh	[fʁo:]

65. Discussie, conversatie. Deel 1

| communicatie (de) | Kommunikation (f) | [kɔmunika'tsɪo:n] |
| communiceren (ww) | kommunizieren (vi) | [kɔmuni'tsi:ʁən] |

conversatie (de)	Konversation (f)	[kɔnvɛʁza'tsjo:n]
dialoog (de)	Dialog (m)	[dia'lo:k]
discussie (de)	Diskussion (f)	[dɪskʊ'sjo:n]
debat (het)	Streitgespräch (n)	['ʃtʁaɪt·gə'ʃpʁɛ:ç]
debatteren, twisten (ww)	streiten (vi)	['ʃtʁaɪtən]

| gesprekspartner (de) | Gesprächspartner (m) | [gə'ʃpʁɛ:çsˌpaʁtnɐ] |
| thema (het) | Thema (n) | ['te:ma] |

standpunt (het)	Gesichtspunkt (m)	[gə'zɪçts͵pʊŋkt]
mening (de)	Meinung (f)	['maɪnʊŋ]
toespraak (de)	Rede (f)	['ʀeːdə]

bespreking (de)	Besprechung (f)	[bə'ʃpʀɛçʊŋ]
bespreken (spreken over)	besprechen (vt)	[bə'ʃpʀɛçən]
gesprek (het)	Gespräch (n)	[gə'ʃpʀɛːç]
spreken (converseren)	Gespräche führen	[gə'ʃpʀɛːçə 'fyːʀən]
ontmoeting (de)	Treffen (n)	['tʀɛfən]
ontmoeten (ww)	sich treffen	[zɪç 'tʀɛfən]

spreekwoord (het)	Sprichwort (n)	['ʃpʀɪç͵vɔʁt]
gezegde (het)	Redensart (f)	['ʀeːdəns͵ʔaːɐt]
raadsel (het)	Rätsel (n)	['ʀɛːtsəl]
een raadsel opgeven	ein Rätsel aufgeben	[aɪn 'ʀɛːtsəl 'aʊf͵geːbən]
wachtwoord (het)	Parole (f)	[pa'ʀoːlə]
geheim (het)	Geheimnis (n)	[gə'haɪmnɪs]

eed (de)	Eid (m), Schwur (m)	[aɪt], [ʃvuːɐ]
zweren (een eed doen)	schwören (vi, vt)	['ʃvøːʀən]
belofte (de)	Versprechen (n)	[fɛɐ'ʃpʀɛçən]
beloven (ww)	versprechen (vt)	[fɛɐ'ʃpʀɛçən]

advies (het)	Rat (m)	[ʀaːt]
adviseren (ww)	raten (vt)	['ʀaːtən]
advies volgen (iemands ~)	einen Rat befolgen	['aɪnən ʀaːt bə'fɔlgən]
luisteren (gehoorzamen)	gehorchen (vi)	[gə'hɔʁçən]

nieuws (het)	Neuigkeit (f)	['nɔjɪçkaɪt]
sensatie (de)	Sensation (f)	[zɛnza'tsjoːn]
informatie (de)	Informationen (pl)	[ɪnfɔʁma'tsjoːnən]
conclusie (de)	Schlussfolgerung (f)	['ʃlʊs͵fɔlgəʀʊŋ]
stem (de)	Stimme (f)	['ʃtɪmə]
compliment (het)	Kompliment (n)	[͵kɔmpli'mɛnt]
vriendelijk (bn)	freundlich	['fʀɔɪntlɪç]

woord (het)	Wort (n)	[vɔʁt]
zin (de), zinsdeel (het)	Phrase (f)	['fʀaːzə]
antwoord (het)	Antwort (f)	['antvɔʁt]

| waarheid (de) | Wahrheit (f) | ['vaːɐhaɪt] |
| leugen (de) | Lüge (f) | ['lyːgə] |

gedachte (de)	Gedanke (m)	[gə'daŋkə]
idee (de/het)	Idee (f)	[i'deː]
fantasie (de)	Phantasie (f)	[fanta'ziː]

66. Discussie, conversatie. Deel 2

gerespecteerd (bn)	angesehen	['angə͵zeːən]
respecteren (ww)	respektieren (vt)	[ʀɛspɛk'tiːʀən]
respect (het)	Respekt (m)	[ʀe'spɛkt]
Geachte ... (brief)	Sehr geehrter ...	[zeːɐ gə'leːɐtɐ]
voorstellen (Mag ik jullie ~)	bekannt machen	[bə'kant 'maχən]

kennismaken (met …)	kennenlernen (vt)	['kɛnən,lɛʁnən]
intentie (de)	Absicht (f)	['apzɪçt]
intentie hebben (ww)	beabsichtigen (vt)	[bə'ʔapzɪçtɪgən]
wens (de)	Wunsch (m)	[vʊnʃ]
wensen (ww)	wünschen (vt)	['vʏnʃən]

verbazing (de)	Staunen (n)	['ʃtaunən]
verbazen (verwonderen)	erstaunen (vt)	[ɛɐ'ʃtaunən]
verbaasd zijn (ww)	staunen (vi)	['ʃtaunən]

geven (ww)	geben (vt)	['ge:bən]
nemen (ww)	nehmen (vt)	['ne:mən]
teruggeven (ww)	herausgeben (vt)	[hɛ'ʀaus,ge:bən]
retourneren (ww)	zurückgeben (vt)	[tsu'ʀʏk,ge:bən]

zich verontschuldigen	sich entschuldigen	[zɪç ɛnt'ʃʊldɪgən]
verontschuldiging (de)	Entschuldigung (f)	[ɛnt'ʃʊldɪgʊŋ]
vergeven (ww)	verzeihen (vt)	[fɛɐ'tsaiən]

spreken (ww)	sprechen (vi)	['ʃpʀɛçən]
luisteren (ww)	hören (vt), zuhören (vi)	['hø:ʀən], ['tsu:,hø:ʀən]
aanhoren (ww)	sich anhören	[zɪç 'an,hø:ʀən]
begrijpen (ww)	verstehen (vt)	[fɛɐ'ʃte:ən]

tonen (ww)	zeigen (vt)	['tsaigən]
kijken naar …	ansehen (vt)	['anze:ən]
roepen (vragen te komen)	rufen (vt)	['ʀu:fən]
afleiden (storen)	belästigen (vt)	[bə'lɛstɪgən]
storen (lastigvallen)	stören (vt)	['ʃtø:ʀən]
doorgeven (ww)	übergeben (vt)	[y:bɐ'ge:bən]

verzoek (het)	Bitte (f)	['bɪtə]
verzoeken (ww)	bitten (vt)	['bɪtən]
eis (de)	Verlangen (n)	[fɛɐ'laŋən]
eisen (met klem vragen)	verlangen (vt)	[fɛɐ'laŋən]

beledigen (beledigende namen geven)	necken (vt)	['nɛkən]
uitlachen (ww)	spotten (vi)	['ʃpotən]
spot (de)	Spott (m)	[ʃpot]
bijnaam (de)	Spitzname (m)	['ʃpɪts,na:mə]

zinspeling (de)	Andeutung (f)	['an,dɔitʊŋ]
zinspelen (ww)	andeuten (vt)	['an,dɔitən]
impliceren (duiden op)	meinen (vt)	['mainən]

beschrijving (de)	Beschreibung (f)	[bə'ʃʀaibʊŋ]
beschrijven (ww)	beschreiben (vt)	[bə'ʃʀaibən]
lof (de)	Lob (n)	[lo:p]
loven (ww)	loben (vt)	['lo:bən]

teleurstelling (de)	Enttäuschung (f)	[ɛnt'tɔiʃʊŋ]
teleurstellen (ww)	enttäuschen (vt)	[ɛnt'tɔiʃən]
teleurgesteld zijn (ww)	enttäuscht sein	[ɛnt'tɔiʃt zain]
veronderstelling (de)	Vermutung (f)	[fɛɐ'mu:tʊŋ]
veronderstellen (ww)	vermuten (vt)	[fɛɐ'mu:tən]

| waarschuwing (de) | Warnung (f) | ['vaʁnʊŋ] |
| waarschuwen (ww) | warnen (vt) | ['vaʁnən] |

67. Discussie, conversatie. Deel 3

| aanpraten (ww) | überreden (vt) | [y:bɐ'ʀeːdən] |
| kalmeren (kalm maken) | beruhigen (vt) | [bə'ʀuːɪgən] |

stilte (de)	Schweigen (n)	['ʃvaɪgən]
zwijgen (ww)	schweigen (vi)	['ʃvaɪgən]
fluisteren (ww)	flüstern (vt)	['flʏstɐn]
gefluister (het)	Flüstern (n)	['flʏstɐn]

| open, eerlijk (bw) | offen | ['ɔfən] |
| volgens mij ... | meiner Meinung nach ... | ['maɪnə 'maɪnʊŋ naːχ] |

detail (het)	Detail (n)	[de'taɪ]
gedetailleerd (bn)	ausführlich	['aʊsˌfyːɐlɪç]
gedetailleerd (bw)	ausführlich	['aʊsˌfyːɐlɪç]

| hint (de) | Tipp (m) | [tɪp] |
| een hint geven | einen Tipp geben | ['aɪnən tɪp 'geːbən] |

blik (de)	Blick (m)	[blɪk]
een kijkje nemen	anblicken (vt)	['anblikən]
strak (een ~ke blik)	starr	[ʃtaʁ]
knipperen (ww)	blinzeln (vi)	['blɪntsəln]
knipogen (ww)	zwinkern (vi)	['tsvɪŋkɐn]
knikken (ww)	nicken (vi)	['nɪkən]

zucht (de)	Seufzer (m)	['zɔɪftsɐ]
zuchten (ww)	aufseufzen (vi)	['aʊfˌzɔɪftsən]
huiveren (ww)	zusammenzucken (vi)	[tsu'zamənˌtsʊkən]
gebaar (het)	Geste (f)	['gɛstə]
aanraken (ww)	berühren (vt)	[bə'ʀyːʀən]
grijpen (ww)	ergreifen (vt)	[ɛɐ'gʀaɪfən]
een schouderklopje geven	klopfen (vt)	['klɔpfən]

Kijk uit!	Vorsicht!	['foːɐˌzɪçt]
Echt?	Wirklich?	['vɪʁklɪç]
Succes!	Viel Glück!	[fiːl glʏk]
Juist, ja!	Klar!	[klaːɐ]
Wat jammer!	Schade!	['ʃaːdə]

68. Overeenstemming. Weigering

instemming (het)	Einverständnis (n)	['aɪnfɛɐˌʃtɛntnɪs]
instemmen (akkoord gaan)	zustimmen (vi)	['tsuːˌʃtɪmən]
goedkeuring (de)	Billigung (f)	['bɪlɪgʊŋ]
goedkeuren (ww)	billigen (vt)	['bɪlɪgən]
weigering (de)	Absage (f)	['apˌzaːgə]
weigeren (ww)	sich weigern	[zɪç 'vaɪgɐn]

Geweldig!	Ausgezeichnet!	['ausgə‚tsaıçnət]
Goed!	Ganz recht!	[gants ʀɛçt]
Akkoord!	Gut! Okay!	[gu:t], [o'ke:]

verboden (bn)	verboten	[fɛɛ'bo:tən]
het is verboden	Es ist verboten	[ɛs ist fɛɛ'bo:tən]
het is onmogelijk	Es ist unmöglich	[ɛs ist 'unmø:klıç]
onjuist (bn)	falsch	[falʃ]

afwijzen (ww)	ablehnen (vt)	['ap‚le:nən]
steunen	unterstützen (vt)	[‚untə'ʃtʏtsən]
(een goed doel, enz.)		
aanvaarden (excuses ~)	akzeptieren (vt)	[‚aktsɛp'ti:ʀən]

bevestigen (ww)	bestätigen (vt)	[bə'ʃtɛ:tıgən]
bevestiging (de)	Bestätigung (f)	[bə'ʃtɛ:tıgʊŋ]
toestemming (de)	Erlaubnis (f)	[ɛɛ'laupnıs]
toestaan (ww)	erlauben (vt)	[ɛɛ'laubən]
beslissing (de)	Entscheidung (f)	[ɛnt'ʃaıdʊŋ]
z'n mond houden (ww)	schweigen (vi)	['ʃvaıgən]

voorwaarde (de)	Bedingung (f)	[bə'dıŋʊŋ]
smoes (de)	Ausrede (f)	['aus‚ʀe:də]
lof (de)	Lob (n)	[lo:p]
loven (ww)	loben (vt)	['lo:bən]

69. Succes. Veel geluk. Mislukking

succes (het)	Erfolg (m)	[ɛɛ'fɔlk]
succesvol (bw)	erfolgreich	[ɛɛ'fɔlkʀaıç]
succesvol (bn)	erfolgreich	[ɛɛ'fɔlkʀaıç]

geluk (het)	Glück (n)	[glʏk]
Succes!	Viel Glück!	[fi:l glʏk]
geluks- (bn)	Glücks-	[glʏks]
gelukkig (fortuinlijk)	glücklich	['glʏklıç]

mislukking (de)	Misserfolg (m)	['mısʔɛɛ‚fɔlk]
tegenslag (de)	Missgeschick (n)	['mısgəʃık]
pech (de)	Unglück (n)	['un‚glʏk]

| zonder succes (bn) | missglückt | [mıs'glʏkt] |
| catastrofe (de) | Katastrophe (f) | [‚katas'tʀo:fə] |

fierheid (de)	Stolz (m)	[ʃtɔlts]
fier (bn)	stolz	[ʃtɔlts]
fier zijn (ww)	stolz sein	[ʃtɔlts zaın]

winnaar (de)	Sieger (m)	['zi:gə]
winnen (ww)	siegen (vi)	['zi:gən]
verliezen (ww)	verlieren (vt)	[fɛɛ'li:ʀən]
poging (de)	Versuch (m)	[fɛɛ'zu:χ]
pogen, proberen (ww)	versuchen (vt)	[fɛɛ'zu:χən]
kans (de)	Chance (f)	['ʃaŋsə]

70. Ruzies. Negatieve emoties

schreeuw (de)	Schrei (m)	[ʃʀaɪ]
schreeuwen (ww)	schreien (vi)	[ˈʃʀaɪən]
beginnen te schreeuwen	beginnen zu schreien	[bəˈgɪnən tsu ˈʃʀaɪən]
ruzie (de)	Zank (m)	[tsaŋk]
ruzie hebben (ww)	sich zanken	[zɪç ˈtsaŋkən]
schandaal (het)	Riesenkrach (m)	[ˈʀiːzənˌkʀaχ]
schandaal maken (ww)	Krach haben	[ˈkʀaχ haːbən]
conflict (het)	Konflikt (m)	[kɔnˈflɪkt]
misverstand (het)	Missverständnis (n)	[ˈmɪsfɛɐˌʃtɛntnɪs]
belediging (de)	Kränkung (f)	[ˈkʀɛŋkʊŋ]
beledigen	kränken (vt)	[ˈkʀɛŋkən]
(met scheldwoorden)		
beledigd (bn)	gekränkt	[gəˈkʀɛŋkt]
krenking (de)	Beleidigung (f)	[bəˈlaɪdɪgʊŋ]
krenken (beledigen)	beleidigen (vt)	[bəˈlaɪdɪgən]
gekwetst worden (ww)	sich beleidigt fühlen	[zɪç bəˈlaɪdɪçt ˈfyːlən]
verontwaardiging (de)	Empörung (f)	[ɛmˈpøːʀʊŋ]
verontwaardigd zijn (ww)	sich empören	[zɪç ɛmˈpøːʀən]
klacht (de)	Klage (f)	[ˈklaːgə]
klagen (ww)	klagen (vi)	[ˈklaːgən]
verontschuldiging (de)	Entschuldigung (f)	[ɛntˈʃʊldɪgʊŋ]
zich verontschuldigen	sich entschuldigen	[zɪç ɛntˈʃʊldɪgən]
excuus vragen	um Entschuldigung bitten	[ʊm ɛntˈʃʊldɪgʊŋ ˈbɪtən]
kritiek (de)	Kritik (f)	[kʀiˈtiːk]
bekritiseren (ww)	kritisieren (vt)	[kʀitiˈziːʀən]
beschuldiging (de)	Anklage (f)	[ˈankla:gə]
beschuldigen (ww)	anklagen (vt)	[ˈanˌkla:gən]
wraak (de)	Rache (f)	[ˈʀaχə]
wreken (ww)	rächen (vt)	[ˈʀɛçən]
wraak nemen (ww)	sich rächen	[zɪç ˈʀɛçən]
minachting (de)	Verachtung (f)	[fɛɐˈʔaχtʊŋ]
minachten (ww)	verachten (vt)	[fɛɐˈʔaχtən]
haat (de)	Hass (m)	[has]
haten (ww)	hassen (vt)	[ˈhasən]
zenuwachtig (bn)	nervös	[nɛʁˈvøːs]
zenuwachtig zijn (ww)	nervös sein	[nɛʁˈvøːs zaɪn]
boos (bn)	verärgert	[fɛɐˈʔɛʁgət]
boos maken (ww)	ärgern (vt)	[ˈɛʁgən]
vernedering (de)	Erniedrigung (f)	[ɛɐˈniːdʀɪgʊŋ]
vernederen (ww)	erniedrigen (vt)	[ɛɐˈniːdʀɪgən]
zich vernederen (ww)	sich erniedrigen	[zɪç ɛɐˈniːdʀɪgən]
schok (de)	Schock (m)	[ʃɔk]
schokken (ww)	schockieren (vt)	[ʃoˈkiːʀən]

| onaangenaamheid (de) | Ärger (m) | ['ɛʁgɐ] |
| onaangenaam (bn) | unangenehm | ['ʊn?angə,ne:m] |

vrees (de)	Angst (f)	['aŋst]
vreselijk (bijv. ~ onweer)	furchtbar	['fʊʁçtba:ɐ]
eng (bn)	schrecklich	['ʃʀɛklɪç]
gruwel (de)	Entsetzen (n)	[ɛnt'zɛtsən]
vreselijk (~ nieuws)	entsetzlich	[ɛnt'zɛtslɪç]

beginnen te beven	zittern (vi)	['tsɪtɐn]
huilen (wenen)	weinen (vi)	['vaɪnən]
beginnen te huilen (wenen)	anfangen zu weinen	['an,faŋən tsu: 'vaɪnən]
traan (de)	Träne (f)	['tʀɛ:nə]

schuld (~ geven aan)	Schuld (f)	[ʃʊlt]
schuldgevoel (het)	Schuldgefühl (n)	['ʃʊltgə,fy:l]
schande (de)	Schmach (f)	[ʃma:χ]
protest (het)	Protest (m)	[pʀo'tɛst]
stress (de)	Stress (m)	[stʀɛs]

storen (lastigvallen)	stören (vt)	['ʃtø:ʀən]
kwaad zijn (ww)	sich ärgern	[zɪç 'ɛʁgɐn]
kwaad (bn)	ärgerlich	['ɛʁgɐ,lɪç]
beëindigen (een relatie ~)	abbrechen (vi)	['ap,bʀɛçən]
vloeken (ww)	schelten (vi)	['ʃɛltən]

schrikken (schrik krijgen)	erschrecken (vi)	[ɛɐ'ʃʀɛkən]
slaan (iemand ~)	schlagen (vt)	['ʃla:gən]
vechten (ww)	sich prügeln	[zɪç 'pʀy:gəln]

regelen (conflict)	beilegen (vt)	['baɪ,le:gən]
ontevreden (bn)	unzufrieden	['ʊntsu,fʀi:dən]
woedend (bn)	wütend	['vy:tənt]

| Dat is niet goed! | Das ist nicht gut! | [das is nɪçt gu:t] |
| Dat is slecht! | Das ist schlecht! | [das is ʃlɛçt] |

Geneeskunde

71. Ziekten

ziekte (de)	Krankheit (f)	['kRaŋkhaɪt]
ziek zijn (ww)	krank sein	[kRaŋk zaɪn]
gezondheid (de)	Gesundheit (f)	[gə'zʊnthaɪt]
snotneus (de)	Schnupfen (m)	['ʃnʊpfən]
angina (de)	Angina (f)	[aŋ'gi:na]
verkoudheid (de)	Erkältung (f)	[ɛɐ'kɛltʊŋ]
verkouden raken (ww)	sich erkälten	[zɪç ɛɐ'kɛltən]
bronchitis (de)	Bronchitis (f)	[bRɔn'çi:tɪs]
longontsteking (de)	Lungenentzündung (f)	['lʊŋən?ɛnt,tsʏndʊŋ]
griep (de)	Grippe (f)	['gRɪpə]
bijziend (bn)	kurzsichtig	['kʊɐts,zɪçtɪç]
verziend (bn)	weitsichtig	['vaɪt,zɪçtɪç]
scheelheid (de)	Schielen (n)	['ʃi:lən]
scheel (bn)	schielend	['ʃi:lənt]
grauwe staar (de)	grauer Star (m)	['gRaʊɐ ʃta:ɐ]
glaucoom (het)	Glaukom (n)	[glau'ko:m]
beroerte (de)	Schlaganfall (m)	['ʃla:k?an,fal]
hartinfarct (het)	Infarkt (m)	[ɪn'faʁkt]
myocardiaal infarct (het)	Herzinfarkt (m)	['hɛʁts?ɪn,faʁkt]
verlamming (de)	Lähmung (f)	['lɛ:mʊŋ]
verlammen (ww)	lähmen (vt)	['lɛ:mən]
allergie (de)	Allergie (f)	[,alɛʁ'gi:]
astma (de/het)	Asthma (n)	['astma]
diabetes (de)	Diabetes (m)	[dia'be:tɛs]
tandpijn (de)	Zahnschmerz (m)	['tsa:n,ʃmɛʁts]
tandbederf (het)	Karies (f)	['ka:ʁɪɛs]
diarree (de)	Durchfall (m)	['dʊʁç,fal]
constipatie (de)	Verstopfung (f)	[fɛɐ'ʃtɔpfʊŋ]
maagstoornis (de)	Magenverstimmung (f)	['ma:gən·fɛɐʃtɪmʊŋ]
voedselvergiftiging (de)	Vergiftung (f)	[fɛɐ'gɪftʊŋ]
voedselvergiftiging oplopen	Vergiftung bekommen	[fɛɐ'gɪftʊŋ bə'kɔmən]
artritis (de)	Arthritis (f)	[aʁ'tRi:tɪs]
rachitis (de)	Rachitis (f)	[Ra'χi:tɪs]
reuma (het)	Rheumatismus (m)	[Rɔɪma'tɪsmʊs]
arteriosclerose (de)	Atherosklerose (f)	[atɛʁɔskle'Ro:zə]
gastritis (de)	Gastritis (f)	[gas'tRi:tɪs]
blindedarmontsteking (de)	Blinddarmentzündung (f)	['blɪntdaʁm?ɛnt,tsʏndʊŋ]

| galblaasontsteking (de) | Cholezystitis (f) | [çoletsʏs'ti:tɪs] |
| zweer (de) | Geschwür (n) | [gə'ʃvy:ɐ] |

mazelen (mv.)	Masern (pl)	['ma:zɐn]
rodehond (de)	Röteln (pl)	['ʀø:tǝln]
geelzucht (de)	Gelbsucht (f)	['gɛlp͜zʊxt]
leverontsteking (de)	Hepatitis (f)	[ˌhepa'ti:tɪs]

schizofrenie (de)	Schizophrenie (f)	[ʃitsofʀe'ni:]
dolheid (de)	Tollwut (f)	['tɔlˌvu:t]
neurose (de)	Neurose (f)	[nɔɪ'ʀo:zə]
hersenschudding (de)	Gehirnerschütterung (f)	[gə'hɪʀn͜ʔɛɐʃʏtǝʀʊŋ]

kanker (de)	Krebs (m)	[kʀe:ps]
sclerose (de)	Sklerose (f)	[skle'ʀo:zə]
multiple sclerose (de)	multiple Sklerose (f)	[mʊl'ti:plə skle'ʀo:zə]

alcoholisme (het)	Alkoholismus (m)	[ˌalkoho'lɪsmʊs]
alcoholicus (de)	Alkoholiker (m)	[alko'ho:likɐ]
syfilis (de)	Syphilis (f)	['zy:filɪs]
AIDS (de)	AIDS	['eɪts]

tumor (de)	Tumor (m)	['tu:mo:ɐ]
kwaadaardig (bn)	bösartig	['bø:sˌʔa:ɐtɪç]
goedaardig (bn)	gutartig	['gu:tˌʔa:ɐtɪç]
koorts (de)	Fieber (n)	['fi:bɐ]
malaria (de)	Malaria (f)	[ma'la:ʀɪa]
gangreen (het)	Gangrän (f, n)	[gaŋ'gʀɛ:n]
zeeziekte (de)	Seekrankheit (f)	['ze:ˌkʀaŋkhaɪt]
epilepsie (de)	Epilepsie (f)	[epilɛ'psi:]

epidemie (de)	Epidemie (f)	[epide'mi:]
tyfus (de)	Typhus (m)	['ty:fʊs]
tuberculose (de)	Tuberkulose (f)	[tubɛʀku'lo:zə]
cholera (de)	Cholera (f)	['ko:leʀa]
pest (de)	Pest (f)	[pɛst]

72. Symptomen. Behandelingen. Deel 1

symptoom (het)	Symptom (n)	[zʏmp'to:m]
temperatuur (de)	Temperatur (f)	[tɛmpəʀa'tu:ɐ]
verhoogde temperatuur (de)	Fieber (n)	['fi:bɐ]
polsslag (de)	Puls (m)	[pʊls]

duizeling (de)	Schwindel (m)	['ʃvɪndǝl]
heet (erg warm)	heiß	[haɪs]
koude rillingen (mv.)	Schüttelfrost (m)	['ʃʏtǝlˌfʀɔst]
bleek (bn)	blass	[blas]

hoest (de)	Husten (m)	['hu:stǝn]
hoesten (ww)	husten (vi)	['hu:stǝn]
niezen (ww)	niesen (vi)	['ni:zǝn]
flauwte (de)	Ohnmacht (f)	['o:nˌmaxt]
flauwvallen (ww)	ohnmächtig werden	['o:nˌmɛçtɪç 've:ɐdǝn]

blauwe plek (de)	blauer Fleck (m)	['blaʊɐ flɛk]
buil (de)	Beule (f)	['bɔɪlə]
zich stoten (ww)	sich stoßen	[zɪç 'ʃto:sən]
kneuzing (de)	Prellung (f)	['pʀɛlʊŋ]
kneuzen (gekneusd zijn)	sich stoßen	[zɪç 'ʃto:sən]

hinken (ww)	hinken (vi)	['hɪŋkən]
verstuiking (de)	Verrenkung (f)	[fɛɐ'ʀɛnkʊŋ]
verstuiken (enkel, enz.)	ausrenken (vt)	['aʊsˌʀɛŋkən]
breuk (de)	Fraktur (f)	[fʀak'tu:ɐ]
een breuk oplopen	brechen (vt)	['bʀɛçən]

snijwond (de)	Schnittwunde (f)	['ʃnɪtˌvʊndə]
zich snijden (ww)	sich schneiden	[zɪç 'ʃnaɪdən]
bloeding (de)	Blutung (f)	['blu:tʊŋ]

| brandwond (de) | Verbrennung (f) | [fɛɐ'bʀɛnʊŋ] |
| zich branden (ww) | sich verbrennen | [zɪç fɛɐ'bʀɛnən] |

prikken (ww)	stechen (vt)	['ʃtɛçən]
zich prikken (ww)	sich stechen	[zɪç 'ʃtɛçən]
blesseren (ww)	verletzen (vt)	[fɛɐ'lɛtsən]
blessure (letsel)	Verletzung (f)	[fɛɐ'lɛtsʊŋ]
wond (de)	Wunde (f)	['vʊndə]
trauma (het)	Trauma (n)	['tʀaʊma]

ijlen (ww)	irrereden (vi)	['ɪʀəˌʀe:dən]
stotteren (ww)	stottern (vi)	['ʃtɔten]
zonnesteek (de)	Sonnenstich (m)	['zɔnənˌʃtɪç]

73. Symptomen. Behandelingen. Deel 2

| pijn (de) | Schmerz (m) | [ʃmɛʁts] |
| splinter (de) | Splitter (m) | ['ʃplɪtə] |

zweet (het)	Schweiß (m)	[ʃvaɪs]
zweten (ww)	schwitzen (vi)	['ʃvɪtsən]
braking (de)	Erbrechen (n)	[ɛɐ'bʀɛçən]
stuiptrekkingen (mv.)	Krämpfe (pl)	['kʀɛmpfə]

zwanger (bn)	schwanger	['ʃvaŋɐ]
geboren worden (ww)	geboren sein	[gə'bo:ʀən zaɪn]
geboorte (de)	Geburt (f)	[gə'bu:ɐt]
baren (ww)	gebären (vt)	[gə'bɛ:ʀən]
abortus (de)	Abtreibung (f)	['apˌtʀaɪbʊŋ]

ademhaling (de)	Atem (m)	['a:təm]
inademing (de)	Atemzug (m)	['a:təmˌtsu:k]
uitademing (de)	Ausatmung (f)	['aʊsʔa:tmʊŋ]
uitademen (ww)	ausatmen (vt)	['aʊsˌʔa:tmən]
inademen (ww)	einatmen (vt)	['aɪnˌʔa:tmən]

| invalide (de) | Invalide (m) | [ɪnva'li:də] |
| gehandicapte (de) | Krüppel (m) | ['kʀʏpəl] |

drugsverslaafde (de)	Drogenabhängiger (m)	['dRo:gən,?aphɛŋɪgə]
doof (bn)	taub	[taʊp]
stom (bn)	stumm	[ʃtʊm]
doofstom (bn)	taubstumm	['taʊpʃtʊm]

krankzinnig (bn)	verrückt	[fɛɐ'Rʏkt]
krankzinnige (man)	Irre (m)	['ɪRə]
krankzinnige (vrouw)	Irre (f)	['ɪRə]
krankzinnig worden	den Verstand verlieren	[dən fɛɐ'ʃtant fɛɐ'li:Rən]

gen (het)	Gen (n)	[ge:n]
immuniteit (de)	Immunität (f)	[ɪmuni'tɛ:t]
erfelijk (bn)	erblich	['ɛɐplɪç]
aangeboren (bn)	angeboren	['angə,bo:Rən]

virus (het)	Virus (m, n)	['vi:Rʊs]
microbe (de)	Mikrobe (f)	[mi'kRo:bə]
bacterie (de)	Bakterie (f)	[bak'te:Rɪə]
infectie (de)	Infektion (f)	[ɪnfɛk'tsjo:n]

74. Symptomen. Behandelingen. Deel 3

ziekenhuis (het)	Krankenhaus (n)	['kRaŋkən,haʊs]
patiënt (de)	Patient (m)	[pa'tsɪɛnt]

diagnose (de)	Diagnose (f)	[dia'gno:zə]
genezing (de)	Heilung (f)	['haɪlʊŋ]
medische behandeling (de)	Behandlung (f)	[bə'handlʊŋ]
onder behandeling zijn	Behandlung bekommen	[bə'handlʊŋ bə'kɔmən]
behandelen (ww)	behandeln (vt)	[bə'handəln]
zorgen (zieken ~)	pflegen (vt)	['pfle:gən]
ziekenzorg (de)	Pflege (f)	['pfle:gə]

operatie (de)	Operation (f)	[opəRa'tsjo:n]
verbinden (een arm ~)	verbinden (vt)	[fɛɐ'bɪndən]
verband (het)	Verband (m)	[fɛɐ'bant]

vaccin (het)	Impfung (f)	['ɪmpfʊŋ]
inenten (vaccineren)	impfen (vt)	['ɪmpfən]
injectie (de)	Spritze (f)	['ʃpRɪtsə]
een injectie geven	eine Spritze geben	['aɪnə 'ʃpRɪtsə 'ge:bən]

aanval (de)	Anfall (m)	['an,fal]
amputatie (de)	Amputation (f)	[amputa'tsjo:n]
amputeren (ww)	amputieren (vt)	[ampu'ti:Rən]
coma (het)	Koma (n)	['ko:ma]
in coma liggen	im Koma liegen	[ɪm 'ko:ma 'li:gən]
intensieve zorg, ICU (de)	Reanimation (f)	[Re?anima'tsjo:n]

zich herstellen (ww)	genesen von ...	[gə'ne:zən fɔn]
toestand (de)	Zustand (m)	['tsu:,ʃtant]
bewustzijn (het)	Bewusstsein (n)	[bə'vʊstzaɪn]
geheugen (het)	Gedächtnis (n)	[gə'dɛçtnɪs]
trekken (een kies ~)	ziehen (vt)	['tsi:ən]

| vulling (de) | Plombe (f) | ['plɔmbə] |
| vullen (ww) | plombieren (vt) | [plɔm'bi:ʀən] |

| hypnose (de) | Hypnose (f) | [hʏp'no:zə] |
| hypnotiseren (ww) | hypnotisieren (vt) | [hʏpnoti'zi:ʀən] |

75. Artsen

dokter, arts (de)	Arzt (m)	[aʁtst]
ziekenzuster (de)	Krankenschwester (f)	[kʀaŋkənʃvɛstə]
lijfarts (de)	Privatarzt (m)	[pʀi'va:t͜ʔaʁtst]

tandarts (de)	Zahnarzt (m)	['tsa:n͜ʔaʁtst]
oogarts (de)	Augenarzt (m)	['augən͜ʔaʁtst]
therapeut (de)	Internist (m)	[ɪntɐ'nɪst]
chirurg (de)	Chirurg (m)	[çi'ʀuʁk]

psychiater (de)	Psychiater (m)	[psy'çɪa:tɐ]
pediater (de)	Kinderarzt (m)	['kɪndɐ͜ʔaʁtst]
psycholoog (de)	Psychologe (m)	[psyço'lo:gə]
gynaecoloog (de)	Frauenarzt (m)	['fʀauən͜ʔaʁtst]
cardioloog (de)	Kardiologe (m)	[kaʁdɪo'lo:gə]

76. Geneeskunde. Medicijnen. Accessoires

geneesmiddel (het)	Arznei (f)	[aʁts'naɪ]
middel (het)	Heilmittel (n)	['haɪl͜mɪtəl]
voorschrijven (ww)	verschreiben (vt)	[fɛɐ'ʃʀaɪbən]
recept (het)	Rezept (n)	[ʀe'tsɛpt]

tablet (de/het)	Tablette (f)	[tab'letə]
zalf (de)	Salbe (f)	['zalbə]
ampul (de)	Ampulle (f)	[am'pʊlə]
drank (de)	Mixtur (f)	[mɪks'tu:ɐ]
siroop (de)	Sirup (m)	['zi:ʀʊp]
pil (de)	Pille (f)	['pɪlə]
poeder (de/het)	Pulver (n)	['pʊlfɐ]

verband (het)	Verband (m)	[fɛɐ'bant]
watten (mv.)	Watte (f)	['vatə]
jodium (het)	Jod (n)	[jo:t]

pleister (de)	Pflaster (n)	['pflastɐ]
pipet (de)	Pipette (f)	[pi'pɛtə]
thermometer (de)	Thermometer (n)	[tɛʁmo'me:tɐ]
spuit (de)	Spritze (f)	['ʃpʀɪtsə]

| rolstoel (de) | Rollstuhl (m) | ['ʀɔlˌʃtu:l] |
| krukken (mv.) | Krücken (pl) | ['kʀʏkən] |

| pijnstiller (de) | Betäubungsmittel (n) | [bə'tɔɪbʊŋsˌmɪtəl] |
| laxeermiddel (het) | Abführmittel (n) | ['apfy:ɐˌmɪtəl] |

spiritus (de)	Spiritus (m)	['spi:ʀɪtʊs]
medicinale kruiden (mv.)	Heilkraut (n)	['haɪl‚kʀaʊt]
kruiden- (abn)	Kräuter-	['kʀɔɪtə]

77. Roken. Tabaksproducten

tabak (de)	Tabak (m)	['ta:bak]
sigaret (de)	Zigarette (f)	[tsiga'ʀɛtə]
sigaar (de)	Zigarre (f)	[tsi'gaʀə]
pijp (de)	Pfeife (f)	['pfaɪfə]
pakje (~ sigaretten)	Packung (f)	['pakʊŋ]

lucifers (mv.)	Streichhölzer (pl)	['ʃtʀaɪç‚hœltsə]
luciferdoosje (het)	Streichholzschachtel (f)	['ʃtʀaɪç·hɔltsʃaxtəl]
aansteker (de)	Feuerzeug (n)	['fɔɪɛ‚tsɔɪk]
asbak (de)	Aschenbecher (m)	['aʃən·bɛçə]
sigarettendoosje (het)	Zigarettenetui (n)	[tsiga'ʀɛtən?ɛt‚vi:]

| sigarettenpijpje (het) | Mundstück (n) | ['mʊntʃtʏk] |
| filter (de/het) | Filter (n) | ['fɪltə] |

roken (ww)	rauchen (vi, vt)	['ʀaʊxən]
een sigaret opsteken	anrauchen (vt)	['an‚ʀaʊxən]
roken (het)	Rauchen (n)	['ʀaʊxən]
roker (de)	Raucher (m)	['ʀaʊxɐ]

peuk (de)	Stummel (m)	['ʃtʊməl]
rook (de)	Rauch (m)	[ʀaʊx]
as (de)	Asche (f)	['aʃə]

HET MENSELIJKE LEEFGEBIED

Stad

78. Stad. Het leven in de stad

stad (de)	Stadt (f)	[ʃtat]
hoofdstad (de)	Hauptstadt (f)	['haʊptˌʃtat]
dorp (het)	Dorf (n)	[dɔʁf]
plattegrond (de)	Stadtplan (m)	['ʃtatˌplaːn]
centrum (ov. een stad)	Stadtzentrum (n)	['ʃtatˌtsɛntʁʊm]
voorstad (de)	Vorort (m)	['foːɐˌʔɔʁt]
voorstads- (abn)	Vorort-	['foːɐˌʔɔʁt]
randgemeente (de)	Stadtrand (m)	['ʃtatˌʁant]
omgeving (de)	Umgebung (f)	[ʊm'geːbʊŋ]
blok (huizenblok)	Stadtviertel (n)	['ʃtatˌfɪʁtəl]
woonwijk (de)	Wohnblock (m)	['voːnˌblɔk]
verkeer (het)	Straßenverkehr (m)	['ʃtʁaːsənˌfɛɐˌkeːɐ]
verkeerslicht (het)	Ampel (f)	['ampəl]
openbaar vervoer (het)	Stadtverkehr (m)	['ʃtatˌfɛɐ'keːɐ]
kruispunt (het)	Straßenkreuzung (f)	['ʃtʁaːsənˌkʁɔɪtsʊŋ]
zebrapad (oversteekplaats)	Übergang (m)	['yːbɐˌgaŋ]
onderdoorgang (de)	Fußgängerunterführung (f)	['fuːsˌgɛŋɐˌʊntɐ'fyːʁʊŋ]
oversteken (de straat ~)	überqueren (vt)	[yːbɐ'kveːʁən]
voetganger (de)	Fußgänger (m)	['fuːsˌgɛŋɐ]
trottoir (het)	Gehweg (m)	['geːˌveːk]
brug (de)	Brücke (f)	['bʁʏkə]
dijk (de)	Kai (m)	[kaɪ]
fontein (de)	Springbrunnen (m)	['ʃpʁɪŋˌbʁʊnən]
allee (de)	Allee (f)	[a'leː]
park (het)	Park (m)	[paʁk]
boulevard (de)	Boulevard (m)	[bulə'vaːɐ]
plein (het)	Platz (m)	[plats]
laan (de)	Avenue (f)	[avə'nyː]
straat (de)	Straße (f)	['ʃtʁaːsə]
zijstraat (de)	Gasse (f)	['gasə]
doodlopende straat (de)	Sackgasse (f)	['zakˌgasə]
huis (het)	Haus (n)	[haʊs]
gebouw (het)	Gebäude (n)	[gə'bɔɪdə]
wolkenkrabber (de)	Wolkenkratzer (m)	['vɔlkənˌkʁatsɐ]
gevel (de)	Fassade (f)	[fa'saːdə]
dak (het)	Dach (n)	[daχ]

venster (het)	Fenster (n)	['fɛnstə]
boog (de)	Bogen (m)	['bo:gən]
pilaar (de)	Säule (f)	['zɔɪlə]
hoek (ov. een gebouw)	Ecke (f)	['ɛkə]

vitrine (de)	Schaufenster (n)	['ʃauˌfɛnstə]
gevelreclame (de)	Firmenschild (n)	['fɪʁmənˌʃɪlt]
affiche (de/het)	Anschlag (m)	['anˌʃla:k]
reclameposter (de)	Werbeposter (m)	['vɛʁbəˌpo:stə]
aanplakbord (het)	Werbeschild (n)	['vɛʁbəˌʃɪlt]

vuilnis (de/het)	Müll (m)	[mʏl]
vuilnisbak (de)	Mülleimer (m)	['mʏlˌʔaɪmɐ]
afval weggooien (ww)	Abfall wegwerfen	['apfal 'vɛkˌvɛʁfən]
stortplaats (de)	Mülldeponie (f)	['mʏl·depoˌni:]

telefooncel (de)	Telefonzelle (f)	[tele'fo:nˌtsɛlə]
straatlicht (het)	Straßenlaterne (f)	['ʃtʁa:sən·laˌtɛʁnə]
bank (de)	Bank (f)	[baŋk]

politieagent (de)	Polizist (m)	[poli'tsɪst]
politie (de)	Polizei (f)	[ˌpoli'tsaɪ]
zwerver (de)	Bettler (m)	['bɛtlɐ]
dakloze (de)	Obdachlose (m)	['ɔpdaχˌlo:zə]

79. Stedelijke instellingen

winkel (de)	Laden (m)	['la:dən]
apotheek (de)	Apotheke (f)	[apo'te:kə]
optiek (de)	Optik (f)	['ɔptɪk]
winkelcentrum (het)	Einkaufszentrum (n)	['aɪnkaʊfsˌtsɛntʁʊm]
supermarkt (de)	Supermarkt (m)	['zu:pɐˌmaʁkt]

bakkerij (de)	Bäckerei (f)	[ˌbɛkə'ʁaɪ]
bakker (de)	Bäcker (m)	['bɛkɐ]
banketbakkerij (de)	Konditorei (f)	[ˌkɔndito'ʁaɪ]
kruidenier (de)	Lebensmittelladen (m)	['le:bənsˌmɪtəl·la:dən]
slagerij (de)	Metzgerei (f)	[mɛtsgə'ʁaɪ]

| groentewinkel (de) | Gemüseladen (m) | [gə'my:zəˌla:dən] |
| markt (de) | Markt (m) | [maʁkt] |

koffiehuis (het)	Kaffeehaus (n)	[ka'fe:ˌhaʊs]
restaurant (het)	Restaurant (n)	[ʁɛsto'ʁaŋ]
bar (de)	Bierstube (f)	['bi:ɐˌʃtu:bə]
pizzeria (de)	Pizzeria (f)	[pɪtse'ʁi:a]

kapperssalon (de/het)	Friseursalon (m)	[fʁi'zø:ɐ·zaˌlɔŋ]
postkantoor (het)	Post (f)	[pɔst]
stomerij (de)	chemische Reinigung (f)	[çe:miʃə 'ʁaɪnɪgʊŋ]
fotostudio (de)	Fotostudio (n)	['fotoˌʃtu:dɪo]

| schoenwinkel (de) | Schuhgeschäft (n) | ['ʃu:gəˌʃɛft] |
| boekhandel (de) | Buchhandlung (f) | ['bu:χˌhandlʊŋ] |

sportwinkel (de)	Sportgeschäft (n)	['ʃpɔʁt·gə'ʃɛft]
kledingreparatie (de)	Kleiderreparatur (f)	['klaɪdeˌʁepaʁa'tu:ɐ]
kledingverhuur (de)	Bekleidungsverleih (m)	[bə'klaɪdʊŋs·fɛɐ'laɪ]
videotheek (de)	Videothek (f)	[video'te:k]

circus (de/het)	Zirkus (m)	['tsɪʁkʊs]
dierentuin (de)	Zoo (m)	['tso:]
bioscoop (de)	Kino (n)	['ki:no]
museum (het)	Museum (n)	[mu'ze:ʊm]
bibliotheek (de)	Bibliothek (f)	[biblio'te:k]

theater (het)	Theater (n)	[te'a:tɐ]
opera (de)	Opernhaus (n)	['o:pɐnˌhaʊs]
nachtclub (de)	Nachtklub (m)	['naχtˌklʊp]
casino (het)	Kasino (n)	[ka'zi:no]

moskee (de)	Moschee (f)	[mɔ'ʃe:]
synagoge (de)	Synagoge (f)	[zyna'go:gə]
kathedraal (de)	Kathedrale (f)	[kate'dʀa:lə]
tempel (de)	Tempel (m)	['tɛmpəl]
kerk (de)	Kirche (f)	['kɪʁçə]

instituut (het)	Institut (n)	[ɪnsti'tu:t]
universiteit (de)	Universität (f)	[univɛʁzi'tɛ:t]
school (de)	Schule (f)	['ʃu:lə]

gemeentehuis (het)	Präfektur (f)	[pʁɛfɛk'tu:ɐ]
stadhuis (het)	Rathaus (n)	['ʁa:tˌhaʊs]
hotel (het)	Hotel (n)	[ho'tɛl]
bank (de)	Bank (f)	[baŋk]

ambassade (de)	Botschaft (f)	['bo:tʃaft]
reisbureau (het)	Reisebüro (n)	['ʁaɪzə·byˌʁo:]
informatieloket (het)	Informationsbüro (n)	[ɪnfɔʁma'tsjo:ns·byˌʁo:]
wisselkantoor (het)	Wechselstube (f)	['vɛksəlˌʃtu:bə]

| metro (de) | U-Bahn (f) | ['u:ba:n] |
| ziekenhuis (het) | Krankenhaus (n) | ['kʁaŋkənˌhaʊs] |

| benzinestation (het) | Tankstelle (f) | ['taŋkˌʃtɛlə] |
| parking (de) | Parkplatz (m) | ['paʁkˌplats] |

80. Borden

gevelreclame (de)	Firmenschild (n)	['fɪʁmənˌʃɪlt]
opschrift (het)	Aufschrift (f)	['aʊfˌʃʁɪft]
poster (de)	Plakat (n)	[pla'ka:t]
wegwijzer (de)	Wegweiser (m)	['vɛkˌvaɪzɐ]
pijl (de)	Pfeil (m)	[pfaɪl]

waarschuwing (verwittiging)	Vorsicht (f)	['fo:ɐˌzɪçt]
waarschuwingsbord (het)	Warnung (f)	['vaʁnʊŋ]
waarschuwen (ww)	warnen (vt)	['vaʁnən]
vrije dag (de)	freier Tag (m)	['fʁaɪɐ ta:k]

dienstregeling (de)	**Fahrplan** (m)	['fa:ɐ̯ˌpla:n]
openingsuren (mv.)	**Öffnungszeiten** (pl)	['œfnʊŋsˌtsaɪtən]
WELKOM!	**HERZLICH WILLKOMMEN!**	['hɛʁtslɪç vɪl'kɔmən]
INGANG	**EINGANG**	['aɪnˌgaŋ]
UITGANG	**AUSGANG**	['aʊsˌgaŋ]
DUWEN	**DRÜCKEN**	['dʀʏkən]
TREKKEN	**ZIEHEN**	['tsi:ən]
OPEN	**GEÖFFNET**	[gə'ʔœfnət]
GESLOTEN	**GESCHLOSSEN**	[gə'ʃlɔsən]
DAMES	**DAMEN, FRAUEN**	['da:mən], ['fʀaʊən]
HEREN	**HERREN, MÄNNER**	['hɛʀən], ['mɛnɐ]
KORTING	**AUSVERKAUF**	['aʊsfɛɐ̯ˌkaʊf]
UITVERKOOP	**REDUZIERT**	[ʀedu'tsi:ɐt]
NIEUW!	**NEU!**	[nɔɪ]
GRATIS	**GRATIS**	['gʀa:tɪs]
PAS OP!	**ACHTUNG!**	['aχtʊŋ]
VOLGEBOEKT	**ZIMMER BELEGT**	['tsɪmɐ bə'le:kt]
GERESERVEERD	**RESERVIERT**	[ʀezɛɐ̯'vi:ɐt]
ADMINISTRATIE	**VERWALTUNG**	[fɛɐ̯'valtʊŋ]
ALLEEN VOOR PERSONEEL	**NUR FÜR PERSONAL**	[nu:ɐ fy:ɐ pɛʁzo'na:l]
GEVAARLIJKE HOND	**VORSICHT BISSIGER HUND**	['fo:ɐ̯ˌzɪçt 'bɪsɪgɐ hʊnt]
VERBODEN TE ROKEN!	**RAUCHEN VERBOTEN!**	['ʀaʊχən fɛɐ̯'bo:tən]
NIET AANRAKEN!	**BITTE NICHT BERÜHREN**	['bɪtə nɪçt bə'ʀy:ʀən]
GEVAARLIJK	**GEFÄHRLICH**	[gə'fɛ:ɐlɪç]
GEVAAR	**VORSICHT!**	['fo:ɐ̯ˌzɪçt]
HOOGSPANNING	**HOCHSPANNUNG**	['ho:χˌʃpanʊŋ]
VERBODEN TE ZWEMMEN	**BADEN VERBOTEN**	['ba:dən fɛɐ̯'bo:tən]
BUITEN GEBRUIK	**AUßER BETRIEB**	[ˌaʊsɐ bə'tʀi:p]
ONTVLAMBAAR	**LEICHTENTZÜNDLICH**	['laɪçt?ɛn'tsʏntlɪç]
VERBODEN	**VERBOTEN**	[fɛɐ̯'bo:tən]
DOORGANG VERBODEN	**DURCHGANG VERBOTEN**	['dʊʁçˌgaŋ fɛɐ̯'bo:tən]
OPGELET PAS GEVERFD	**FRISCH GESTRICHEN**	[fʀɪʃ gə'ʃtʀɪçən]

81. Stedelijk vervoer

bus, autobus (de)	**Bus** (m)	[bʊs]
tram (de)	**Straßenbahn** (f)	['ʃtʀa:sənˌba:n]
trolleybus (de)	**Obus** (m)	['o:bʊs]
route (de)	**Linie** (f)	['li:niə]
nummer (busnummer, enz.)	**Nummer** (f)	['nʊmɐ]
rijden met ...	**mit ... fahren**	[mɪt ... 'fa:ʀən]
stappen (in de bus ~)	**einsteigen** (vi)	['aɪnˌʃtaɪgən]

afstappen (ww)	aussteigen (vi)	['aʊsˌʃtaɪɡən]
halte (de)	Haltestelle (f)	['haltəˌʃtɛlə]
volgende halte (de)	nächste Haltestelle (f)	['nɛːçstə 'haltəˌʃtɛlə]
eindpunt (het)	Endhaltestelle (f)	['ɛntˌhaltəʃtɛlə]
dienstregeling (de)	Fahrplan (m)	['faːɐˌplaːn]
wachten (ww)	warten (vi, vt)	['vaʁtən]

kaartje (het)	Fahrkarte (f)	['faːɐˌkaʁtə]
reiskosten (de)	Fahrpreis (m)	['faːɐˌpʀaɪs]

kassier (de)	Kassierer (m)	[ka'siːʀɐ]
kaartcontrole (de)	Fahrkartenkontrolle (f)	['faːɐˌkaʁtən·kɔn'tʀɔlə]
controleur (de)	Kontrolleur (m)	[kɔntʀɔ'løːɐ]

te laat zijn (ww)	sich verspäten	[zɪç fɛɐ'ʃpɛːtən]
missen (de bus ~)	versäumen (vt)	[fɛɐ'zɔɪmən]
zich haasten (ww)	sich beeilen	[zɪç bə'ʔaɪlən]

taxi (de)	Taxi (n)	['taksi]
taxichauffeur (de)	Taxifahrer (m)	['taksiˌfaːʀɐ]
met de taxi (bw)	mit dem Taxi	[mɪt dem 'taksi]
taxistandplaats (de)	Taxistand (m)	['taksiˌʃtant]
een taxi bestellen	ein Taxi rufen	[aɪn 'taksi 'ʀuːfən]
een taxi nemen	ein Taxi nehmen	[aɪn 'taksi 'neːmən]

verkeer (het)	Straßenverkehr (m)	['ʃtʀaːsən·fɛɐˌkeːɐ]
file (de)	Stau (m)	[ʃtaʊ]
spitsuur (het)	Hauptverkehrszeit (f)	['haʊpt·fɛɐ'keːɐsˌtsaɪt]
parkeren (on.ww.)	parken (vi)	['paʁkən]
parkeren (ov.ww.)	parken (vt)	['paʁkən]
parking (de)	Parkplatz (m)	['paʁkˌplats]

metro (de)	U-Bahn (f)	['uːbaːn]
halte (bijv. kleine treinhalte)	Station (f)	[ʃta'tsjoːn]
de metro nemen	mit der U-Bahn fahren	[mɪt deːɐ 'uːbaːn 'faːʀən]
trein (de)	Zug (m)	[tsuːk]
station (treinstation)	Bahnhof (m)	['baːnˌhoːf]

82. Bezienswaardigheden

monument (het)	Denkmal (n)	['dɛŋkˌmaːl]
vesting (de)	Festung (f)	['fɛstʊŋ]
paleis (het)	Palast (m)	[pa'last]
kasteel (het)	Schloss (n)	[ʃlɔs]
toren (de)	Turm (m)	[tʊʁm]
mausoleum (het)	Mausoleum (n)	[ˌmaʊzo'leːʊm]

architectuur (de)	Architektur (f)	[aʁçitɛk'tuːɐ]
middeleeuws (bn)	mittelalterlich	['mɪtəlˌʔaltəlɪç]
oud (bn)	alt	[alt]
nationaal (bn)	national	[natsjo'naːl]
bekend (bn)	berühmt	[bə'ʀyːmt]
toerist (de)	Tourist (m)	[tu'ʀɪst]
gids (de)	Fremdenführer (m)	['fʀɛmdənˌfyːʀɐ]

rondleiding (de)	Ausflug (m)	['aʊsˌfluːk]
tonen (ww)	zeigen (vt)	['tsaɪɡən]
vertellen (ww)	erzählen (vt)	[ɛɐ'tsɛːlən]

vinden (ww)	finden (vt)	['fɪndən]
verdwalen (de weg kwijt zijn)	sich verlieren	[zɪç fɛɐ'liːbən]
plattegrond (~ van de metro)	Karte (f)	['kaʁtə]
plattegrond (~ van de stad)	Karte (f)	['kaʁtə]

souvenir (het)	Souvenir (n)	[zuvəˌniːɐ]
souvenirwinkel (de)	Souvenirladen (m)	[zuvəˌniːɐ'laːdən]
foto's maken	fotografieren (vt)	[fotoɡʁa'fiːʁən]
zich laten fotograferen	sich fotografieren	[zɪç fotoɡʁa'fiːʁən]

83. Winkelen

kopen (ww)	kaufen (vt)	['kaufən]
aankoop (de)	Einkauf (m)	['aɪnˌkaʊf]
winkelen (ww)	einkaufen gehen	['aɪnˌkaʊfən 'ɡeːən]
winkelen (het)	Einkaufen (n)	['aɪnˌkaʊfən]

| open zijn (ov. een winkel, enz.) | offen sein | ['ɔfən zaɪn] |
| gesloten zijn (ww) | zu sein | [tsu zaɪn] |

schoeisel (het)	Schuhe (pl)	['ʃuːə]
kleren (mv.)	Kleidung (f)	['klaɪdʊŋ]
cosmetica (mv.)	Kosmetik (f)	[kɔs'meːtɪk]
voedingswaren (mv.)	Lebensmittel (pl)	['leːbənsˌmɪtəl]
geschenk (het)	Geschenk (n)	[ɡə'ʃɛŋk]

| verkoper (de) | Verkäufer (m) | [fɛɐ'kɔɪfɐ] |
| verkoopster (de) | Verkäuferin (f) | [fɛɐ'kɔɪfəʁɪn] |

kassa (de)	Kasse (f)	['kasə]
spiegel (de)	Spiegel (m)	['ʃpiːɡəl]
toonbank (de)	Ladentisch (m)	['laːdənˌtɪʃ]
paskamer (de)	Umkleidekabine (f)	['ʊmklaɪdə·kaˌbiːnə]

aanpassen (ww)	anprobieren (vt)	['anpʁoˌbiːʁən]
passen (ov. kleren)	passen (vi)	['pasən]
bevallen (prettig vinden)	gefallen (vi)	[ɡə'falən]

prijs (de)	Preis (m)	[pʁaɪs]
prijskaartje (het)	Preisschild (n)	['pʁaɪsˌʃɪlt]
kosten (ww)	kosten (vt)	['kɔstən]
Hoeveel?	Wie viel?	['viː fiːl]
korting (de)	Rabatt (m)	[ʁa'bat]

niet duur (bn)	preiswert	['pʁaɪsˌveːɐt]
goedkoop (bn)	billig	['bɪlɪç]
duur (bn)	teuer	['tɔɪɐ]
Dat is duur.	Das ist teuer	[das is 'tɔɪɐ]
verhuur (de)	Verleih (m)	[fɛɐ'laɪ]

huren (smoking, enz.)	ausleihen (vt)	['aʊsˌlaɪən]
krediet (het)	Kredit (m), Darlehen (n)	[kʀe'di:t], ['daʁˌle:ən]
op krediet (bw)	auf Kredit	[aʊf kʀe'di:t]

84. Geld

geld (het)	Geld (n)	[gɛlt]
ruil (de)	Austausch (m)	['aʊsˌtaʊʃ]
koers (de)	Kurs (m)	[kʊʁs]
geldautomaat (de)	Geldautomat (m)	['gɛlt?aʊtoˌma:t]
muntstuk (de)	Münze (f)	['mʏntsə]

| dollar (de) | Dollar (m) | ['dɔlaʁ] |
| euro (de) | Euro (m) | ['ɔɪʀo] |

lire (de)	Lira (f)	['li:ʀa]
Duitse mark (de)	Mark (f)	[maʁk]
frank (de)	Franken (m)	['fʀaŋkən]
pond sterling (het)	Pfund Sterling (n)	[pfʊnt 'ʃtɛʁlɪŋ]
yen (de)	Yen (m)	[jɛn]

schuld (geldbedrag)	Schulden (pl)	['ʃʊldən]
schuldenaar (de)	Schuldner (m)	['ʃʊldnɐ]
uitlenen (ww)	leihen (vt)	['laɪən]
lenen (geld ~)	ausleihen (vt)	['aʊsˌlaɪən]

bank (de)	Bank (f)	[baŋk]
bankrekening (de)	Konto (n)	['kɔnto]
storten (ww)	einzahlen (vt)	['aɪnˌtsa:lən]
op rekening storten	auf ein Konto einzahlen	[aʊf aɪn 'kɔnto 'aɪnˌtsa:lən]
opnemen (ww)	abheben (vt)	['apˌhe:bən]

kredietkaart (de)	Kreditkarte (f)	[kʀe'di:tˌkaʁtə]
baar geld (het)	Bargeld (n)	['ba:ɐˌgɛlt]
cheque (de)	Scheck (m)	[ʃɛk]
een cheque uitschrijven	einen Scheck schreiben	['aɪnən ʃɛk 'ʃʀaɪbn]
chequeboekje (het)	Scheckbuch (n)	['ʃɛkˌbu:x]

portefeuille (de)	Geldtasche (f)	['gɛltˌtaʃə]
geldbeugel (de)	Geldbeutel (m)	['gɛltˌbɔɪtəl]
safe (de)	Safe (m)	[sɛɪf]

erfgenaam (de)	Erbe (m)	['ɛʁbə]
erfenis (de)	Erbschaft (f)	['ɛʁpʃaft]
fortuin (het)	Vermögen (n)	[fɛɐ'mø:gən]

huur (de)	Pacht (f)	[paxt]
huurprijs (de)	Miete (f)	['mi:tə]
huren (huis, kamer)	mieten (vt)	['mi:tən]

prijs (de)	Preis (m)	[pʀaɪs]
kostprijs (de)	Kosten (pl)	['kɔstən]
som (de)	Summe (f)	['zʊmə]
uitgeven (geld besteden)	ausgeben (vt)	['aʊsˌge:bən]

kosten (mv.)	Ausgaben (pl)	['aʊsˌgaːbən]
bezuinigen (ww)	sparen (vt)	['ʃpaːʀən]
zuinig (bn)	sparsam	['ʃpaːɛzaːm]

betalen (ww)	zahlen (vt)	['tsaːlən]
betaling (de)	Lohn (m)	[loːn]
wisselgeld (het)	Wechselgeld (n)	['vɛksəlˌgɛlt]

belasting (de)	Steuer (f)	['ʃtɔɪɐ]
boete (de)	Geldstrafe (f)	['gɛltˌʃtʀaːfə]
beboeten (bekeuren)	bestrafen (vt)	[bə'ʃtʀaːfən]

85. Post. Postkantoor

postkantoor (het)	Post (f)	[pɔst]
post (de)	Post (f)	[pɔst]
postbode (de)	Briefträger (m)	['bʀiːfˌtʀɛːgɐ]
openingsuren (mv.)	Öffnungszeiten (pl)	['œfnʊŋsˌtsaɪtən]

brief (de)	Brief (m)	[bʀiːf]
aangetekende brief (de)	Einschreibebrief (m)	['aɪnʃʀaɪbəˌbʀiːf]
briefkaart (de)	Postkarte (f)	['pɔstˌkaʀtə]
telegram (het)	Telegramm (n)	[tele'gʀam]
postpakket (het)	Postpaket (n)	['pɔst·pa'keːt]
overschrijving (de)	Geldanweisung (f)	['gɛltˌanvaɪzʊŋ]

ontvangen (ww)	bekommen (vt)	[bə'kɔmən]
sturen (zenden)	abschicken (vt)	['apˌʃɪkən]
verzending (de)	Absendung (f)	['apˌzɛndʊŋ]

adres (het)	Postanschrift (f)	['pɔstˌanʃʀɪft]
postcode (de)	Postleitzahl (f)	['pɔstlaɪtˌtsaːl]
verzender (de)	Absender (m)	['apˌzɛndɐ]
ontvanger (de)	Empfänger (m)	[ɛm'pfɛŋɐ]

| naam (de) | Vorname (m) | ['foːɐˌnaːmə] |
| achternaam (de) | Nachname (m) | ['naːxˌnaːmə] |

tarief (het)	Tarif (m)	[ta'ʀiːf]
standaard (bn)	Standard-	['standaʁt]
zuinig (bn)	Spar-	['ʃpaːɐ]

gewicht (het)	Gewicht (n)	[gə'vɪçt]
afwegen (op de weegschaal)	abwiegen (vt)	['apˌviːgən]
envelop (de)	Briefumschlag (m)	['bʀiːfʔʊmˌʃlaːk]
postzegel (de)	Briefmarke (f)	['bʀiːfˌmaʁkə]
een postzegel plakken op	Briefmarke aufkleben	['bʀiːfˌmaʁkə 'aʊfˌkleːbən]

Woning. Huis. Thuis

86. Huis. Woning

huis (het)	Haus (n)	[haʊs]
thuis (bw)	zu Hause	[tsu 'haʊzə]
cour (de)	Hof (m)	[ho:f]
omheining (de)	Zaun (m)	[tsaʊn]
baksteen (de)	Ziegel (m)	['tsi:gəl]
van bakstenen	Ziegel-	['tsi:gəl]
steen (de)	Stein (m)	[ʃtaɪn]
stenen (bn)	Stein-	[ʃtaɪn]
beton (het)	Beton (m)	[be'tɔŋ]
van beton	Beton-	[be'tɔŋ]
nieuw (bn)	neu	[nɔɪ]
oud (bn)	alt	[alt]
vervallen (bn)	baufällig	['baʊˌfɛlɪç]
modern (bn)	modern	[mo'dɛʁn]
met veel verdiepingen	mehrstöckig	['me:ɐˌʃtœkɪç]
hoog (bn)	hoch	[ho:χ]
verdieping (de)	Stock (m)	[ʃtɔk]
met een verdieping	einstöckig	['aɪnˌʃtœkɪç]
laagste verdieping (de)	Erdgeschoß (n)	['e:ɐt·gəˌʃo:s]
bovenverdieping (de)	oberster Stock (m)	['obɐstə ʃtɔk]
dak (het)	Dach (n)	[daχ]
schoorsteen (de)	Schlot (m)	[ʃlo:t]
dakpan (de)	Dachziegel (m)	['daχˌtsi:gəl]
pannen- (abn)	Dachziegel-	['daχˌtsi:gəl]
zolder (de)	Dachboden (m)	['daχˌbo:dən]
venster (het)	Fenster (n)	['fɛnstɐ]
glas (het)	Glas (n)	[gla:s]
vensterbank (de)	Fensterbrett (n)	['fɛnstəˌbʁɛt]
luiken (mv.)	Fensterläden (pl)	['fɛnstəˌlɛ:dən]
muur (de)	Wand (f)	[vant]
balkon (het)	Balkon (m)	[bal'ko:n]
regenpijp (de)	Regenfallrohr (n)	['ʁe:gənˌfalʁo:ɐ]
boven (bw)	nach oben	[na:χ 'o:bən]
naar boven gaan (ww)	hinaufgehen (vi)	[hɪ'naʊfˌge:ən]
afdalen (on.ww.)	herabsteigen (vi)	[hɛ'ʁapˌʃtaɪgən]
verhuizen (ww)	umziehen (vi)	['ʊmtsi:ən]

87. Huis. Ingang. Lift

ingang (de)	Eingang (m)	['aɪn,gaŋ]
trap (de)	Treppe (f)	['tʀɛpə]
treden (mv.)	Stufen (pl)	['ʃtu:fən]
trapleuning (de)	Geländer (n)	[gə'lɛndə]
hal (de)	Halle (f)	['halə]

postbus (de)	Briefkasten (m)	['bʀi:f,kastən]
vuilnisbak (de)	Müllkasten (m)	['mʏl,kastən]
vuilniskoker (de)	Müllschlucker (m)	['mʏlʃlʊkə]

lift (de)	Aufzug (m), Fahrstuhl (m)	['aʊf,tsu:k], ['fa:ɐʃtu:l]
goederenlift (de)	Lastenaufzug (m)	['lastən·'aʊf,tsu:k]
liftcabine (de)	Aufzugkabine (f)	['aʊf,tsu:k·ka'bi:nə]
de lift nemen	Aufzug nehmen	['aʊf,tsu:k 'ne:mən]

appartement (het)	Wohnung (f)	['vo:nʊŋ]
bewoners (mv.)	Mieter (pl)	['mi:tə]
buurman (de)	Nachbar (m)	['naχ,ba:ɐ]
buurvrouw (de)	Nachbarin (f)	['naχba:ʀɪn]
buren (mv.)	Nachbarn (pl)	['naχba:ɐn]

88. Huis. Elektriciteit

elektriciteit (de)	Elektrizität (f)	[elɛktʀitsi'tɛ:t]
lamp (de)	Glühbirne (f)	['gly:,bɪʁnə]
schakelaar (de)	Schalter (m)	['ʃaltə]
zekering (de)	Sicherung (f)	['zɪçəʀʊŋ]

draad (de)	Draht (m)	[dʀa:t]
bedrading (de)	Leitung (f)	['laɪtʊŋ]
elektriciteitsmeter (de)	Stromzähler (m)	['ʃtʀo:m,tsɛ:lə]
gegevens (mv.)	Zählerstand (m)	['tsɛ:lɐʃtant]

89. Huis. Deuren. Sloten

deur (de)	Tür (f)	[ty:ɐ]
toegangspoort (de)	Tor (n)	[to:ɐ]
deurkruk (de)	Griff (m)	[gʀɪf]
ontsluiten (ontgrendelen)	aufschließen (vt)	['aʊfʃli:sən]
openen (ww)	öffnen (vt)	['œfnən]
sluiten (ww)	schließen (vt)	['ʃli:sən]

sleutel (de)	Schlüssel (m)	['ʃlʏsəl]
sleutelbos (de)	Bündel (n)	['bʏndəl]
knarsen (bijv. scharnier)	knarren (vi)	['knaʁən]
knarsgeluid (het)	Knarren (n)	['knaʁən]
scharnier (het)	Türscharnier (n)	['ty:ɐʃaʁ'ni:ɐ]
deurmat (de)	Fußmatte (f)	['fu:s,matə]
slot (het)	Schloss (n)	[ʃlɔs]

sleutelgat (het)	Schlüsselloch (n)	[ˈʃlʏsəlˌlɔχ]
grendel (de)	Türriegel (m)	[ˈtyːɐˌʀiːgəl]
schuif (de)	Riegel (m)	[ˈʀiːgəl]
hangslot (het)	Vorhängeschloss (n)	[ˈfoːɐhɛŋəˌʃlɔs]
aanbellen (ww)	klingeln (vi)	[ˈklɪŋəln]
bel (geluid)	Klingel (f)	[ˈklɪŋəl]
deurbel (de)	Türklingel (f)	[ˈtyːɐˌklɪŋəl]
belknop (de)	Knopf (m)	[knɔpf]
geklop (het)	Klopfen (n)	[ˈklɔpfən]
kloppen (ww)	anklopfen (vi)	[ˈanˌklɔpfən]
code (de)	Code (m)	[koːt]
cijferslot (het)	Zahlenschloss (n)	[ˈtsaːlənˌʃlɔs]
parlofoon (de)	Sprechanlage (f)	[ˈʃpʀɛçʔanˌlaːgə]
nummer (het)	Nummer (f)	[ˈnʊmɐ]
naambordje (het)	Türschild (n)	[ˈtyːʃɪlt]
deurspion (de)	Türspion (m)	[ˈtyːɐˌʃpiˌoːn]

90. Huis op het platteland

dorp (het)	Dorf (n)	[dɔʀf]
moestuin (de)	Gemüsegarten (m)	[gəˈmyːzəˌgaʀtən]
hek (het)	Zaun (m)	[tsaʊn]
houten hekwerk (het)	Lattenzaun (m)	[ˈlatənˌtsaʊn]
tuinpoortje (het)	Zauntür (f)	[ˈtsaʊnˌtyːɐ]
graanschuur (de)	Speicher (m)	[ˈʃpaɪçɐ]
wortelkelder (de)	Keller (m)	[ˈkɛlɐ]
schuur (de)	Schuppen (m)	[ˈʃʊpən]
waterput (de)	Brunnen (m)	[ˈbʀʊnən]
kachel (de)	Ofen (m)	[ˈoːfən]
de kachel stoken	heizen (vt)	[ˈhaɪtsən]
brandhout (het)	Holz (n)	[hɔlts]
houtblok (het)	Holzscheit (n)	[ˈhɔltsʃaɪt]
veranda (de)	Veranda (f)	[veˈʀanda]
terras (het)	Terrasse (f)	[tɛˈʀasə]
bordes (het)	Außentreppe (f)	[ˈaʊsənˌtʀɛpə]
schommel (de)	Schaukel (f)	[ˈʃaʊkəl]

91. Villa. Herenhuis

landhuisje (het)	Landhaus (n)	[ˈlantˌhaʊs]
villa (de)	Villa (f)	[ˈvɪla]
vleugel (de)	Flügel (m)	[ˈflyːgəl]
tuin (de)	Garten (m)	[ˈgaʀtən]
park (het)	Park (m)	[paʀk]
oranjerie (de)	Orangerie (f)	[oʀanʒəˈʀiː]
onderhouden (tuin, enz.)	pflegen (vt)	[ˈpfleːgən]

zwembad (het)	Schwimmbad (n)	['ʃvɪmbaːt]
gym (het)	Kraftraum (m)	['kʀaft͵ʀaʊm]
tennisveld (het)	Tennisplatz (m)	['tɛnɪs͵plats]
bioscoopkamer (de)	Heimkinoraum (m)	['haɪmkiːno͵ʀaʊm]
garage (de)	Garage (f)	[ga'ʀaːʒə]

privé-eigendom (het)	Privateigentum (n)	[pʀi'vaːt͵ʔaɪgəntuːm]
eigen terrein (het)	Privatgrundstück (n)	[pʀi'vaːt͵gʀʊntʃtʏk]

waarschuwing (de)	Warnung (f)	['vaʀnʊŋ]
waarschuwingsbord (het)	Warnschild (n)	['vaʀnˌʃɪlt]

bewaking (de)	Bewachung (f)	[bə'vaχʊŋ]
bewaker (de)	Wächter (m)	['vɛçtə]
inbraakalarm (het)	Alarmanlage (f)	[a'laʀm·anˌlaːgə]

92. Kasteel. Paleis

kasteel (het)	Schloss (n)	[ʃlɔs]
paleis (het)	Palast (m)	[pa'last]
vesting (de)	Festung (f)	['fɛstʊŋ]
ringmuur (de)	Mauer (f)	['maʊɐ]
toren (de)	Turm (m)	[tʊʀm]
donjon (de)	Bergfried (m)	['bɛʀkˌfʀiːt]

valhek (het)	Fallgatter (n)	['falˌgatɐ]
onderaardse gang (de)	Tunnel (n)	['tʊnəl]
slotgracht (de)	Graben (m)	['gʀaːbən]
ketting (de)	Kette (f)	['kɛtə]
schietgat (het)	Schießscharte (f)	['ʃiːsˌʃaʀtə]

prachtig (bn)	großartig, prächtig	['gʀoːsˌʔaːɐtɪç], ['pʀɛçtɪç]
majestueus (bn)	majestätisch	[majɛs'tɛːtɪʃ]
onneembaar (bn)	unnahbar	[ʊn'naːbaːɐ]
middeleeuws (bn)	mittelalterlich	['mɪtəlˌʔaltəlɪç]

93. Appartement

appartement (het)	Wohnung (f)	['voːnʊŋ]
kamer (de)	Zimmer (n)	['tsɪmɐ]
slaapkamer (de)	Schlafzimmer (n)	['ʃlaːfˌtsɪmɐ]
eetkamer (de)	Esszimmer (n)	['ɛsˌtsɪmɐ]
salon (de)	Wohnzimmer (n)	['voːnˌtsɪmɐ]
studeerkamer (de)	Arbeitszimmer (n)	['aʀbaɪtsˌtsɪmɐ]

gang (de)	Vorzimmer (n)	['foːɐˌtsɪmɐ]
badkamer (de)	Badezimmer (n)	['baːdəˌtsɪmɐ]
toilet (het)	Toilette (f)	[toa'lɛtə]

plafond (het)	Decke (f)	['dɛkə]
vloer (de)	Fußboden (m)	['fuːsˌboːdən]
hoek (de)	Ecke (f)	['ɛkə]

94. Appartement. Schoonmaken

schoonmaken (ww)	aufräumen (vt)	['auf‚ʀɔɪmən]
opbergen (in de kast, enz.)	weglegen (vt)	['vɛk‚le:gən]
stof (het)	Staub (m)	[ʃtaʊp]
stoffig (bn)	staubig	['ʃtaʊbɪç]
stoffen (ww)	Staub abwischen	[ʃtaʊp 'ap‚vɪʃən]
stofzuiger (de)	Staubsauger (m)	['ʃtaʊp‚zaʊɡɐ]
stofzuigen (ww)	Staub saugen	[ʃtaʊp 'zaʊɡən]
vegen (de vloer ~)	kehren, fegen (vt)	['ke:ʀən], ['fe:gən]
veegsel (het)	Kehricht (m, n)	['ke:ʀɪçt]
orde (de)	Ordnung (f)	['ɔʁdnʊŋ]
wanorde (de)	Unordnung (f)	['ʊn‚ʔɔʁdnʊŋ]
zwabber (de)	Schrubber (m)	['ʃʀʊbɐ]
poetsdoek (de)	Lappen (m)	['lapən]
veger (de)	Besen (m)	['be:zən]
stofblik (het)	Kehrichtschaufel (f)	['ke:ʀɪçtˌʃaʊfəl]

95. Meubels. Interieur

meubels (mv.)	Möbel (n)	['mø:bəl]
tafel (de)	Tisch (m)	[tɪʃ]
stoel (de)	Stuhl (m)	[ʃtu:l]
bed (het)	Bett (n)	[bɛt]
bankstel (het)	Sofa (n)	['zo:fa]
fauteuil (de)	Sessel (m)	['zɛsəl]
boekenkast (de)	Bücherschrank (m)	['by:çɐˌʃʀaŋk]
boekenrek (het)	Regal (n)	[ʀe'ga:l]
kledingkast (de)	Schrank (m)	[ʃʀaŋk]
kapstok (de)	Hakenleiste (f)	['ha:kənˌlaɪstə]
staande kapstok (de)	Kleiderständer (m)	['klaɪdɐˌʃtɛndɐ]
commode (de)	Kommode (f)	[kɔ'mo:də]
salontafeltje (het)	Couchtisch (m)	['kaʊtʃˌtɪʃ]
spiegel (de)	Spiegel (m)	['ʃpi:gəl]
tapijt (het)	Teppich (m)	['tɛpɪç]
tapijtje (het)	Matte (f)	['matə]
haard (de)	Kamin (m)	[ka'mi:n]
kaars (de)	Kerze (f)	['kɛʁtsə]
kandelaar (de)	Kerzenleuchter (m)	['kɛʁtsənˌlɔɪçtɐ]
gordijnen (mv.)	Vorhänge (pl)	['fo:ɐhɛŋə]
behang (het)	Tapete (f)	[ta'pe:tə]
jaloezie (de)	Jalousie (f)	[ʒalu'zi:]
bureaulamp (de)	Tischlampe (f)	['tɪʃˌlampə]
wandlamp (de)	Leuchte (f)	['lɔɪçtə]

staande lamp (de)	Stehlampe (f)	[ˈʃteːˌlampə]
luchter (de)	Kronleuchter (m)	[ˈkʁoːnˌlɔɪçtɐ]

poot (ov. een tafel, enz.)	Bein (n)	[baɪn]
armleuning (de)	Armlehne (f)	[ˈaʁmˌleːnə]
rugleuning (de)	Lehne (f)	[ˈleːnə]
la (de)	Schublade (f)	[ˈʃuːpˌlaːdə]

96. Beddengoed

beddengoed (het)	Bettwäsche (f)	[ˈbɛtˌvɛʃə]
kussen (het)	Kissen (n)	[ˈkɪsən]
kussenovertrek (de)	Kissenbezug (m)	[ˈkɪsən·bəˌtsuːk]
deken (de)	Bettdecke (f)	[ˈbɛtˌdɛkə]
laken (het)	Laken (n)	[ˈlaːkən]
sprei (de)	Tagesdecke (f)	[ˈtaːɡəsˌdɛkə]

97. Keuken

keuken (de)	Küche (f)	[ˈkʏçə]
gas (het)	Gas (n)	[ɡaːs]
gasfornuis (het)	Gasherd (m)	[ˈɡaːsˌheːɐt]
elektrisch fornuis (het)	Elektroherd (m)	[eˈlɛktʁoˌheːɐt]
oven (de)	Backofen (m)	[ˈbakˌʔoːfən]
magnetronoven (de)	Mikrowellenherd (m)	[ˈmikʁovɛlənˌheːɐt]

koelkast (de)	Kühlschrank (m)	[ˈkyːlʃʁaŋk]
diepvriezer (de)	Tiefkühltruhe (f)	[ˈtiːfkyːlˌtʁuːə]
vaatwasmachine (de)	Geschirrspülmaschine (f)	[ɡəˈʃɪʁ·ʃpyːl·maʃiːnə]

vleesmolen (de)	Fleischwolf (m)	[ˈflaɪʃvɔlf]
vruchtenpers (de)	Saftpresse (f)	[ˈzaftˌpʁɛsə]
toaster (de)	Toaster (m)	[ˈtoːstɐ]
mixer (de)	Mixer (m)	[ˈmɪksɐ]

koffiemachine (de)	Kaffeemaschine (f)	[ˈkafe·maʃiːnə]
koffiepot (de)	Kaffeekanne (f)	[ˈkafeˌkanə]
koffiemolen (de)	Kaffeemühle (f)	[ˈkafeˌmyːlə]

fluitketel (de)	Wasserkessel (m)	[ˈvasɐˌkɛsəl]
theepot (de)	Teekanne (f)	[ˈteːˌkanə]
deksel (de/het)	Deckel (m)	[ˈdɛkəl]
theezeefje (het)	Teesieb (n)	[ˈteːˌziːp]

lepel (de)	Löffel (m)	[ˈlœfəl]
theelepeltje (het)	Teelöffel (m)	[ˈteːˌlœfəl]
eetlepel (de)	Esslöffel (m)	[ˈɛsˌlœfəl]
vork (de)	Gabel (f)	[ɡaːbəl]
mes (het)	Messer (n)	[ˈmɛsɐ]

vaatwerk (het)	Geschirr (n)	[ɡəˈʃɪʁ]
bord (het)	Teller (m)	[ˈtɛlɐ]

schoteltje (het)	Untertasse (f)	['ʊntɐˌtasə]
likeurglas (het)	Schnapsglas (n)	['ʃnapsˌgla:s]
glas (het)	Glas (n)	[gla:s]
kopje (het)	Tasse (f)	['tasə]
suikerpot (de)	Zuckerdose (f)	['tsʊkɐˌdo:zə]
zoutvat (het)	Salzstreuer (m)	['zaltsˌʃtʀɔɪɐ]
pepervat (het)	Pfefferstreuer (m)	['pfɛfɐˌʃtʀɔɪɐ]
boterschaaltje (het)	Butterdose (f)	['bʊtɐˌdo:zə]
pan (de)	Kochtopf (m)	['kɔχˌtɔpf]
bakpan (de)	Pfanne (f)	['pfanə]
pollepel (de)	Schöpflöffel (m)	['ʃœpfˌlœfəl]
vergiet (de/het)	Durchschlag (m)	['dʊʀçˌʃla:k]
dienblad (het)	Tablett (n)	[ta'blɛt]
fles (de)	Flasche (f)	['flaʃə]
glazen pot (de)	Einmachglas (n)	['aɪnmaχˌgla:s]
blik (conserven~)	Dose (f)	['do:zə]
flesopener (de)	Flaschenöffner (m)	['flaʃənˌʔœfnɐ]
blikopener (de)	Dosenöffner (m)	['do:zənˌʔœfnɐ]
kurkentrekker (de)	Korkenzieher (m)	['kɔʀkənˌtsi:ɐ]
filter (de/het)	Filter (n)	['fɪltɐ]
filteren (ww)	filtern (vt)	['fɪltɐn]
huisvuil (het)	Müll (m)	[mʏl]
vuilnisemmer (de)	Mülleimer (m)	['mʏlˌʔaɪmɐ]

98. Badkamer

badkamer (de)	Badezimmer (n)	['ba:dəˌtsɪmɐ]
water (het)	Wasser (n)	['vasɐ]
kraan (de)	Wasserhahn (m)	['vasɐˌha:n]
warm water (het)	Warmwasser (n)	['vaʀmˌvasɐ]
koud water (het)	Kaltwasser (n)	['kaltˌvasɐ]
tandpasta (de)	Zahnpasta (f)	['tsa:nˌpasta]
tanden poetsen (ww)	Zähne putzen	['tsɛ:nə 'pʊtsən]
tandenborstel (de)	Zahnbürste (f)	['tsa:nˌbʏʀstə]
zich scheren (ww)	sich rasieren	[zɪç ʀa'zi:ʀən]
scheercrème (de)	Rasierschaum (m)	[ʀa'zi:ɐˌʃaʊm]
scheermes (het)	Rasierer (m)	[ʀa'zi:ɐ]
wassen (ww)	waschen (vt)	['vaʃən]
een bad nemen	sich waschen	[zɪç 'vaʃən]
douche (de)	Dusche (f)	['du:ʃə]
een douche nemen	sich duschen	[zɪç 'du:ʃən]
bad (het)	Badewanne (f)	['ba:dəˌvanə]
toiletpot (de)	Klosettbecken (n)	[klo'zɛtˌbɛkən]
wastafel (de)	Waschbecken (n)	['vaʃˌbɛkən]
zeep (de)	Seife (f)	['zaɪfə]

zeepbakje (het)	Seifenschale (f)	['zaɪfənˌʃaːlə]
spons (de)	Schwamm (m)	[ʃvam]
shampoo (de)	Shampoo (n)	['ʃampu]
handdoek (de)	Handtuch (n)	['hantˌtuːχ]
badjas (de)	Bademantel (m)	['baːdəˌmantəl]

was (bijv. handwas)	Wäsche (f)	['vɛʃə]
wasmachine (de)	Waschmaschine (f)	['vaʃˈmaˌʃiːnə]
de was doen	waschen (vt)	['vaʃən]
waspoeder (de)	Waschpulver (n)	['vaʃˌpʊlvə]

99. Huishoudelijke apparaten

televisie (de)	Fernseher (m)	['fɛʁnˌzeːɐ]
cassettespeler (de)	Tonbandgerät (n)	['toːnbantˈɡəˌʁɛːt]
videorecorder (de)	Videorekorder (m)	['viːdeoˈʁeˌkɔʁdɐ]
radio (de)	Empfänger (m)	[ɛm'pfɛŋɐ]
speler (de)	Player (m)	['plɛɪɐ]

videoprojector (de)	Videoprojektor (m)	['viːdeoˈpʁojɛktoːɐ]
home theater systeem (het)	Heimkino (n)	['haɪmkiːno]
DVD-speler (de)	DVD-Player (m)	[defaʊ'deːˌplɛɪɐ]
versterker (de)	Verstärker (m)	[fɛɐ'ʃtɛʁkɐ]
spelconsole (de)	Spielkonsole (f)	['ʃpiːlˈkɔnˌzoːlə]

videocamera (de)	Videokamera (f)	['viːdeoˌkaməʁa]
fotocamera (de)	Kamera (f)	['kaməʁa]
digitale camera (de)	Digitalkamera (f)	[digi'taːlˌkaməʁa]

stofzuiger (de)	Staubsauger (m)	['ʃtaʊpˌzaʊɡɐ]
strijkijzer (het)	Bügeleisen (n)	['byːɡəlˌʔaɪzən]
strijkplank (de)	Bügelbrett (n)	['byːɡəlˌbʁɛt]

telefoon (de)	Telefon (n)	[tele'foːn]
mobieltje (het)	Mobiltelefon (n)	[mo'biːlˈteleˌfoːn]
schrijfmachine (de)	Schreibmaschine (f)	['ʃʁaɪpˈmaˌʃiːnə]
naaimachine (de)	Nähmaschine (f)	['nɛːˈmaˌʃiːnə]

microfoon (de)	Mikrophon (n)	[mikʁo'foːn]
koptelefoon (de)	Kopfhörer (m)	['kɔpfˌhøːʁɐ]
afstandsbediening (de)	Fernbedienung (f)	['fɛʁnbəˌdiːnʊŋ]

CD (de)	CD (f)	[tse:'deː]
cassette (de)	Kassette (f)	[ka'sɛtə]
vinylplaat (de)	Schallplatte (f)	['ʃalˌplatə]

100. Reparaties. Renovatie

renovatie (de)	Renovierung (f)	[ʁeno'viːʁʊŋ]
renoveren (ww)	renovieren (vt)	[ʁeno'viːʁən]
repareren (ww)	reparieren (vt)	[ʁepa'ʁiːʁən]
op orde brengen	in Ordnung bringen	[ɪn 'ɔʁdnʊŋ 'bʁɪŋən]

overdoen (ww)	noch einmal machen	[nɔχ 'aɪnma:l 'maχən]
verf (de)	Farbe (f)	['faʁbə]
verven (muur ~)	streichen (vt)	['ʃtʁaɪçən]
schilder (de)	Anstreicher (m)	['anˌʃtʁaɪçɐ]
kwast (de)	Pinsel (m)	['pɪnzəl]

| kalk (de) | Kalkfarbe (f) | ['kalkˌfaʁbə] |
| kalken (ww) | weißen (vt) | ['vaɪsən] |

behang (het)	Tapete (f)	[ta'pe:tə]
behangen (ww)	tapezieren (vt)	[tape'tsi:ʁən]
lak (de/het)	Lack (m)	['lak]
lakken (ww)	lackieren (vt)	[la'ki:ʁən]

101. Loodgieterswerk

water (het)	Wasser (n)	['vasɐ]
warm water (het)	Warmwasser (n)	['vaʁmˌvasɐ]
koud water (het)	Kaltwasser (n)	['kaltˌvasɐ]
kraan (de)	Wasserhahn (m)	['vasɐˌha:n]

druppel (de)	Tropfen (m)	['tʁɔpfən]
druppelen (ww)	tropfen (vi)	['tʁɔpfən]
lekken (een lek hebben)	durchsickern (vi)	['dʊʁçˌzɪkɐn]
lekkage (de)	Leck (n)	[lɛk]
plasje (het)	Lache (f)	['la:χə]

buis, leiding (de)	Rohr (n)	[ʁo:ɐ]
stopkraan (de)	Ventil (n)	[vɛn'ti:l]
verstopt raken (ww)	sich verstopfen	[zɪç fɛɐ'ʃtɔpfən]

gereedschap (het)	Werkzeuge (pl)	['vɛʁkˌtsɔɪgə]
Engelse sleutel (de)	Engländer (m)	['ɛŋlɛndɐ]
losschroeven (ww)	abdrehen (vt)	['apˌdʁe:ən]
aanschroeven (ww)	zudrehen (vt)	[tsu:'dʁe:ən]

ontstoppen (riool, enz.)	reinigen (vt)	['ʁaɪnɪgən]
loodgieter (de)	Klempner (m)	['klɛmpnɐ]
kelder (de)	Keller (m)	['kɛlɐ]
riolering (de)	Kanalisation (f)	[kanaliza'tsjo:n]

102. Brand. Vuurzee

brand (de)	Feuer (n)	['fɔɪɐ]
vlam (de)	Flamme (f)	['flamə]
vonk (de)	Funke (m)	['fʊŋkə]
rook (de)	Rauch (m)	[ʁaʊχ]
fakkel (de)	Fackel (f)	['fakəl]
kampvuur (het)	Lagerfeuer (n)	['la:gɐˌfɔɪɐ]

| benzine (de) | Benzin (n) | [bɛn'tsi:n] |
| kerosine (de) | Kerosin (n) | [keʁo'zi:n] |

brandbaar (bn)	brennbar	['bRɛnbaːɐ]
ontplofbaar (bn)	explosiv	[ɛksplo'ziːf]
VERBODEN TE ROKEN!	RAUCHEN VERBOTEN!	['Rauxən fɛɐ'boːtən]
veiligheid (de)	Sicherheit (f)	['zɪçɐhaɪt]
gevaar (het)	Gefahr (f)	[gə'faːɐ]
gevaarlijk (bn)	gefährlich	[gə'fɛːɐlɪç]
in brand vliegen (ww)	sich entflammen	[zɪç ɛnt'flamən]
explosie (de)	Explosion (f)	[ɛksplo'zjoːn]
in brand steken (ww)	in Brand stecken	[ɪn bRant 'ʃtɛkən]
brandstichter (de)	Brandstifter (m)	['bRantˌʃtɪftɐ]
brandstichting (de)	Brandstiftung (f)	['bRantˌʃtɪftʊŋ]
vlammen (ww)	flammen (vi)	['flamən]
branden (ww)	brennen (vi)	['bRɛnən]
afbranden (ww)	verbrennen (vi)	[fɛɐ'bRɛnən]
de brandweer bellen	die Feuerwehr rufen	[di 'fɔɪɐˌveːɐ 'Ruːfən]
brandweerman (de)	Feuerwehrmann (m)	['fɔɪɐveːɐˌman]
brandweerwagen (de)	Feuerwehrauto (n)	['fɔɪɐveːɐˌʔauto]
brandweer (de)	Feuerwehr (f)	['fɔɪɐˌveːɐ]
uitschuifbare ladder (de)	Drehleiter (f)	['dReːˌlaɪtɐ]
brandslang (de)	Schlauch (m)	[ʃlauх]
brandblusser (de)	Feuerlöscher (m)	['fɔɪɐˌlœʃɐ]
helm (de)	Helm (m)	[hɛlm]
sirene (de)	Sirene (f)	[ˌzi'Reːnə]
roepen (ww)	schreien (vi)	['ʃRaɪən]
hulp roepen	um Hilfe rufen	[ʊm 'hɪlfə 'Ruːfən]
redder (de)	Retter (m)	['Rɛtɐ]
redden (ww)	retten (vt)	['Rɛtən]
aankomen (per auto, enz.)	ankommen (vi)	['anˌkɔmən]
blussen (ww)	löschen (vt)	['lœʃən]
water (het)	Wasser (n)	['vasɐ]
zand (het)	Sand (m)	[zant]
ruïnes (mv.)	Trümmer (pl)	['tRYmɐ]
instorten (gebouw, enz.)	zusammenbrechen (vi)	[tsu'zamənˌbRɛçən]
ineenstorten (ww)	einfallen (vi)	['aɪnˌfalən]
inzakken (ww)	einstürzen (vi)	['aɪnˌʃtYɐtsən]
brokstuk (het)	Bruchstück (n)	['bRʊxˌʃtYk]
as (de)	Asche (f)	['aʃə]
verstikken (ww)	ersticken (vi)	[ɛɐ'ʃtɪkən]
omkomen (ww)	ums Leben kommen	[ʊms 'leːbən 'kɔmən]

MENSELIJKE ACTIVITEITEN

Baan. Business. Deel 1

103. Kantoor. Op kantoor werken

kantoor (het)	**Büro** (n)	[by'ʀo:]
kamer (de)	**Büro** (n)	[by'ʀo:]
receptie (de)	**Rezeption** (f)	[ʀetsɛp'tsjo:n]
secretaris (de)	**Sekretär** (m)	[zekʀe'tɛ:ɐ]
secretaresse (de)	**Sekretärin** (f)	[zekʀe'tɛ:ʀɪn]
directeur (de)	**Direktor** (m)	[di'ʀɛkto:ɐ]
manager (de)	**Manager** (m)	['mɛnɪdʒɐ]
boekhouder (de)	**Buchhalter** (m)	['bu:x‚haltɐ]
werknemer (de)	**Mitarbeiter** (m)	['mɪt?aɐ‚baɪtɐ]
meubilair (het)	**Möbel** (n)	['mø:bəl]
tafel (de)	**Tisch** (m)	[tɪʃ]
bureaustoel (de)	**Schreibtischstuhl** (m)	['ʃʀaɪptɪʃʃtu:l]
ladeblok (het)	**Rollcontainer** (m)	['ʀɔl·kɔn‚te:nɐ]
kapstok (de)	**Kleiderständer** (m)	['klaɪdɐ‚ʃtɛndɐ]
computer (de)	**Computer** (m)	[kɔm'pju:tɐ]
printer (de)	**Drucker** (m)	['dʀʊkɐ]
fax (de)	**Fax** (m, n)	[faks]
kopieerapparaat (het)	**Kopierer** (m)	[ko'pi:ʀɐ]
papier (het)	**Papier** (n)	[pa'pi:ɐ]
kantoorartikelen (mv.)	**Büromaterial** (n)	[by'ʀo:mate‚ʀɪa:l]
muismat (de)	**Mousepad** (n)	['maʊspɛt]
blad (het)	**Blatt** (n) **Papier**	[blat pa'pi:ɐ]
ordner (de)	**Ordner** (m)	['ɔɐdnɐ]
catalogus (de)	**Katalog** (m)	[kata'lo:k]
telefoongids (de)	**Adressbuch** (n)	[a'dʀɛs‚bu:x]
documentatie (de)	**Dokumentation** (f)	[dokumɛnta'tsjo:n]
brochure (de)	**Broschüre** (f)	[bʀo'ʃy:ʀə]
flyer (de)	**Flugblatt** (n)	['flu:k‚blat]
monster (het), staal (de)	**Muster** (n)	['mʊstɐ]
training (de)	**Training** (n)	['tʀɛ:nɪŋ]
vergadering (de)	**Meeting** (n)	['mi:tɪŋ]
lunchpauze (de)	**Mittagspause** (f)	['mɪta:ks‚paʊzə]
een kopie maken	**eine Kopie machen**	['aɪnə ko'pi: 'maxən]
de kopieën maken	**vervielfältigen** (vt)	[fɛɐ'fi:l‚fɛltɪgən]
een fax ontvangen	**ein Fax bekommen**	[aɪn faks bə'kɔmən]
een fax versturen	**ein Fax senden**	[aɪn faks 'zɛndən]

opbellen (ww)	anrufen (vt)	['an‚ʀuːfən]
antwoorden (ww)	antworten (vi)	['ant‚vɔʁtən]
doorverbinden (ww)	verbinden (vt)	[fɛɐ̯'bɪndən]

afspreken (ww)	ausmachen (vt)	['aʊs‚maxən]
demonstreren (ww)	demonstrieren (vt)	[demɔn'stʀiːʀən]
absent zijn (ww)	fehlen (vi)	['feːlən]
afwezigheid (de)	Abwesenheit (f)	['ap‚veːzən·haɪt]

104. Bedrijfsprocessen. Deel 1

bedrijf (business)	Geschäft (n)	[ɡə'ʃɛft]
zaak (de), beroep (het)	Angelegenheit (f)	['angə‚leːɡənhaɪt]
firma (de)	Firma (f)	['fɪʁma]
bedrijf (maatschap)	Gesellschaft (f)	[ɡə'zɛlʃaft]
corporatie (de)	Konzern (m)	[kɔn'tsɛʁn]
onderneming (de)	Unternehmen (n)	[‚ʊntɐ'neːmən]
agentschap (het)	Agentur (f)	[aɡɛn'tuːɐ̯]

overeenkomst (de)	Vereinbarung (f)	[fɛɐ̯'ʔaɪnbaːʀʊŋ]
contract (het)	Vertrag (m)	[fɛɐ̯'tʀaːk]
transactie (de)	Geschäft (n)	[ɡə'ʃɛft]
bestelling (de)	Auftrag (m)	['aʊf‚tʀaːk]
voorwaarde (de)	Bedingung (f)	[bə'dɪŋʊŋ]

in het groot (bw)	en gros	[ɛn 'ɡʀo]
groothandels- (abn)	Großhandels-	['ɡʀoːs‚handəls]
groothandel (de)	Großhandel (m)	['ɡʀoːs‚handəl]
kleinhandels- (abn)	Einzelhandels-	['aɪntsəl‚handəls]
kleinhandel (de)	Einzelhandel (m)	['aɪntsəl‚handəl]

concurrent (de)	Konkurrent (m)	[kɔŋkʊ'ʀɛnt]
concurrentie (de)	Konkurrenz (f)	[‚kɔnkʊ'ʀɛnts]
concurreren (ww)	konkurrieren (vi)	[kɔŋkʊ'ʀiːʀən]

| partner (de) | Partner (m) | ['paʁtnɐ] |
| partnerschap (het) | Partnerschaft (f) | ['paʁtnɐʃaft] |

crisis (de)	Krise (f)	['kʀiːzə]
bankroet (het)	Bankrott (m)	[baŋ'kʀɔt]
bankroet gaan (ww)	Bankrott machen	[baŋ'kʀɔt 'maxən]
moeilijkheid (de)	Schwierigkeit (f)	['ʃviːʀɪçkaɪt]
probleem (het)	Problem (n)	[pʀo'bleːm]
catastrofe (de)	Katastrophe (f)	[‚katas'tʀoːfə]

economie (de)	Wirtschaft (f)	['vɪʁtʃaft]
economisch (bn)	wirtschaftlich	['vɪʁtʃaftlɪç]
economische recessie (de)	Rezession (f)	[ʀetsɛ'sjoːn]

| doel (het) | Ziel (n) | [tsiːl] |
| taak (de) | Aufgabe (f) | ['aʊf‚gaːbə] |

| handelen (handel drijven) | handeln (vi) | ['handəln] |
| netwerk (het) | Netz (n) | [nɛts] |

voorraad (de)	Lager (n)	['la:gɐ]
assortiment (het)	Sortiment (n)	[zɔʁti'mɛnt]

leider (de)	führende Unternehmen (n)	['fy:ʁəndə ʊntɐ'ne:mən]
groot (bn)	groß	[gʁo:s]
monopolie (het)	Monopol (n)	[mono'po:l]

theorie (de)	Theorie (f)	[teo'ʁi:]
praktijk (de)	Praxis (f)	['pʁaksɪs]
ervaring (de)	Erfahrung (f)	[ɛɐ'fa:ʁʊŋ]
tendentie (de)	Tendenz (f)	[tɛn'dɛnts]
ontwikkeling (de)	Entwicklung (f)	[ɛnt'vɪklʊŋ]

105. Bedrijfsprocessen. Deel 2

voordeel (het)	Vorteil (m)	['foʁ‚taɪl]
voordelig (bn)	vorteilhaft	['foʁtaɪl‚haft]

delegatie (de)	Delegation (f)	[delega'tsjo:n]
salaris (het)	Lohn (m)	[lo:n]
corrigeren (fouten ~)	korrigieren (vt)	[kɔʁi'gi:ʁən]
zakenreis (de)	Dienstreise (f)	['di:nst‚ʁaɪzə]
commissie (de)	Kommission (f)	[kɔmɪ'sjo:n]

controleren (ww)	kontrollieren (vt)	[kɔntʁɔ'li:ʁən]
conferentie (de)	Konferenz (f)	[‚kɔnfe'ʁɛnts]
licentie (de)	Lizenz (f)	[li'tsɛnts]
betrouwbaar (partner, enz.)	zuverlässig	['tsu:fɛɐ‚lɛsɪç]

aanzet (de)	Initiative (f)	[initsɪa'ti:və]
norm (bijv. ~ stellen)	Norm (f)	[nɔʁm]
omstandigheid (de)	Umstand (m)	['ʊmʃtant]
taak, plicht (de)	Pflicht (f)	[pflɪçt]

organisatie (bedrijf, zaak)	Unternehmen (n)	[‚ʊntɐ'ne:mən]
organisatie (proces)	Organisation (f)	[‚ɔʁganiza'tsjo:n]
georganiseerd (bn)	organisiert	[ɔʁgani'zi:ɐt]
afzegging (de)	Abschaffung (f)	['apʃafʊŋ]
afzeggen (ww)	abschaffen (vt)	['apʃafən]
verslag (het)	Bericht (m)	[bə'ʁɪçt]

patent (het)	Patent (n)	[pa'tɛnt]
patenteren (ww)	patentieren (vt)	[patɛn'ti:ʁən]
plannen (ww)	planen (vt)	['pla:nən]

premie (de)	Prämie (f)	['pʁɛ:mɪə]
professioneel (bn)	professionell	[pʁofɛsjo'nɛl]
procedure (de)	Prozedur (f)	[‚pʁotse'du:ɐ]

onderzoeken (contract, enz.)	prüfen (vt)	['pʁy:fən]
berekening (de)	Berechnung (f)	[bə'ʁɛçnʊŋ]
reputatie (de)	Ruf (m)	[ʁu:f]
risico (het)	Risiko (n)	['ʁi:ziko]
beheren (managen)	leiten (vt)	['laɪtən]

informatie (de)	Informationen (pl)	[ɪnfɔʁma'tsjo:nən]
eigendom (bezit)	Eigentum (n)	['aɪɡəntu:m]
unie (de)	Bund (m)	[bʊnt]

levensverzekering (de)	Lebensversicherung (f)	['le:bəns·fɛʁˌzɪçəʁʊŋ]
verzekeren (ww)	versichern (vt)	[fɛʁ'zɪçɐn]
verzekering (de)	Versicherung (f)	[fɛʁ'zɪçəʁʊŋ]

veiling (de)	Auktion (f)	[aʊk'tsjo:n]
verwittigen (ww)	benachrichtigen (vt)	[bə'na:xˌʁɪçtɪɡən]
beheer (het)	Verwaltung (f)	[fɛʁ'valtʊŋ]
dienst (de)	Dienst (m)	[di:nst]

forum (het)	Forum (n)	['fo:ʁʊm]
functioneren (ww)	funktionieren (vi)	[fʊŋktsjo'ni:ʁən]
stap, etappe (de)	Etappe (f)	[e'tapə]
juridisch (bn)	juristisch	[ju'ʁɪstɪʃ]
jurist (de)	Jurist (m)	[ju'ʁɪst]

106. Productie. Werken

industriële installatie (fabriek)	Werk (n)	[vɛʁk]
fabriek (de)	Fabrik (f)	[fa'bʁi:k]
werkplaatsruimte (de)	Werkstatt (f)	['vɛʁkˌʃtat]
productielocatie (de)	Betrieb (m)	[bə'tʁi:p]

industrie (de)	Industrie (f)	[ɪndʊs'tʁi:]
industrieel (bn)	Industrie-	[ɪndʊs'tʁi:-]
zware industrie (de)	Schwerindustrie (f)	['ʃve:ʁ?ɪndʊsˌtʁi:]
lichte industrie (de)	Leichtindustrie (f)	['laɪçt?ɪndʊsˌtʁi:]

productie (de)	Produktion (f)	[pʁodʊk'tsjo:n]
produceren (ww)	produzieren (vt)	[pʁodu'tsi:ʁən]
grondstof (de)	Rohstoff (m)	['ʁo:ˌʃtɔf]

voorman, ploegbaas (de)	Vorarbeiter (m), Meister (m)	[fo:ʁ'?aʁbaɪtə], ['maɪstə]
ploeg (de)	Arbeitsteam (n)	['aʁbaɪtsˌti:m]
arbeider (de)	Arbeiter (m)	['aʁbaɪtə]

werkdag (de)	Arbeitstag (m)	['aʁbaɪtsˌta:k]
pauze (de)	Pause (f)	['paʊzə]
samenkomst (de)	Versammlung (f)	[fɛʁ'zamlʊŋ]
bespreken (spreken over)	besprechen (vt)	[bə'ʃpʁɛçən]

plan (het)	Plan (m)	[pla:n]
het plan uitvoeren	den Plan erfüllen	[den pla:n ɛʁ'fʏlən]
productienorm (de)	Arbeitsertrag (m)	['aʁbaɪtsˌɛʁ'tʁa:k]
kwaliteit (de)	Qualität (f)	[kvali'tɛ:t]
controle (de)	Prüfung, Kontrolle (f)	['pʁy:fʊŋ], [kɔn'tʁɔlə]
kwaliteitscontrole (de)	Gütekontrolle (f)	['ɡy:tə·kɔn'tʁɔlə]

arbeidsveiligheid (de)	Arbeitsplatzsicherheit (f)	['aʁbaɪts·platsˌzɪçəhaɪt]
discipline (de)	Disziplin (f)	[dɪstsi'pli:n]
overtreding (de)	Übertretung (f)	[y:bə'tʁe:tʊŋ]

overtreden (ww)	übertreten (vt)	[y:bə'tʀe:tən]
staking (de)	Streik (m)	[ʃtʀaɪk]
staker (de)	Streikender (m)	['ʃtʀaɪkəndɐ]
staken (ww)	streiken (vi)	['ʃtʀaɪkən]
vakbond (de)	Gewerkschaft (f)	[gə'vɛʀkʃaft]

uitvinden (machine, enz.)	erfinden (vt)	[ɛɐ'fɪndən]
uitvinding (de)	Erfindung (f)	[ɛɐ'fɪndʊŋ]
onderzoek (het)	Erforschung (f)	[ɛɐ'fɔʀʃʊŋ]
verbeteren (beter maken)	verbessern (vt)	[fɛɐ'bɛsɐn]
technologie (de)	Technologie (f)	[tɛçnolo'gi:]
technische tekening (de)	Zeichnung (f)	['tsaɪçnʊŋ]

vracht (de)	Ladung (f)	['la:dʊŋ]
lader (de)	Ladearbeiter (m)	['la:də‚aʀbaɪtɐ]
laden (vrachtwagen)	laden (vt)	['la:dən]
laden (het)	Beladung (f)	[bə'la:dʊŋ]
lossen (ww)	entladen (vt)	[ɛnt'la:dən]
lossen (het)	Entladung (f)	[ɛnt'la:dʊŋ]

transport (het)	Transport (m)	[tʀans'pɔʀt]
transportbedrijf (de)	Transportunternehmen (n)	[tʀans'pɔʀt·untə'ne:mən]
transporteren (ww)	transportieren (vt)	[‚tʀanspɔʀ'ti:ʀən]

goederenwagon (de)	Güterwagen (m)	['gy:tə‚va:gən]
tank (bijv. ketelwagen)	Zisterne (f)	[tsɪs'tɛʀnə]
vrachtwagen (de)	Lastkraftwagen (m)	['lastkʀaft‚va:gən]

machine (de)	Werkzeugmaschine (f)	['vɛʀktsɔɪk·ma‚ʃi:nə]
mechanisme (het)	Mechanismus (m)	[meça'nɪsmʊs]

industrieel afval (het)	Industrieabfälle (pl)	[ɪndʊs'tʀi:ʔap‚fɛlə]
verpakking (de)	Verpacken (n)	[fɛɐ'pakən]
verpakken (ww)	verpacken (vt)	[fɛɐ'pakən]

107. Contract. Overeenstemming

contract (het)	Vertrag (m)	[fɛɐ'tʀa:k]
overeenkomst (de)	Vereinbarung (f)	[fɛɐ'ʔaɪnba:ʀʊŋ]
bijlage (de)	Anhang (m)	['anhaŋ]

een contract sluiten	einen Vertrag abschließen	['aɪnən fɛɐ'tʀa:k 'apʃli:sən]
handtekening (de)	Unterschrift (f)	['untəʃʀɪft]
ondertekenen (ww)	unterschreiben (vt)	[‚untə'ʃʀaɪbən]
stempel (de)	Stempel (m)	['ʃtɛmpəl]

voorwerp (het) van de overeenkomst	Vertragsgegenstand (m)	[fɛɐ'tʀa:ks·'ge:gənʃtant]
clausule (de)	Punkt (m)	[pʊŋkt]
partijen (mv.)	Parteien (pl)	[paʀ'taɪən]

vestigingsadres (het)	rechtmäßige Anschrift (f)	['ʀɛçt‚mɛ:sɪgə 'anʃʀɪft]
het contract verbreken (overtreden)	Vertrag brechen	[fɛɐ'tʀa:k 'bʀɛçən]

verplichting (de)	Verpflichtung (f)	[fɛɐ'pflɪçtʊŋ]
verantwoordelijkheid (de)	Verantwortlichkeit (f)	[fɛɐ'ʔantvɔɐtlɪçkaɪt]
overmacht (de)	Force majeure (f)	[fɔɐs·ma'ʒœ:r]
geschil (het)	Streit (m)	[ʃtʀaɪt]
sancties (mv.)	Strafsanktionen (pl)	['ʃtʀa:f·zaŋk'tsjo:nən]

108. Import & Export

import (de)	Import (m)	[ˌɪm'pɔɐt]
importeur (de)	Importeur (m)	[ɪmpɔɐ'tø:ɐ]
importeren (ww)	importieren (vt)	[ɪmpɔɐ'ti:ʀən]
import- (abn)	Import-	[ˌɪm'pɔɐt]

uitvoer (export)	Export (m)	[ɛks'pɔɐt]
exporteur (de)	Exporteur (m)	[ɛkspɔɐ'tø:ɐ]
exporteren (ww)	exportieren (vt)	[ˌɛkspɔɐ'ti:ʀən]
uitvoer- (bijv., ~goederen)	Export-	[ɛks'pɔɐt]

goederen (mv.)	Waren (pl)	['va:ʀən]
partij (de)	Partie (f), Ladung (f)	[paɐ'ti:], ['la:dʊŋ]

gewicht (het)	Gewicht (n)	[gə'vɪçt]
volume (het)	Volumen (n)	[vo'lu:mən]
kubieke meter (de)	Kubikmeter (m)	[ku'bi:kˌme:tɐ]

producent (de)	Hersteller (m)	['he:ɐˌʃtɛlɐ]
transportbedrijf (de)	Transportunternehmen (n)	[tʀans'pɔɐt·ʊntɐ'ne:mən]
container (de)	Container (m)	[ˌkɔn'tɛɪnɐ]

grens (de)	Grenze (f)	['gʀɛntsə]
douane (de)	Zollamt (n)	['tsɔlˌʔamt]
douanerecht (het)	Zoll (m)	[tsɔl]
douanier (de)	Zollbeamter (m)	['tsɔl·bəˌʔamtɐ]
smokkelen (het)	Schmuggel (m)	['ʃmʊgəl]
smokkelwaar (de)	Schmuggelware (f)	['ʃmʊgəlˌva:ʀə]

109. Financiën

aandeel (het)	Aktie (f)	['aktsiə]
obligatie (de)	Obligation (f)	[ɔbliga'tsjo:n]
wissel (de)	Wechsel (m)	['vɛksəl]

beurs (de)	Börse (f)	['bœɐzə]
aandelenkoers (de)	Aktienkurs (m)	['aktsiən·kʊɐs]

dalen (ww)	billiger werden	['bɪlɪgɐ 've:ɐdən]
stijgen (ww)	teuer werden	['tɔɪɐ 've:ɐdən]

deel (het)	Anteil (m)	['anˌtaɪl]
meerderheidsbelang (het)	Mehrheitsbeteiligung (f)	['me:ɐhaɪts·bə'taɪlɪgʊŋ]
investeringen (mv.)	Investitionen (pl)	[ɪnvɛsti'tsjo:nən]
investeren (ww)	investieren (vt)	[ɪnvɛs'ti:ʀən]

| procent (het) | Prozent (n) | [pʀo'tsɛnt] |
| rente (de) | Zinsen (pl) | ['tsɪnzən] |

winst (de)	Gewinn (m)	[gə'vɪn]
winstgevend (bn)	gewinnbringend	[gə'vɪn‚bʀɪŋənt]
belasting (de)	Steuer (f)	['ʃtɔɪɐ]

valuta (vreemde ~)	Währung (f)	['vɛːʀʊŋ]
nationaal (bn)	Landes-	['landəs]
ruil (de)	Geldumtausch (m)	['gɛlt‚ʊmtaʊʃ]

| boekhouder (de) | Buchhalter (m) | ['buːχ‚haltɐ] |
| boekhouding (de) | Buchhaltung (f) | ['buːχ‚haltʊŋ] |

bankroet (het)	Bankrott (m)	[baŋ'kʀɔt]
ondergang (de)	Zusammenbruch (m)	[tsu'zamən‚bʀʊχ]
faillissement (het)	Pleite (f)	['plaɪtə]
geruïneerd zijn (ww)	pleite gehen	['plaɪtə 'geːən]
inflatie (de)	Inflation (f)	[ɪnfla'tsjoːn]
devaluatie (de)	Abwertung (f)	['ap‚veːetʊŋ]

kapitaal (het)	Kapital (n)	[kapi'taːl]
inkomen (het)	Einkommen (n)	['aɪn‚kɔmən]
omzet (de)	Umsatz (m)	['ʊm‚zats]
middelen (mv.)	Mittel (pl)	['mɪtəl]
financiële middelen (mv.)	Geldmittel (pl)	['gɛlt‚mɪtəl]

| operationele kosten (mv.) | Gemeinkosten (pl) | [gə'maɪn‚kɔstən] |
| reduceren (kosten ~) | reduzieren (vt) | [ʀedu'tsiːʀən] |

110. Marketing

marketing (de)	Marketing (n)	['maʁkətɪŋ]
markt (de)	Markt (m)	[maʁkt]
marktsegment (het)	Marktsegment (n)	['maʁkt·zɛ'gmɛnt]
product (het)	Produkt (n)	[pʀo'dʊkt]
goederen (mv.)	Waren (pl)	['vaːʀən]

merk (het)	Schutzmarke (f)	['ʃʊts‚maʁkə]
handelsmerk (het)	Handelsmarke (f)	['handəls‚maʁkə]
beeldmerk (het)	Firmenzeichen (n)	['fɪʁmən‚tsaɪçən]
logo (het)	Logo (m, n)	['loːgɔ]
vraag (de)	Nachfrage (f)	['naːχ‚fʀaːgə]
aanbod (het)	Angebot (n)	['angə‚boːt]
behoefte (de)	Bedürfnis (n)	[bə'dʏʁfnɪs]
consument (de)	Verbraucher (m)	[fɛɐ'bʀaʊχɐ]

analyse (de)	Analyse (f)	[ana'lyːzə]
analyseren (ww)	analysieren (vt)	[‚analy:'ziːʀən]
positionering (de)	Positionierung (f)	[pozitsjo'niːʀʊŋ]
positioneren (ww)	positionieren (vt)	[pozitsjo'niːʀən]
prijs (de)	Preis (m)	[pʀaɪs]
prijspolitiek (de)	Preispolitik (f)	['pʀaɪs·poli'tɪk]
prijsvorming (de)	Preisbildung (f)	['pʀaɪs‚bɪldʊŋ]

111. Reclame

reclame (de)	Werbung (f)	['vɛʁbʊŋ]
adverteren (ww)	werben (vt)	['vɛʁbən]
budget (het)	Budget (n)	[by'dʒe:]

advertentie, reclame (de)	Werbeanzeige (f)	['vɛʁbəʔanˌtsaɪɡə]
TV-reclame (de)	Fernsehwerbung (f)	['fɛʁnze:ˌvɛʁbʊŋ]
radioreclame (de)	Radiowerbung (f)	['ʁa:dɪoˌvɛʁbʊŋ]
buitenreclame (de)	Außenwerbung (f)	['aʊsənˌvɛʁbʊŋ]

massamedia (de)	Massenmedien (pl)	['masənˌme:dɪən]
periodiek (de)	Zeitschrift (f)	['tsaɪtʃʁɪft]
imago (het)	Image (n)	['ɪmɪdʒ]

| slagzin (de) | Losung (f) | ['lo:zʊŋ] |
| motto (het) | Motto (n) | ['moto] |

campagne (de)	Kampagne (f)	[kam'panjə]
reclamecampagne (de)	Werbekampagne (f)	['vɛʁbə·kam'panjə]
doelpubliek (het)	Zielgruppe (f)	['tsi:lˌɡʁʊpə]

visitekaartje (het)	Visitenkarte (f)	[vi'zi:tənˌkaʁtə]
flyer (de)	Flugblatt (n)	['flu:kˌblat]
brochure (de)	Broschüre (f)	[bʁɔ'ʃy:ʁə]
folder (de)	Faltblatt (n)	['faltˌblat]
nieuwsbrief (de)	Informationsblatt (n)	[ɪnfɔʁma'tsjo:nsˌblat]

gevelreclame (de)	Firmenschild (n)	['fɪʁmənʃɪlt]
poster (de)	Plakat (n)	[pla'ka:t]
aanplakbord (het)	Werbeschild (n)	['vɛʁbəʃɪlt]

112. Bankieren

| bank (de) | Bank (f) | [baŋk] |
| bankfiliaal (het) | Filiale (f) | [fi'lɪa:lə] |

| bankbediende (de) | Berater (m) | [bə'ʁa:tɐ] |
| manager (de) | Leiter (m) | ['laɪtɐ] |

bankrekening (de)	Konto (n)	['kɔnto]
rekeningnummer (het)	Kontonummer (f)	['kɔntoˌnʊmɐ]
lopende rekening (de)	Kontokorrent (n)	[kɔnto·kɔ'ʁɛnt]
spaarrekening (de)	Sparkonto (n)	['ʃpa:ɐˌkɔnto]

een rekening openen	ein Konto eröffnen	[aɪn 'kɔnto ɛɐ'ʔœfnən]
de rekening sluiten	das Konto schließen	[das 'kɔnto 'ʃli:sən]
op rekening storten	auf ein Konto einzahlen	[aʊf aɪn 'kɔnto 'aɪnˌtsa:lən]
opnemen (ww)	abheben (vt)	['apˌhe:bən]

storting (de)	Einzahlung (f)	['aɪnˌtsa:lʊŋ]
een storting maken	eine Einzahlung machen	['aɪnə 'aɪnˌtsa:lʊŋ 'maxən]
overschrijving (de)	Überweisung (f)	[ˌy:bɐ'vaɪzən]

een overschrijving maken	überweisen (vt)	[ˌyːbe'vaɪzən]
som (de)	Summe (f)	['zʊmə]
Hoeveel?	Wie viel?	['viː fiːl]
handtekening (de)	Unterschrift (f)	['ʊntəˌʃʀɪft]
ondertekenen (ww)	unterschreiben (vt)	[ˌʊnte'ʃʀaɪbən]
kredietkaart (de)	Kreditkarte (f)	[kʀe'diːtˌkaʀtə]
code (de)	Code (m)	[koːt]
kredietkaartnummer (het)	Kreditkartennummer (f)	[kʀe'diːtˌkaʀtə'nʊmɐ]
geldautomaat (de)	Geldautomat (m)	['gɛlt?autoˌmaːt]
cheque (de)	Scheck (m)	[ʃɛk]
een cheque uitschrijven	einen Scheck schreiben	['aɪnən ʃɛk 'ʃʀaɪbən]
chequeboekje (het)	Scheckbuch (n)	['ʃɛkˌbuːχ]
lening, krediet (de)	Darlehen (m)	['daʀˌleːən]
een lening aanvragen	ein Darlehen beantragen	[aɪn 'daʀˌleːən bə'?antʀaːgən]
een lening nemen	ein Darlehen aufnehmen	[aɪn 'daʀˌleːən 'aʊfˌneːmən]
een lening verlenen	ein Darlehen geben	[aɪn 'daʀˌleːən 'geːbən]
garantie (de)	Sicherheit (f)	['zɪçɐhaɪt]

113. Telefoon. Telefoongesprek

telefoon (de)	Telefon (n)	[tele'foːn]
mobieltje (het)	Mobiltelefon (n)	[mo'biːlˈteleˌfoːn]
antwoordapparaat (het)	Anrufbeantworter (m)	['anʀuːfbə-antˌvɔʀtɐ]
bellen (ww)	anrufen (vt)	['anˌʀuːfən]
belletje (telefoontje)	Anruf (m)	['anˌʀuːf]
een nummer draaien	eine Nummer wählen	['aɪnə 'nʊmɐ 'vɛːlən]
Hallo!	Hallo!	[ha'loː]
vragen (ww)	fragen (vt)	['fʀaːgən]
antwoorden (ww)	antworten (vi)	['antˌvɔʀtən]
horen (ww)	hören (vt)	['høːʀən]
goed (bw)	gut	[guːt]
slecht (bw)	schlecht	[ʃlɛçt]
storingen (mv.)	Störungen (pl)	['ʃtøːʀʊŋən]
hoorn (de)	Hörer (m)	['høːʀɐ]
opnemen (ww)	den Hörer abnehmen	[den 'høːʀɐ 'apˌneːmən]
ophangen (ww)	auflegen (vt)	['aʊfˌleːgən]
bezet (bn)	besetzt	[bə'zɛtst]
overgaan (ww)	läuten (vi)	['lɔɪtən]
telefoonboek (het)	Telefonbuch (n)	[tele'foːnˌbuːχ]
lokaal (bn)	Orts-	[ɔʀts]
lokaal gesprek (het)	Ortsgespräch	[ɔʀts·gə'ʃpʀɛːç]
interlokaal (bn)	Fern-	['fɛʀn]
interlokaal gesprek (het)	Ferngespräch	['fɛʀn·gə'ʃpʀɛːç]
buitenlands (bn)	Auslands-	['aʊslants]
buitenlands gesprek (het)	Auslandsgespräch	['aʊslants·gə'ʃpʀɛːç]

114. Mobiele telefoon

mobieltje (het)	Mobiltelefon (n)	[mo'biːlˈteleˌfoːn]
scherm (het)	Display (n)	[dɪs'pleː]
toets, knop (de)	Knopf (m)	[knɔpf]
simkaart (de)	SIM-Karte (f)	['zɪmˌkaʁtə]
batterij (de)	Batterie (f)	[batə'ʁiː]
leeg zijn (ww)	leer sein	[leːɐ zaɪn]
acculader (de)	Ladegerät (n)	['laːdəˌgəˈʁɛːt]
menu (het)	Menü (n)	[me'nyː]
instellingen (mv.)	Einstellungen (pl)	['aɪnʃtɛlʊŋən]
melodie (beltoon)	Melodie (f)	[melo'diː]
selecteren (ww)	auswählen (vt)	['aʊsˌvɛːlən]
rekenmachine (de)	Rechner (m)	['ʁɛçnɐ]
voicemail (de)	Anrufbeantworter (m)	['anʁuːfbəˌantˌvɔʁtɐ]
wekker (de)	Wecker (m)	['vɛkɐ]
contacten (mv.)	Kontakte (pl)	[kɔn'taktə]
SMS-bericht (het)	SMS-Nachricht (f)	[ɛsʔɛm'ʔɛs 'naːxˌʁɪçt]
abonnee (de)	Teilnehmer (m)	['taɪlˌneːmɐ]

115. Schrijfbehoeften

balpen (de)	Kugelschreiber (m)	['kuːgəlˌʃʁaɪbɐ]
vulpen (de)	Federhalter (m)	['feːdɐˌhaltɐ]
potlood (het)	Bleistift (m)	['blaɪˌʃtɪft]
marker (de)	Faserschreiber (m)	['faːzɐˌʃʁaɪbɐ]
viltstift (de)	Filzstift (m)	['fɪltsˌʃtɪft]
notitieboekje (het)	Notizblock (m)	[no'tiːtsˌblɔk]
agenda (boekje)	Terminkalender (m)	[tɛʁ'miːnˌkaˌlɛndɐ]
liniaal (de/het)	Lineal (n)	[line'aːl]
rekenmachine (de)	Rechner (m)	['ʁɛçnɐ]
gom (de)	Radiergummi (m)	[ʁa'diːɐˌgʊmi]
punaise (de)	Reißzwecke (f)	['ʁaɪsˌtsvɛkə]
paperclip (de)	Heftklammer (f)	['hɛftˌklamɐ]
lijm (de)	Klebstoff (m)	['kleːpˌʃtɔf]
nietmachine (de)	Hefter (m)	['hɛftɐ]
perforator (de)	Locher (m)	['lɔxɐ]
potloodslijper (de)	Bleistiftspitzer (m)	['blaɪʃtɪftˌʃpɪtsɐ]

116. Verschillende soorten documenten

verslag (het)	Bericht (m)	[bə'ʁɪçt]
overeenkomst (de)	Abkommen (n)	['apˌkɔmən]

aanvraagformulier (het)	Anmeldeformular (n)	['anmɛldə·fɔʁmu‚la:ɐ]
origineel, authentiek (bn)	Original-	[ɔʁigi'na:l]
badge, kaart (de)	Namensschild (n)	['na:məns‚ʃɪlt]
visitekaartje (het)	Visitenkarte (f)	[vi'zi:tən‚kaʁtə]

certificaat (het)	Zertifikat (n)	[tsɛʁtifi'ka:t]
cheque (de)	Scheck (m)	[ʃɛk]
rekening (in restaurant)	Rechnung (f)	['ʁɛçnʊŋ]
grondwet (de)	Verfassung (f)	[fɛɐ'fasʊŋ]

contract (het)	Vertrag (m)	[fɛɐ'tʁa:k]
kopie (de)	Kopie (f)	[ko'pi:]
exemplaar (het)	Kopie (f)	[ko'pi:]

douaneaangifte (de)	Zolldeklaration (f)	['tsɔl·deklaʁa'tsjo:n]
document (het)	Dokument (n)	[‚doku'mɛnt]
rijbewijs (het)	Führerschein (m)	['fy:ʁɐ‚ʃaɪn]
bijlage (de)	Anlage (f)	['an‚la:gə]
formulier (het)	Fragebogen (m)	['fʁa:gə‚bo:gən]

identiteitskaart (de)	Ausweis (m)	['aʊs‚vaɪs]
aanvraag (de)	Anfrage (f)	['an‚fʁa:gə]
uitnodigingskaart (de)	Einladungskarte (f)	['aɪnla:dʊŋs‚kaʁtə]
factuur (de)	Rechnung (f)	['ʁɛçnʊŋ]

wet (de)	Gesetz (n)	[gə'zɛts]
brief (de)	Brief (m)	[bʁi:f]
briefhoofd (het)	Briefbogen (n)	['bʁi:f‚bo:gən]
lijst (de)	Liste (f)	['lɪstə]
manuscript (het)	Manuskript (n)	[manu'skʁɪpt]
nieuwsbrief (de)	Informationsblatt (n)	[ɪnfɔʁma'tsjo:ns‚blat]
briefje (het)	Zettel (m)	['tsɛtəl]

pasje (voor personeel, enz.)	Passierschein (m)	[pa'si:ɐ‚ʃaɪn]
paspoort (het)	Pass (m)	[pas]
vergunning (de)	Erlaubnis (f)	[ɛɐ'laʊpnɪs]
CV, curriculum vitae (het)	Lebenslauf (m)	['le:bəns‚laʊf]
schuldbekentenis (de)	Schuldschein (m)	['ʃʊltʃaɪn]
kwitantie (de)	Quittung (f)	['kvɪtʊŋ]

bon (kassabon)	Kassenzettel (m)	['kasən‚tsɛtəl]
rapport (het)	Bericht (m)	[bə'ʁɪçt]

tonen (paspoort, enz.)	vorzeigen (vt)	['fo:ɐ‚tsaɪgən]
ondertekenen (ww)	unterschreiben (vt)	[‚ʊntɐ'ʃʁaɪbən]
handtekening (de)	Unterschrift (f)	['ʊntɐʃʁɪft]
stempel (de)	Stempel (m)	['ʃtɛmpəl]

tekst (de)	Text (m)	[tɛkst]
biljet (het)	Eintrittskarte (f)	['aɪntʁɪts‚kaʁtə]

doorhalen (doorstrepen)	streichen (vt)	['ʃtʁaɪçən]
invullen (een formulier ~)	ausfüllen (vt)	['aʊs‚fʏlən]

vrachtbrief (de)	Frachtbrief (m)	['fʁaxt‚bʁi:f]
testament (het)	Testament (n)	[tɛsta'mɛnt]

117. Soorten bedrijven

uitzendbureau (het)	Personalagentur (f)	[pɛʁzo'na:l·agɛn'tu:ɐ]
bewakingsfirma (de)	Sicherheitsagentur (f)	['zɪçɐhaɪts·agɛn'tu:ɐ]
persbureau (het)	Nachrichtenagentur (f)	['na:χrɪçtən?agɛn,tu:ɐ]
reclamebureau (het)	Werbeagentur (f)	['vɛʁbə?agɛn,tu:ɐ]

antiek (het)	Antiquitäten (pl)	[antikvi'tɛ:tən]
verzekering (de)	Versicherung (f)	[fɛɐ'zɪçərʊŋ]
naaiatelier (het)	Atelier (n)	[ate'lie:]

banken (mv.)	Bankwesen (n)	['baŋk,ve:zən]
bar (de)	Bar (f)	[ba:ɐ]
bouwbedrijven (mv.)	Bau (m)	['baʊ]
juwelen (mv.)	Juwelierwaren (pl)	[juve'li:ɐ,va:rən]
juwelier (de)	Juwelier (m)	[juve'li:ɐ]

wasserette (de)	Wäscherei (f)	[vɛʃə'raɪ]
alcoholische dranken (mv.)	Spirituosen (pl)	[ʃpiʀi'tʊo:zən]
nachtclub (de)	Nachtklub (m)	['naχt,klʊp]
handelsbeurs (de)	Börse (f)	['bœʁzə]
bierbrouwerij (de)	Bierbrauerei (f)	['bi:ɐ·bʀaʊɐ,raɪ]
uitvaartcentrum (het)	Bestattungsinstitut (n)	[bə'ʃtatʊŋs?ɪnsti,tu:t]

casino (het)	Kasino (n)	[ka'zi:no]
zakencentrum (het)	Bürogebäude (n)	[by'ʀo:gə,bɔɪdə]
bioscoop (de)	Kino (n)	['ki:no]
airconditioning (de)	Klimaanlagen (pl)	['kli:ma,?anla:gən]

handel (de)	Handel (m)	['handəl]
luchtvaartmaatschappij (de)	Fluggesellschaft (f)	['flu:kgə,zɛlʃaft]
adviesbureau (het)	Beratung (f)	[bə'ʀa:tʊŋ]
koerierdienst (de)	Kurierdienst (m)	[ku'ʀi:ɐ,di:nst]

tandheelkunde (de)	Stomatologie (f)	[ʃtomatolo'gi:]
design (het)	Design (n)	[di'zaɪn]
business school (de)	Business-Schule (f)	['bɪznɛs·'ʃu:lə]
magazijn (het)	Warenlager (n)	['va:rən,la:gə]
kunstgalerie (de)	Kunstgalerie (f)	['kʊnst,galə'ʀi:]
ijsje (het)	Eis (n)	[aɪs]
hotel (het)	Hotel (n)	[ho'tɛl]

vastgoed (het)	Immobilien (pl)	[ɪmo'bi:lɪən]
drukkerij (de)	Druckindustrie (f)	[dʀʊk·ɪndʊs'tʀi:]
industrie (de)	Industrie (f)	[ɪndʊs'tʀi:]
Internet (het)	Internet (n)	['ɪntɛnɛt]
investeringen (mv.)	Investitionen (pl)	[ɪnvɛsti'tsjo:nən]

krant (de)	Zeitung (f)	['tsaɪtʊŋ]
boekhandel (de)	Buchhandlung (f)	['bu:χ,handlʊŋ]
lichte industrie (de)	Leichtindustrie (f)	['laɪçt?ɪndʊs,tʀi:]

winkel (de)	Laden (m)	['la:dən]
uitgeverij (de)	Verlag (m)	[fɛɐ'la:k]
medicijnen (mv.)	Medizin (f)	[medi'tsi:n]

meubilair (het)	**Möbel** (n)	['møːbəl]
museum (het)	**Museum** (n)	[muˈzeːʊm]
olie (aardolie)	**Erdöl** (n)	['eːɐt̚ˌʔøːl]
apotheek (de)	**Apotheke** (f)	[apoˈteːkə]
farmacie (de)	**Pharmaindustrie** (f)	['faʁmaʔɪndʊsˌtʁiː]
zwembad (het)	**Schwimmbad** (n)	['ʃvɪmbaːt]
stomerij (de)	**chemische Reinigung** (f)	[çeːmɪʃə 'ʁaɪnɪɡʊn]
voedingswaren (mv.)	**Nahrungsmittel** (pl)	['naːʁʊŋsˌmɪtəl]
reclame (de)	**Werbung** (f)	['vɛʁbʊŋ]
radio (de)	**Rundfunk** (m)	['ʁʊntfʊŋk]
afvalinzameling (de)	**Müllabfuhr** (f)	['mʏlˌʔapfuːɐ]
restaurant (het)	**Restaurant** (n)	[ʁɛstoˈʁaŋ]
tijdschrift (het)	**Zeitschrift** (f)	['tsaɪtˌʃʁɪft]
schoonheidssalon (de/het)	**Schönheitssalon** (m)	['ʃøːnhaɪtsˌzaˈlɔn]
financiële diensten (mv.)	**Finanzdienstleistungen** (pl)	[fiˈnants·ˈdiːnstˌlaɪstʊŋən]
juridische diensten (mv.)	**Rechtsberatung** (f)	['ʁɛçts·bəˈʁaːtʊŋ]
boekhouddiensten (mv.)	**Buchführung** (f)	['buːχˌfyːʁʊŋ]
audit diensten (mv.)	**Rechnungsprüfung** (f)	['ʁɛçnʊŋsˌpʁyːfʊn]
sport (de)	**Sport** (m)	[ʃpɔʁt]
supermarkt (de)	**Supermarkt** (m)	['zuːpɐˌmaʁkt]
televisie (de)	**Fernsehen** (n)	['fɛʁnˌzeːən]
theater (het)	**Theater** (n)	[teˈaːtɐ]
toerisme (het)	**Reisen** (pl)	['ʁaɪzən]
transport (het)	**Transporte** (pl)	[tʁansˈpɔʁtə]
postorderbedrijven (mv.)	**Versandhandel** (m)	[fɛɐ̯ˈzantˌhandəl]
kleding (de)	**Kleidung** (f)	['klaɪdʊŋ]
dierenarts (de)	**Tierarzt** (m)	['tiːɐˌʔaʁtst]

Baan. Business. Deel 2

118. Show. Tentoonstelling

beurs (de)	Ausstellung (f)	['aʊsˌʃtɛlʊŋ]
vakbeurs, handelsbeurs (de)	Handelsausstellung (f)	['handəlsˌaʊsˌʃtɛlʊŋ]
deelneming (de)	Teilnahme (f)	['taɪlˌnaːmə]
deelnemen (ww)	teilnehmen (vi)	['taɪlˌneːmən]
deelnemer (de)	Teilnehmer (m)	['taɪlˌneːmɐ]
directeur (de)	Direktor (m)	[di'rɛktoːɐ]
organisatiecomité (het)	Messeverwaltung (f)	['mɛsə·fɛɐ'valtʊŋ]
organisator (de)	Organisator (m)	[ɔʁgani'zaːtoːɐ]
organiseren (ww)	veranstalten (vt)	[fɛɐ'ʔanʃtaltən]
deelnemingsaanvraag (de)	Anmeldeformular (n)	['anmɛldə·fɔʁmuˌlaːɐ]
invullen (een formulier ~)	ausfüllen (vt)	['aʊsˌfʏlən]
details (mv.)	Details (pl)	[de'taɪs]
informatie (de)	Information (f)	[ɪnfɔʁma'tsjoːn]
prijs (de)	Preis (m)	[pʁaɪs]
inclusief (bijv. ~ BTW)	einschließlich	['aɪnʃliːslɪç]
inbegrepen (alles ~)	einschließen (vt)	['aɪnˌʃliːsən]
betalen (ww)	zahlen (vt)	['tsaːlən]
registratietarief (het)	Anmeldegebühr (f)	['anmɛldə·gəˌbyːɐ]
ingang (de)	Eingang (m)	['aɪnˌgaŋ]
paviljoen (het), hal (de)	Pavillon (m)	['pavɪljɔŋ]
registreren (ww)	registrieren (vt)	[ʁegɪs'tʁiːʁən]
badge, kaart (de)	Namensschild (n)	['naːmənsˌʃɪlt]
beursstand (de)	Stand (m)	[ʃtant]
reserveren (een stand ~)	reservieren (vt)	[ʁezɛɐ'viːʁən]
vitrine (de)	Vitrine (f)	[vi'tʁiːnə]
licht (het)	Strahler (m)	['ʃtʁaːlɐ]
design (het)	Design (n)	[di'zaɪn]
plaatsen (ww)	stellen (vt)	['ʃtɛlən]
geplaatst zijn (ww)	gelegen sein	[gə'leːgən zaɪn]
distributeur (de)	Distributor (m)	[dɪstʁi'buːtoːɐ]
leverancier (de)	Lieferant (m)	[ˌliːfə'ʁant]
leveren (ww)	liefern (vt)	['liːfɐn]
land (het)	Land (n)	[lant]
buitenlands (bn)	ausländisch	['aʊsˌlɛndɪʃ]
product (het)	Produkt (n)	[pʁo'dʊkt]
associatie (de)	Assoziation (f)	[asɔtsia'tsjoːn]
conferentiezaal (de)	Konferenzraum (m)	[kɔnfe'ʁɛntsˌʁaʊm]

| congres (het) | Kongress (m) | [kɔŋ'grɛs] |
| wedstrijd (de) | Wettbewerb (m) | ['vɛtbə‚vɛʁp] |

bezoeker (de)	Besucher (m)	[bə'zu:χɐ]
bezoeken (ww)	besuchen (vt)	[bə'zu:χən]
afnemer (de)	Auftraggeber (m)	['aʊftʁa:k‚ge:bɐ]

119. Massamedia

krant (de)	Zeitung (f)	['tsaɪtʊŋ]
tijdschrift (het)	Zeitschrift (f)	['tsaɪtʃʁɪft]
pers (gedrukte media)	Presse (f)	['pʁɛsə]
radio (de)	Rundfunk (m)	['ʁʊntfʊŋk]
radiostation (het)	Rundfunkstation (f)	['ʁʊntfʊŋk·ʃta'tsjo:n]
televisie (de)	Fernsehen (n)	['fɛʁn‚ze:ən]

presentator (de)	Moderator (m)	[mode'ʁa:to:ɐ]
nieuwslezer (de)	Sprecher (m)	['ʃpʁɛçɐ]
commentator (de)	Kommentator (m)	[kɔmən'tato:ɐ]

journalist (de)	Journalist (m)	[ʒʊʁna'lɪst]
correspondent (de)	Korrespondent (m)	[kɔʁɛspɔn'dɛnt]
fotocorrespondent (de)	Bildberichterstatter (m)	['bɪlt·bə'ʁɪçt?ɛɐ‚ʃtatɐ]
reporter (de)	Reporter (m)	[ʁe'pɔʁtɐ]

| redacteur (de) | Redakteur (m) | [ʁedak'tø:ɐ] |
| chef-redacteur (de) | Chefredakteur (m) | ['ʃɛf·ʁedak‚tø:ɐ] |

zich abonneren op	abonnieren (vt)	[abɔ'ni:ʁən]
abonnement (het)	Abonnement (n)	[abɔnə'ma:ŋ]
abonnee (de)	Abonnent (m)	[abo'nɛnt]
lezen (ww)	lesen (vi, vt)	['le:zən]
lezer (de)	Leser (m)	['le:zɐ]

oplage (de)	Auflage (f)	['aʊf‚la:gə]
maand-, maandelijks (bn)	monatlich	['mo:natlɪç]
wekelijks (bn)	wöchentlich	['vœçəntlɪç]
nummer (het)	Ausgabe (f)	['aʊs‚ga:bə]
vers (~ van de pers)	neueste (~ Ausgabe)	['nɔɪstə]

kop (de)	Titel (m)	['ti:təl]
korte artikel (het)	Notiz (f)	[no'ti:ts]
rubriek (de)	Rubrik (f)	[ʁu'bʁi:k]
artikel (het)	Artikel (m)	[‚aʁ'ti:kl]
pagina (de)	Seite (f)	['zaɪtə]

reportage (de)	Reportage (f)	[ʁepɔʁ'ta:ʒə]
gebeurtenis (de)	Ereignis (n)	[ɛɐ'?aɪgnɪs]
sensatie (de)	Sensation (f)	[zɛnza'tsjo:n]
schandaal (het)	Skandal (m)	[skan'da:l]
schandalig (bn)	skandalös	[skanda'lø:s]
groot (~ schandaal, enz.)	groß	[gʁo:s]
programma (het)	Sendung (f)	['zɛndʊŋ]
interview (het)	Interview (n)	['ɪntɐvju:]

| live uitzending (de) | Live-Übertragung (f) | ['laɪfʔyːbəˌtʀaːɡʊn] |
| kanaal (het) | Kanal (m) | [ka'naːl] |

120. Landbouw

landbouw (de)	Landwirtschaft (f)	['lantvɪʁtʃaft]
boer (de)	Bauer (m)	['baʊɐ]
boerin (de)	Bäuerin (f)	['bɔɪəʀɪn]
landbouwer (de)	Farmer (m)	['faʁmɐ]

| tractor (de) | Traktor (m) | ['tʀaktoːɐ] |
| maaidorser (de) | Mähdrescher (m) | ['mɛːˌdʀɛʃɐ] |

ploeg (de)	Pflug (m)	[pfluːk]
ploegen (ww)	pflügen (vt)	['pflyːɡən]
akkerland (het)	Acker (m)	['akɐ]
voor (de)	Furche (f)	['fʊʁçə]

zaaien (ww)	säen (vt)	['zɛːən]
zaaimachine (de)	Sämaschine (f)	['zɛːˈmaʃiːnə]
zaaien (het)	Saat (f)	['zaːt]

| zeis (de) | Sense (f) | ['zɛnzə] |
| maaien (ww) | mähen (vt) | ['mɛːən] |

| schop (de) | Schaufel (f) | ['ʃaʊfəl] |
| spitten (ww) | graben (vt) | ['ɡʀaːbən] |

schoffel (de)	Hacke (f)	['hakə]
wieden (ww)	jäten (vt)	['jɛːtən]
onkruid (het)	Unkraut (n)	['ʊnˌkʀaʊt]

gieter (de)	Gießkanne (f)	['giːsˌkanə]
begieten (water geven)	gießen (vt)	['giːsən]
bewatering (de)	Bewässerung (f)	[bə'vɛsəʀʊn]

| riek, hooivork (de) | Heugabel (f) | ['hɔɪˌɡaːbəl] |
| hark (de) | Rechen (m) | [ʀɛçən] |

kunstmest (de)	Dünger (m)	['dʏnɐ]
bemesten (ww)	düngen (vt)	['dʏnən]
mest (de)	Mist (m)	[mɪst]

veld (het)	Feld (n)	[fɛlt]
wei (de)	Wiese (f)	['viːzə]
moestuin (de)	Gemüsegarten (m)	[ɡə'myːzəˌɡaʁtən]
boomgaard (de)	Obstgarten (m)	['oːpstˌɡaʁtən]

weiden (ww)	weiden (vt)	['vaɪdən]
herder (de)	Hirt (m)	[hɪʁt]
weiland (de)	Weide (f)	['vaɪdə]

| veehouderij (de) | Viehzucht (f) | ['fiːˌtsʊχt] |
| schapenteelt (de) | Schafzucht (f) | ['ʃaːfˌtsʊχt] |

109

plantage (de)	Plantage (f)	[plan'ta:ʒə]
rijtje (het)	Beet (n)	['be:t]
broeikas (de)	Treibhaus (n)	['tʀaɪp‚haʊs]

| droogte (de) | Dürre (f) | ['dʏʀə] |
| droog (bn) | dürr, trocken | [dʏʁ], 'tʀɔkən] |

graan (het)	Getreide (n)	[gə'tʀaɪdə]
graangewassen (mv.)	Getreidepflanzen (pl)	[gə'tʀaɪdə‚pflantsən]
oogsten (ww)	ernten (vt)	['ɛʁntən]

molenaar (de)	Müller (m)	['mʏlɐ]
molen (de)	Mühle (f)	['my:lə]
malen (graan ~)	mahlen (vt)	['ma:lən]
bloem (bijv. tarwebloem)	Mehl (n)	[me:l]
stro (het)	Stroh (n)	[ʃtʀo:]

121. Gebouw. Bouwproces

bouwplaats (de)	Baustelle (f)	['baʊʃtɛlə]
bouwen (ww)	bauen (vt)	['baʊən]
bouwvakker (de)	Bauarbeiter (m)	['baʊʔaʁ‚baɪtɐ]

project (het)	Projekt (n)	[pʀo'jɛkt]
architect (de)	Architekt (m)	[aʁçi'tɛkt]
arbeider (de)	Arbeiter (m)	['aʁbaɪtɐ]

fundering (de)	Fundament (n)	[fʊnda'mɛnt]
dak (het)	Dach (n)	[daχ]
heipaal (de)	Pfahl (m)	[pfa:l]
muur (de)	Wand (f)	[vant]

| betonstaal (het) | Bewehrungsstahl (m) | [bə've:ʀʊŋsˌʃta:l] |
| steigers (mv.) | Gerüst (n) | [gə'ʀʏst] |

beton (het)	Beton (m)	[be'tɔŋ]
graniet (het)	Granit (m)	[gʀa'ni:t]
steen (de)	Stein (m)	[ʃtaɪn]
baksteen (de)	Ziegel (m)	['tsi:gəl]

zand (het)	Sand (m)	[zant]
cement (de/het)	Zement (m, n)	[tse'mɛnt]
pleister (het)	Putz (m)	[pʊts]
pleisteren (ww)	verputzen (vt)	[fɛʁ'pʊtsən]

verf (de)	Farbe (f)	['faʁbə]
verven (muur ~)	färben (vt)	['fɛʁbən]
ton (de)	Fass (n), Tonne (f)	[fas], ['tɔnə]

kraan (de)	Kran (m)	[kʀa:n]
heffen, hijsen (ww)	aufheben (vt)	['aʊf‚he:bən]
neerlaten (ww)	herunterlassen (vt)	[hɛ'ʀʊntɐˌlasən]
bulldozer (de)	Planierraupe (f)	[pla'ni:ɐˌʀaʊpə]
graafmachine (de)	Bagger (m)	['bagɐ]

graafbak (de)	Baggerschaufel (f)	['bagəˌʃaʊfəl]
graven (tunnel, enz.)	graben (vt)	['gʀaːbən]
helm (de)	Schutzhelm (m)	['ʃʊtsˌhɛlm]

122. Wetenschap. Onderzoek. Wetenschappers

wetenschap (de)	Wissenschaft (f)	['vɪsənˌʃaft]
wetenschappelijk (bn)	wissenschaftlich	['vɪsənˌʃaftlɪç]
wetenschapper (de)	Wissenschaftler (m)	['vɪsənˌʃaftlɐ]
theorie (de)	Theorie (f)	[teoˈʀiː]
axioma (het)	Axiom (n)	[aˈksɪoːm]
analyse (de)	Analyse (f)	[anaˈlyːzə]
analyseren (ww)	analysieren (vt)	[ˌanalyˈziːʀən]
argument (het)	Argument (n)	[aʁguˈmɛnt]
substantie (de)	Substanz (f)	[zʊpsˈtants]
hypothese (de)	Hypothese (f)	[ˌhypoˈteːzə]
dilemma (het)	Dilemma (n)	[ˌdiˈlɛma]
dissertatie (de)	Dissertation (f)	[dɪsɛʁtaˈtsjoːn]
dogma (het)	Dogma (n)	['dɔgma]
doctrine (de)	Doktrin (f)	[dɔkˈtʀiːn]
onderzoek (het)	Forschung (f)	['fɔʁʃʊŋ]
onderzoeken (ww)	forschen (vi)	['fɔʁʃən]
toetsing (de)	Kontrolle (f)	[kɔnˈtʀɔlə]
laboratorium (het)	Labor (n)	[laˈboːɐ]
methode (de)	Methode (f)	[meˈtoːdə]
molecule (de/het)	Molekül (n)	[moleˈkyːl]
monitoring (de)	Monitoring (n)	['moːnitoːʀɪŋ]
ontdekking (de)	Entdeckung (f)	[ɛntˈdɛkʊŋ]
postulaat (het)	Postulat (n)	[pɔstuˈlaːt]
principe (het)	Prinzip (n)	[pʀɪnˈtsiːp]
voorspelling (de)	Prognose (f)	[pʀoˈgnoːzə]
een prognose maken	prognostizieren (vt)	[pʀognɔstiˈtsiːʀən]
synthese (de)	Synthese (f)	[zʏnˈteːzə]
tendentie (de)	Tendenz (f)	[tɛnˈdɛnts]
theorema (het)	Theorem (n)	[teoˈʀeːm]
leerstellingen (mv.)	Lehre (f)	['leːʀə]
feit (het)	Tatsache (f)	['taːtˌzaχə]
expeditie (de)	Expedition (f)	[ɛkspediˈtsjoːn]
experiment (het)	Experiment (n)	[ɛkspeʀiˈmɛnt]
academicus (de)	Akademiemitglied (n)	[akadeˈmiːˌmɪtˌgliːt]
bachelor (bijv. BA, LLB)	Bachelor (m)	['bɛtʃəlɐ]
doctor (de)	Doktor (m)	['dɔktoːɐ]
universitair docent (de)	Dozent (m)	[doˈtsɛnt]
master, magister (de)	Magister (m)	[maˈgɪstɐ]
professor (de)	Professor (m)	[pʀoˈfɛsoːɐ]

Beroepen en ambachten

123. Zoeken naar werk. Ontslag

baan (de)	Arbeit (f), Stelle (f)	['aʁbaɪt], ['ʃtɛlə]
werknemers (mv.)	Belegschaft (f)	[bə'le:kʃaft]
personeel (het)	Personal (n)	[pɛʁzo'naːl]
carrière (de)	Karriere (f)	[ka'ʁɪeːʀə]
vooruitzichten (mv.)	Perspektive (f)	[pɛʁspɛk'tiːvə]
meesterschap (het)	Können (n)	['kœnən]
keuze (de)	Auswahl (f)	['aʊsvaːl]
uitzendbureau (het)	Personalagentur (f)	[pɛʁzo'naːl·agɛn'tuːʁ]
CV, curriculum vitae (het)	Lebenslauf (m)	['le:bəns͵laʊf]
sollicitatiegesprek (het)	Vorstellungsgespräch (n)	['fo:ʁʃtɛlʊŋs·gəʃpʀeːç]
vacature (de)	Vakanz (f)	[va'kants]
salaris (het)	Gehalt (n)	[gə'halt]
vaste salaris (het)	festes Gehalt (n)	['fɛstəs gə'halt]
loon (het)	Arbeitslohn (m)	['aʁbaɪts͵lo:n]
betrekking (de)	Stellung (f)	['ʃtɛlʊŋ]
taak, plicht (de)	Pflicht (f), Aufgabe (f)	[pflɪçt], ['aʊf͵ga:bə]
takenpakket (het)	Aufgabenspektrum (n)	['aʊf͵ga:bən'ʃpɛktʀʊm]
bezig (~ zijn)	beschäftigt	[͵bə'ʃɛftɪçt]
ontslagen (ww)	kündigen (vt)	['kʏndɪgən]
ontslag (het)	Kündigung (f)	['kʏndɪgʊŋ]
werkloosheid (de)	Arbeitslosigkeit (f)	['aʁbaɪts͵lo:zɪçkaɪt]
werkloze (de)	Arbeitslose (m)	['aʁbaɪts͵lo:zə]
pensioen (het)	Rente (f), Ruhestand (m)	['ʀɛntə], ['ʀu:ə͵ʃtant]
met pensioen gaan	in Rente gehen	[ɪn 'ʀɛntə 'ge:ən]

124. Zakenmensen

directeur (de)	Direktor (m)	[di'ʀɛkto:ʁə]
beheerder (de)	Leiter (m)	['laɪtə]
hoofd (het)	Boss (m)	[bɔs]
baas (de)	Vorgesetzte (m)	['fo:ʁgə͵zɛtstə]
superieuren (mv.)	Vorgesetzten (pl)	['fo:ʁgə͵zɛtstən]
president (de)	Präsident (m)	[pʀɛzi'dɛnt]
voorzitter (de)	Vorsitzende (m)	['fo:ʁ͵zɪtsəndə]
adjunct (de)	Stellvertreter (m)	['ʃtɛlfɛʁ͵tʀe:tə]
assistent (de)	Helfer (m)	['hɛlfə]

| secretaris (de) | Sekretär (m) | [zekʀe'tɛ:ə] |
| persoonlijke assistent (de) | Privatsekretär (m) | [pʀi'va:t·zekʀe'tɛ:ə] |

zakenman (de)	Geschäftsmann (m)	[gə'ʃɛfts,man]
ondernemer (de)	Unternehmer (m)	[,ʊntə'ne:mə]
oprichter (de)	Gründer (m)	['gʀʏndə]
oprichten	gründen (vt)	['gʀʏndən]
(een nieuw bedrijf ~)		

stichter (de)	Gründungsmitglied (n)	['gʀʏndʊŋs,mɪtgli:t]
partner (de)	Partner (m)	['paʁtnə]
aandeelhouder (de)	Aktionär (m)	[aktsjo'nɛ:ə]

miljonair (de)	Millionär (m)	[mɪljo'nɛ:ə]
miljardair (de)	Milliardär (m)	[,mɪlɪaʁ'dɛ:ə]
eigenaar (de)	Besitzer (m)	[bə'zɪtsə]
landeigenaar (de)	Landbesitzer (m)	['lantbə,zɪtsə]

klant (de)	Kunde (m)	['kʊndə]
vaste klant (de)	Stammkunde (m)	['ʃtam,kʊndə]
koper (de)	Käufer (m)	['kɔɪfə]
bezoeker (de)	Besucher (m)	[bə'zu:χə]
professioneel (de)	Fachmann (m)	['faχ,man]
expert (de)	Experte (m)	[ɛks'pɛʁtə]
specialist (de)	Spezialist (m)	[ʃpetsɪa'lɪst]

| bankier (de) | Bankier (m) | [baŋ'kɪe:] |
| makelaar (de) | Makler (m) | ['ma:klə] |

kassier (de)	Kassierer (m)	[ka'si:ʀe]
boekhouder (de)	Buchhalter (m)	['bu:χ,haltə]
bewaker (de)	Wächter (m)	['vɛçtə]

investeerder (de)	Investor (m)	[ɪn'vɛsto:ə]
schuldenaar (de)	Schuldner (m)	['ʃʊldnə]
crediteur (de)	Gläubiger (m)	['glɔɪbɪgə]
lener (de)	Kreditnehmer (m)	[kʀe'di:t,ne:mə]

| importeur (de) | Importeur (m) | [ɪmpɔʁ'tø:ə] |
| exporteur (de) | Exporteur (m) | [ɛkspɔʁ'tø:ə] |

producent (de)	Hersteller (m)	['he:ɐʃtɛlə]
distributeur (de)	Distributor (m)	[dɪstʀi'bu:to:ə]
bemiddelaar (de)	Vermittler (m)	[fɛɐ'mɪtlə]

adviseur, consulent (de)	Berater (m)	[bə'ʀa:tə]
vertegenwoordiger (de)	Vertreter (m)	[fɛɐ'tʀe:tə]
agent (de)	Agent (m)	[agɛnt]
verzekeringsagent (de)	Versicherungsagent (m)	[fɛɐ'zɪçəʀʊŋs·a'gɛnt]

125. Dienstverlenende beroepen

| kok (de) | Koch (m) | [kɔχ] |
| chef-kok (de) | Chefkoch (m) | ['ʃɛf,kɔχ] |

bakker (de)	**Bäcker** (m)	['bɛkɐ]
barman (de)	**Barmixer** (m)	['baːɐˌmɪksɐ]
kelner, ober (de)	**Kellner** (m)	['kɛlnɐ]
serveerster (de)	**Kellnerin** (f)	['kɛlnərɪn]
advocaat (de)	**Rechtsanwalt** (m)	['ʀɛçtsʔanˌvalt]
jurist (de)	**Jurist** (m)	[juˈʀɪst]
notaris (de)	**Notar** (m)	[noˈtaːɐ]
elektricien (de)	**Elektriker** (m)	[ˌeˈlɛktʀikɐ]
loodgieter (de)	**Klempner** (m)	['klɛmpnɐ]
timmerman (de)	**Zimmermann** (m)	['tsɪmɐˌman]
masseur (de)	**Masseur** (m)	[maˈsøːɐ]
masseuse (de)	**Masseurin** (f)	[maˈsøːʀɪn]
dokter, arts (de)	**Arzt** (m)	[aʁtst]
taxichauffeur (de)	**Taxifahrer** (m)	['taksiˌfaːʀɐ]
chauffeur (de)	**Fahrer** (m)	['faːʀɐ]
koerier (de)	**Ausfahrer** (m)	['aʊsˌfaːʀɐ]
kamermeisje (het)	**Zimmermädchen** (n)	['tsɪmɐˌmɛːtçən]
bewaker (de)	**Wächter** (m)	['vɛçtɐ]
stewardess (de)	**Flugbegleiterin** (f)	['fluːkˈbəˌɡlaɪtəʀɪn]
meester (de)	**Lehrer** (m)	['leːʀɐ]
bibliothecaris (de)	**Bibliothekar** (m)	[biblioteˌkaːɐ]
vertaler (de)	**Übersetzer** (m)	[ˌyːbeˈzɛtsɐ]
tolk (de)	**Dolmetscher** (m)	['dɔlmɛtʃɐ]
gids (de)	**Fremdenführer** (m)	['fʀɛmdənˌfyːʀɐ]
kapper (de)	**Friseur** (m)	[fʀiˈzøːɐ]
postbode (de)	**Briefträger** (m)	['bʀiːfˌtʀɛːɡɐ]
verkoper (de)	**Verkäufer** (m)	[fɛɐˈkɔɪfɐ]
tuinman (de)	**Gärtner** (m)	['ɡɛʁtnɐ]
huisbediende (de)	**Diener** (m)	['diːnɐ]
dienstmeisje (het)	**Magd** (f)	[maːkt]
schoonmaakster (de)	**Putzfrau** (f)	['pʊtsˌfʀaʊ]

126. Militaire beroepen en rangen

soldaat (rang)	**einfacher Soldat** (m)	['aɪnfaχɐ zɔl'daːt]
sergeant (de)	**Feldwebel** (m)	['fɛltˌveːbəl]
luitenant (de)	**Leutnant** (m)	['lɔɪtnant]
kapitein (de)	**Hauptmann** (m)	['haʊptman]
majoor (de)	**Major** (m)	[maˈjoːɐ]
kolonel (de)	**Oberst** (m)	['oːbɐst]
generaal (de)	**General** (m)	[ɡenəˈʀaːl]
maarschalk (de)	**Marschall** (m)	['maʁʃal]
admiraal (de)	**Admiral** (m)	[ˌatmiˈʀaːl]
militair (de)	**Militärperson** (f)	[miliˈtɛːɐˌpɛʁˈzoːn]
soldaat (de)	**Soldat** (m)	[zɔl'daːt]

| officier (de) | Offizier (m) | [ɔfi'tsiːɐ] |
| commandant (de) | Kommandeur (m) | [kɔman'døːɐ] |

grenswachter (de)	Grenzsoldat (m)	['gʀɛnts·zɔl,daːt]
marconist (de)	Funker (m)	['fʊŋkɐ]
verkenner (de)	Aufklärer (m)	['aʊf,klɛːʀɐ]
sappeur (de)	Pionier (m)	[pɪo'niːɐ]
schutter (de)	Schütze (m)	['ʃʏtsə]
stuurman (de)	Steuermann (m)	['ʃtɔɪɐ,man]

127. Ambtenaren. Priesters

| koning (de) | König (m) | ['køːnɪç] |
| koningin (de) | Königin (f) | ['køːnɪgɪn] |

| prins (de) | Prinz (m) | [pʀɪnts] |
| prinses (de) | Prinzessin (f) | [pʀɪn'tsɛsɪn] |

| tsaar (de) | Zar (m) | [tsaːɐ] |
| tsarina (de) | Zarin (f) | ['tsaːʀɪn] |

president (de)	Präsident (m)	[pʀɛzi'dɛnt]
minister (de)	Minister (m)	[mi'nɪstə]
eerste minister (de)	Ministerpräsident (m)	[mi'nɪstə·pʀɛzi,dɛnt]
senator (de)	Senator (m)	[ze'naːtoːɐ]

diplomaat (de)	Diplomat (m)	[,diplo'maːt]
consul (de)	Konsul (m)	['kɔnzʊl]
ambassadeur (de)	Botschafter (m)	['boːtʃaftɐ]
adviseur (de)	Ratgeber (m)	['ʀaːt,geːbɐ]

ambtenaar (de)	Beamte (m)	[bɐ'ʔamtə]
prefect (de)	Präfekt (m)	[pʀɛ'fɛkt]
burgemeester (de)	Bürgermeister (m)	['bʏʀgɐ,maɪstɐ]

| rechter (de) | Richter (m) | ['ʀɪçtɐ] |
| aanklager (de) | Staatsanwalt (m) | ['ʃtaːts?an,valt] |

missionaris (de)	Missionar (m)	[,mɪsjɔ'naːɐ]
monnik (de)	Mönch (m)	[mœnç]
abt (de)	Abt (m)	[apt]
rabbi, rabbijn (de)	Rabbiner (m)	[ʀa'biːnɐ]

vizier (de)	Wesir (m)	[ve'ziːɐ]
sjah (de)	Schah (n)	[ʃaχ]
sjeik (de)	Scheich (m)	[ʃaɪç]

128. Agrarische beroepen

imker (de)	Bienenzüchter (m)	['biːnən,tsʏçtɐ]
herder (de)	Hirt (m)	[hɪʁt]
landbouwkundige (de)	Agronom (m)	[agʀo'noːm]

| veehouder (de) | Viehzüchter (m) | ['fi:ˌtsʏçtə] |
| dierenarts (de) | Tierarzt (m) | ['ti:ɐˌʔaʁtst] |

landbouwer (de)	Farmer (m)	['faʁmɐ]
wijnmaker (de)	Winzer (m)	['vɪntsɐ]
zoöloog (de)	Zoologe (m)	[tsoo'lo:gə]
cowboy (de)	Cowboy (m)	['kaʊbɔɪ]

129. Kunst beroepen

| acteur (de) | Schauspieler (m) | ['ʃaʊʃpi:lɐ] |
| actrice (de) | Schauspielerin (f) | ['ʃaʊʃpi:lərɪn] |

| zanger (de) | Sänger (m) | ['zɛŋɐ] |
| zangeres (de) | Sängerin (f) | ['zɛŋərɪn] |

| danser (de) | Tänzer (m) | ['tɛntsɐ] |
| danseres (de) | Tänzerin (f) | ['tɛntsərɪn] |

| artiest (mann.) | Künstler (m) | ['kʏnstlɐ] |
| artiest (vrouw.) | Künstlerin (f) | ['kʏnstlərɪn] |

muzikant (de)	Musiker (m)	['mu:zikɐ]
pianist (de)	Pianist (m)	[pɪa'nɪst]
gitarist (de)	Gitarrist (m)	[gita'ʁɪst]

orkestdirigent (de)	Dirigent (m)	[ˌdiʁi'gɛnt]
componist (de)	Komponist (m)	[ˌkompo'nɪst]
impresario (de)	Manager (m)	['mɛnɪdʒɐ]

filmregisseur (de)	Regisseur (m)	[ʁeʒɪ'søː]
filmproducent (de)	Produzent (m)	[pʁodu'tsɛnt]
scenarioschrijver (de)	Drehbuchautor (m)	['dʁe:bu:xˌʔaʊto:ɐ]
criticus (de)	Kritiker (m)	['kʁi:tɪkɐ]

schrijver (de)	Schriftsteller (m)	['ʃʁɪftʃtɛlɐ]
dichter (de)	Dichter (m)	['dɪçtɐ]
beeldhouwer (de)	Bildhauer (m)	['bɪltˌhaʊɐ]
kunstenaar (de)	Maler (m)	['ma:lɐ]

jongleur (de)	Jongleur (m)	[ʒoŋ'gløːɐ]
clown (de)	Clown (m)	[klaʊn]
acrobaat (de)	Akrobat (m)	[akʁo'ba:t]
goochelaar (de)	Zauberkünstler (m)	['tsaʊbɐˌkʏnstlɐ]

130. Verschillende beroepen

dokter, arts (de)	Arzt (m)	[aʁtst]
ziekenzuster (de)	Krankenschwester (f)	[kʁaŋkənʃvɛstɐ]
psychiater (de)	Psychiater (m)	[psy'çɪa:tɐ]
tandarts (de)	Zahnarzt (m)	['tsa:nˌʔaʁtst]
chirurg (de)	Chirurg (m)	[çi'ʁʊʁk]

astronaut (de)	Astronaut (m)	[astʀo'naʊt]
astronoom (de)	Astronom (m)	[astʀo'no:m]
piloot (de)	Pilot (m)	[pi'lo:t]

chauffeur (de)	Fahrer (m)	['fa:ʀɐ]
machinist (de)	Lokführer (m)	['lɔk,fy:ʀɐ]
mecanicien (de)	Mechaniker (m)	[me'ça:nikɐ]

mijnwerker (de)	Bergarbeiter (m)	['bɛʀk?aʀˌbaɪtɐ]
arbeider (de)	Arbeiter (m)	['aʀbaɪtɐ]
bankwerker (de)	Schlosser (m)	['ʃlɔsɐ]
houtbewerker (de)	Tischler (m)	['tɪʃlɐ]
draaier (de)	Dreher (m)	['dʀe:ɐ]
bouwvakker (de)	Bauarbeiter (m)	['baʊ?aʀˌbaɪtɐ]
lasser (de)	Schweißer (m)	['ʃvaɪsɐ]

professor (de)	Professor (m)	[pʀo'fɛso:ɐ]
architect (de)	Architekt (m)	[aʀçi'tɛkt]
historicus (de)	Historiker (m)	[hɪs'to:ʀikɐ]
wetenschapper (de)	Wissenschaftler (m)	['vɪsənˌʃaftlɐ]
fysicus (de)	Physiker (m)	['fy:zikɐ]
scheikundige (de)	Chemiker (m)	['çe:mikɐ]

archeoloog (de)	Archäologe (m)	[aʀçɛo'lo:gə]
geoloog (de)	Geologe (m)	[geo'lo:gə]
onderzoeker (de)	Forscher (m)	['fɔʀʃɐ]

| babysitter (de) | Kinderfrau (f) | ['kɪndɐˌfʀaʊ] |
| leraar, pedagoog (de) | Lehrer (m) | ['le:ʀɐ] |

redacteur (de)	Redakteur (m)	[ʀedak'tø:ɐ]
chef-redacteur (de)	Chefredakteur (m)	['ʃɛf·ʀedakˌtø:ɐ]
correspondent (de)	Korrespondent (m)	[kɔʀɛspɔn'dɛnt]
typiste (de)	Schreibkraft (f)	['ʃʀaɪpˌkʀaft]

designer (de)	Designer (m)	[di'zaɪnɐ]
computerexpert (de)	Computerspezialist (m)	[kɔm'pju:tɐˌʃpetsɪa'lɪst]
programmeur (de)	Programmierer (m)	[pʀogʀa'mi:ʀɐ]
ingenieur (de)	Ingenieur (m)	[ɪnʒe'nɪø:ɐ]

matroos (de)	Seemann (m)	['ze:man]
zeeman (de)	Matrose (m)	[ma'tʀo:zə]
redder (de)	Retter (m)	['ʀɛtɐ]

brandweerman (de)	Feuerwehrmann (m)	['fɔɪɐveːɐˌman]
politieagent (de)	Polizist (m)	[poli'tsɪst]
nachtwaker (de)	Nachtwächter (m)	['naxtˌvɛçtɐ]
detective (de)	Detektiv (m)	[detɛk'ti:f]

douanier (de)	Zollbeamter (m)	['tsɔl·bəˌ?amtɐ]
lijfwacht (de)	Leibwächter (m)	['laɪpˌvɛçtɐ]
gevangenisbewaker (de)	Gefängniswärter (m)	[gə'fɛŋnɪs·vɛʀtɐ]
inspecteur (de)	Inspektor (m)	[ɪn'spɛkto:ɐ]

| sportman (de) | Sportler (m) | ['ʃpɔʀtlɐ] |
| trainer (de) | Trainer (m) | ['tʀɛ:nɐ] |

117

slager, beenhouwer (de)	Fleischer (m)	['flaɪʃe]
schoenlapper (de)	Schuster (m)	['ʃuːste]
handelaar (de)	Geschäftsmann (m)	[gəˈʃɛftsˌman]
lader (de)	Ladearbeiter (m)	['laːdəˌaʁbaɪte]

| kledingstilist (de) | Modedesigner (m) | ['moːdəˈdiˈzaɪne] |
| model (het) | Modell (n) | [moˈdɛl] |

131. Beroepen. Sociale status

| scholier (de) | Schüler (m) | ['ʃyːle] |
| student (de) | Student (m) | [ʃtuˈdɛnt] |

filosoof (de)	Philosoph (m)	[filoˈzoːf]
econoom (de)	Ökonom (m)	[økoˈnoːm]
uitvinder (de)	Erfinder (m)	[ɛɐ̯ˈfɪnde]

werkloze (de)	Arbeitslose (m)	['aʁbaɪtsˌloːze]
gepensioneerde (de)	Rentner (m)	['ʀɛntne]
spion (de)	Spion (m)	[ʃpiˈoːn]

gedetineerde (de)	Gefangene (m)	[gəˈfaŋənə]
staker (de)	Streikender (m)	['ʃtʀaɪkəndə]
bureaucraat (de)	Bürokrat (m)	[ˌbyʀoˈkʀaːt]
reiziger (de)	Reisende (m)	['ʀaɪzəndə]

homoseksueel (de)	Homosexuelle (m)	[homozɛˈksuɛlə]
hacker (computerkraker)	Hacker (m)	['hɛke]
hippie (de)	Hippie (m)	['hɪpi]

bandiet (de)	Bandit (m)	[banˈdiːt]
huurmoordenaar (de)	Killer (m)	['kɪle]
drugsverslaafde (de)	Drogenabhängiger (m)	['dʀoːgənˌʔaphɛŋɪge]
drugshandelaar (de)	Drogenhändler (m)	['dʀoːgənˌhɛndle]
prostituee (de)	Prostituierte (f)	[ˌpʀostituˈiːetə]
pooier (de)	Zuhälter (m)	['tsuːˌhɛlte]

tovenaar (de)	Zauberer (m)	['tsaʊbəʀe]
tovenares (de)	Zauberin (f)	['tsaʊbəʀɪn]
piraat (de)	Seeräuber (m)	['zeːˌʀɔɪbe]
slaaf (de)	Sklave (m)	['sklaːvə]
samoerai (de)	Samurai (m)	[zamuˈʀaɪ]
wilde (de)	Wilde (m)	['vɪldə]

Sport

132. Soorten sporten. Sporters

sportman (de)	Sportler (m)	['ʃpɔʁtlɐ]
soort sport (de/het)	Sportart (f)	['ʃpɔʁtʔaːɐt]
basketbal (het)	Basketball (m)	['baːskɘtbal]
basketbalspeler (de)	Basketballspieler (m)	['baːskɘtbalˌʃpiːlɐ]
baseball (het)	Baseball (m, n)	['bɛɪsbɔːl]
baseballspeler (de)	Baseballspieler (m)	['bɛɪsbɔːlˌʃpiːlɐ]
voetbal (het)	Fußball (m)	['fuːsbal]
voetballer (de)	Fußballspieler (m)	['fuːsbalˌʃpiːlɐ]
doelman (de)	Torwart (m)	['toːɐˌvaʁt]
hockey (het)	Eishockey (n)	['aɪsˌhɔki]
hockeyspeler (de)	Eishockeyspieler (m)	['aɪshɔkiˌʃpiːlɐ]
volleybal (het)	Volleyball (m)	['vɔliˌbal]
volleybalspeler (de)	Volleyballspieler (m)	['vɔlibalˌʃpiːlɐ]
boksen (het)	Boxen (n)	['bɔksən]
bokser (de)	Boxer (m)	['bɔksɐ]
worstelen (het)	Ringen (n)	['ʁɪŋən]
worstelaar (de)	Ringkämpfer (m)	['ʁɪŋˌkɛmpfɐ]
karate (de)	Karate (n)	[ka'ʁaːtə]
karateka (de)	Karatekämpfer (m)	[ka'ʁaːtəˌkɛmpfɐ]
judo (de)	Judo (n)	['juːdɔ]
judoka (de)	Judoka (m)	[ju'doːka]
tennis (het)	Tennis (n)	['tɛnɪs]
tennisspeler (de)	Tennisspieler (m)	['tɛnɪsˌʃpiːlɐ]
zwemmen (het)	Schwimmen (n)	['ʃvɪmən]
zwemmer (de)	Schwimmer (m)	['ʃvɪmɐ]
schermen (het)	Fechten (n)	['fɛçtən]
schermer (de)	Fechter (m)	['fɛçtɐ]
schaak (het)	Schach (n)	[ʃaχ]
schaker (de)	Schachspieler (m)	['ʃaχˌʃpiːlɐ]
alpinisme (het)	Bergsteigen (n)	['bɛʁkˌʃtaɪɡən]
alpinist (de)	Bergsteiger (m)	['bɛʁkˌʃtaɪɡɐ]
hardlopen (het)	Lauf (m)	[lauf]

renner (de)	Läufer (m)	['lɔɪfe]
atletiek (de)	Leichtathletik (f)	['laɪçt?at‚le:tik]
atleet (de)	Athlet (m)	[at'le:t]

| paardensport (de) | Pferdesport (m) | ['pfe:edəʃpɔʁt] |
| ruiter (de) | Reiter (m) | ['ʀaɪte] |

kunstschaatsen (het)	Eiskunstlauf (m)	['aɪskʊnst‚laʊf]
kunstschaatser (de)	Eiskunstläufer (m)	['aɪskʊnst‚lɔɪfe]
kunstschaatsster (de)	Eiskunstläuferin (f)	['aɪskʊnst‚lɔɪfəʀɪn]

| gewichtheffen (het) | Gewichtheben (n) | [gə'vɪçt‚he:bən] |
| gewichtheffer (de) | Gewichtheber (m) | [gə'vɪçt‚he:be] |

| autoraces (mv.) | Autorennen (n) | ['aʊtoʀɛnən] |
| coureur (de) | Rennfahrer (m) | ['ʀɛn‚fa:ʀe] |

| wielersport (de) | Radfahren (n) | ['ʀa:t‚fa:ʀən] |
| wielrenner (de) | Radfahrer (m) | ['ʀa:t‚fa:ʀe] |

verspringen (het)	Weitsprung (m)	['vaɪtʃpʀʊŋ]
polsstokspringen (het)	Stabhochsprung (m)	['ʃta:pho:x‚ʃpʀʊŋ]
verspringer (de)	Springer (m)	['ʃpʀɪŋe]

133. Soorten sporten. Diversen

Amerikaans voetbal (het)	American Football (m)	[ɛ'mɛʀɪkən 'fʊtbo:l]
badminton (het)	Federballspiel (n)	['fe:dəˌbal·ʃpi:l]
biatlon (de)	Biathlon (n)	['bi:atlɔn]
biljart (het)	Billard (n)	['bɪljaʁt]

bobsleeën (het)	Bob (m)	[bɔp]
bodybuilding (de)	Bodybuilding (n)	['bɔdiˌbɪldɪŋ]
waterpolo (het)	Wasserballspiel (n)	['vasəbalʃpi:l]
handbal (de)	Handball (m)	['hant‚bal]
golf (het)	Golf (n)	[gɔlf]

roeisport (de)	Rudern (n)	['ʀu:den]
duiken (het)	Tauchen (n)	['taʊxən]
langlaufen (het)	Skilanglauf (m)	['ʃi:‚lantlɔɪf]
tafeltennis (het)	Tischtennis (n)	[tɪʃˌtenɪs]

zeilen (het)	Segelsport (m)	['ze:gəlʃpɔʁt]
rally (de)	Rallye (f, n)	['ʀali]
rugby (het)	Rugby (n)	['ʀakbi]
snowboarden (het)	Snowboard (n)	['sno:ˌbo:et]
boogschieten (het)	Bogenschießen (n)	['bo:gənʃi:sən]

134. Fitnessruimte

| lange halter (de) | Hantel (f) | ['hantəl] |
| halters (mv.) | Hanteln (pl) | ['hantəln] |

training machine (de)	Trainingsgerät (n)	['tʀɛ:nɪŋs·gə'ʀɛ:t]
hometrainer (de)	Fahrradtrainer (m)	['fa:ʀa:ˌtʀɛ:nɐ]
loopband (de)	Laufband (n)	['lauf̩ˌbant]

rekstok (de)	Reck (n)	[ʀɛk]
brug (de) gelijke leggers	Barren (m)	['baʀən]
paardsprong (de)	Sprungpferd (n)	['ʃpʀɪŋˌpfe:ɐt]
mat (de)	Matte (f)	['matə]

springtouw (het)	Sprungseil (n)	['ʃpʀʊŋˌzaɪl]
aerobics (de)	Aerobic (n)	[ɛ'ʀo:bɪk]
yoga (de)	Yoga (m, n)	['jo:ga]

135. Hockey

hockey (het)	Eishockey (n)	['aɪsˌhɔki]
hockeyspeler (de)	Eishockeyspieler (m)	['aɪshɔkiˌʃpi:lɐ]
hockey spelen	Hockey spielen	['hɔki 'ʃpi:lən]
ijs (het)	Eis (n)	[aɪs]

puck (de)	Puck (m)	[pʊk]
hockeystick (de)	Hockeyschläger (m)	['hɔkiˌʃlɛ:gɐ]
schaatsen (mv.)	Schlittschuhe (pl)	['ʃlɪtʃu:ə]

| boarding (de) | Bord (m) | [bɔʁt] |
| schot (het) | Schuss (m) | [ʃʊs] |

doelman (de)	Torwart (m)	['to:ɐˌvaʁt]
goal (de)	Tor (n)	[to:ɐ]
een goal scoren	ein Tor schießen	[aɪn 'to:ɐ 'ʃi:sən]

periode (de)	Drittel (n)	['dʀɪtəl]
tweede periode (de)	zweites Drittel (n)	['tsvaɪtəs 'dʀɪtəl]
reservebank (de)	Ersatzbank (f)	[ɛɐ'zatsˌbaŋk]

136. Voetbal

voetbal (het)	Fußball (m)	['fu:sbal]
voetballer (de)	Fußballspieler (m)	['fu:sbalʃpi:lɐ]
voetbal spelen	Fußball spielen	['fu:sbal 'ʃpi:lən]

eredivisie (de)	Oberliga (f)	['o:bɐˌli:ga]
voetbalclub (de)	Fußballclub (m)	['fu:sbalˌklʊp]
trainer (de)	Trainer (m)	['tʀɛ:nɐ]
eigenaar (de)	Besitzer (m)	[bə'zɪtsɐ]

team (het)	Mannschaft (f)	['manʃaft]
aanvoerder (de)	Mannschaftskapitän (m)	['manʃafts·kapiˌtɛ:n]
speler (de)	Spieler (m)	['ʃpi:lɐ]
reservespeler (de)	Ersatzspieler (m)	[ɛɐ'zatsˌʃpi:lɐ]
aanvaller (de)	Stürmer (m)	['ʃtʏʁmɐ]
centrale aanvaller (de)	Mittelstürmer (m)	['mɪtəlˌʃtʏʁmɐ]

doelpuntmaker (de)	Torjäger (m)	['toːɐ̯jɛːɡɐ]
verdediger (de)	Verteidiger (m)	[fɛɐ̯'taɪdɪɡɐ]
middenvelder (de)	Läufer (m)	['lɔɪfɐ]
match, wedstrijd (de)	Spiel (n)	[ʃpiːl]
elkaar ontmoeten (ww)	sich begegnen	[zɪç bə'ɡeːɡnən]
finale (de)	Finale (n)	[fi'naːlə]
halve finale (de)	Halbfinale (n)	['halpˌfiˌnaːlə]
kampioenschap (het)	Meisterschaft (f)	['maɪstɐʃaft]
helft (de)	Halbzeit (f)	['halpˌtsaɪt]
eerste helft (de)	erste Halbzeit (f)	['ɛɐ̯stə 'halpˌtsaɪt]
pauze (de)	Halbzeit (f)	['halpˌtsaɪt]
doel (het)	Tor (n)	[toːɐ̯]
doelman (de)	Torwart (m)	['toːɐ̯ˌvaʁt]
doelpaal (de)	Torpfosten (m)	['toːɐ̯ˌpfɔstən]
lat (de)	Torlatte (f)	['toːɐ̯ˌlatə]
doelnet (het)	Netz (n)	[nɛts]
een goal incasseren	ein Tor zulassen	[aɪn 'toːɐ̯ 'tsuːˌlasn]
bal (de)	Ball (m)	[bal]
pass (de)	Pass (m)	[pas]
schot (het), schop (de)	Schuss (m)	[ʃʊs]
schieten (de bal ~)	schießen (vi)	['ʃiːsən]
vrije schop (directe ~)	Freistoß (m)	['fʁaɪʃtoːs]
hoekschop, corner (de)	Eckball (m)	['ɛkˌbal]
aanval (de)	Attacke (f)	[a'takə]
tegenaanval (de)	Gegenangriff (m)	['ɡeːɡənˌʔangʁɪf]
combinatie (de)	Kombination (f)	[kɔmbina'tsjoːn]
scheidsrechter (de)	Schiedsrichter (m)	['ʃiːtsˌʁɪçtɐ]
fluiten (ww)	pfeifen (vi)	['pfaɪfən]
fluitsignaal (het)	Pfeife (f)	['pfaɪfə]
overtreding (de)	Foul (n)	[faʊl]
een overtreding maken	foulen (vt)	['faʊlən]
uit het veld te sturen	vom Platz verweisen	[fɔm plats fɛɐ̯'vaɪzən]
gele kaart (de)	gelbe Karte (f)	['ɡɛlbə 'kaʁtə]
rode kaart (de)	rote Karte (f)	['ʁoːtə 'kaʁtə]
diskwalificatie (de)	Disqualifizierung (f)	[dɪskvalifi'tsiːʁʊŋ]
diskwalificeren (ww)	disqualifizieren (vt)	[dɪskvalifi'tsiːʁən]
strafschop, penalty (de)	Elfmeter (m)	[ɛlfˈmeːtɐ]
muur (de)	Mauer (f)	['maʊɐ]
scoren (ww)	ein Tor schießen	[aɪn 'toːɐ̯ 'ʃiːsən]
goal (de), doelpunt (het)	Tor (n)	[toːɐ̯]
een goal scoren	ein Tor schießen	[aɪn 'toːɐ̯ 'ʃiːsən]
vervanging (de)	Wechsel (m)	['vɛksəl]
vervangen (ov.ww.)	ersetzen (vt)	[ɛɐ̯'zɛtsən]
regels (mv.)	Regeln (pl)	['ʁeːɡəln]
tactiek (de)	Taktik (f)	['taktɪk]
stadion (het)	Stadion (n)	['ʃtaːdjɔn]
tribune (de)	Tribüne (f)	[tʁi'byːnə]

fan, supporter (de)	Anhänger (m)	['an,hɛŋɐ]
schreeuwen (ww)	schreien (vi)	['ʃʁaɪən]

scorebord (het)	Anzeigetafel (f)	['antsaɪgəˌtaːfəl]
stand (~ is 3-1)	Ergebnis (n)	[ɛɐ'geːpnɪs]

nederlaag (de)	Niederlage (f)	['niːdəˌlaːgə]
verliezen (ww)	verlieren (vt)	[fɛɐ'liːʁən]

gelijkspel (het)	Unentschieden (n)	['ʊnʔɛntʃiːdən]
in gelijk spel eindigen	unentschieden spielen	['ʊnʔɛntʃiːdən 'ʃpiːlən]

overwinning (de)	Sieg (m)	[ziːk]
overwinnen (ww)	gewinnen (vt)	[gə'vɪnən]
kampioen (de)	Meister (m)	['maɪstɐ]
best (bn)	der beste	[deːɐ 'bɛstə]
feliciteren (ww)	gratulieren (vi)	[gʁatu'liːʁən]

commentator (de)	Kommentator (m)	[kɔmən'tatoːɐ]
becommentariëren (ww)	kommentieren (vt)	[kɔmɛn'tiːʁən]
uitzending (de)	Übertragung (f)	[ˌyːbɐ'tʁaːgʊn]

137. Alpine skiën

ski's (mv.)	Ski (pl)	[ʃiː]
skiën (ww)	Ski laufen	['ʃiː 'laʊfən]
skigebied (het)	Skiort (m)	['ʃiːˌʔoʁt]
skilift (de)	Skilift (m)	['ʃiːˌlɪft]

skistokken (mv.)	Skistöcke (pl)	['ʃiːˌʃtœkə]
helling (de)	Abhang (m)	['apˌhaŋ]
slalom (de)	Slalom (m)	['slaːlɔm]

138. Tennis. Golf

golf (het)	Golf (n)	[gɔlf]
golfclub (de)	Golfklub (m)	['gɔlfˌklʊp]
golfer (de)	Golfspieler (m)	['gɔlfˌʃpiːlɐ]

hole (de)	Loch (n)	[lɔχ]
golfclub (de)	Schläger (m)	['ʃlɛːgɐ]
trolley (de)	Golfwagen (m)	['gɔlfˌvaːgən]

tennis (het)	Tennis (n)	['tɛnɪs]
tennisveld (het)	Tennisplatz (m)	['tɛnɪsˌplats]

opslag (de)	Aufschlag (m)	['aʊfˌʃlaːk]
serveren, opslaan (ww)	angeben (vt)	['anˌgeːbən]

racket (het)	Tennisschläger (m)	['tɛnɪsˌʃlɛːgɐ]
net (het)	Netz (n)	[nɛts]
bal (de)	Ball (m)	[bal]

139. Schaken

schaak (het)	Schach (n)	[ʃaχ]
schaakstukken (mv.)	Schachfiguren (pl)	[ˈʃaχˌfiˌguːʀən]
schaker (de)	Schachspieler (m)	[ˈʃaχˌʃpiːlɐ]
schaakbord (het)	Schachbrett (n)	[ˈʃaχˌbʀɛt]
schaakstuk (het)	Figur (f)	[fiˈguːɐ]
witte stukken (mv.)	Weißen (pl)	[ˈvaɪsən]
zwarte stukken (mv.)	Schwarze (pl)	[ˈʃvaʁtsə]
pion (de)	Bauer (m)	[ˈbaʊɐ]
loper (de)	Läufer (m)	[ˈlɔɪfɐ]
paard (het)	Springer (m)	[ˈʃpʀɪŋɐ]
toren (de)	Turm (m)	[tʊʁm]
dame, koningin (de)	Königin (f)	[ˈkøːnɪgɪn]
koning (de)	König (m)	[ˈkøːnɪç]
zet (de)	Zug (m)	[tsuːk]
zetten (ww)	einen Zug machen	[ˈaɪnən tsuːk ˈmaχən]
opofferen (ww)	opfern (vt)	[ˈɔpfɐn]
rokade (de)	Rochade (f)	[ʀɔˈχaːdə]
schaak (het)	Schach (n)	[ʃaχ]
schaakmat (het)	Matt (n)	[mat]
schaakwedstrijd (de)	Schachturnier (n)	[ˈʃaχˌtʊʁˌniːɐ]
grootmeester (de)	Großmeister (m)	[ˈgʀoːsˌmaɪstɐ]
combinatie (de)	Kombination (f)	[kɔmbinaˈtsjoːn]
partij (de)	Partie (f)	[paʁˈtiː]
dammen (de)	Damespiel (n)	[ˈdaːməˌʃpiːl]

140. Boksen

boksen (het)	Boxen (n)	[ˈbɔksən]
boksgevecht (het)	Boxkampf (m)	[ˈbɔksˌkampf]
bokswedstrijd (de)	Zweikampf (m)	[ˈtsvaɪˌkampf]
ronde (de)	Runde (f)	[ˈʀʊndə]
ring (de)	Ring (m)	[ʀɪŋ]
gong (de)	Gong (m, n)	[gɔŋ]
stoot (de)	Schlag (m)	[ʃlaːk]
knock-down (de)	Knockdown (m)	[nɔkˈdaʊn]
knock-out (de)	Knockout (m)	[nɔkˈʔaʊt]
knock-out slaan (ww)	k.o. schlagen (vt)	[kaːˈʔoː ˈʃlaːgən]
bokshandschoen (de)	Boxhandschuh (m)	[ˈbɔksˌhantˌʃuː]
referee (de)	Schiedsrichter (m)	[ˈʃiːtsˌʀɪçtɐ]
lichtgewicht (het)	Leichtgewicht (n)	[ˈlaɪçtˌgəˌvɪçt]
middengewicht (het)	Mittelgewicht (n)	[ˈmɪtəlˌgəˌvɪçt]
zwaargewicht (het)	Schwergewicht (n)	[ˈʃveːɐˌgəˌvɪçt]

141. Sporten. Diversen

Olympische Spelen (mv.)	Olympische Spiele (pl)	[o'lʏmpɪʃə 'ʃpi:lə]
winnaar (de)	Sieger (m)	['zi:gɐ]
overwinnen (ww)	siegen (vi)	['zi:gən]
winnen (ww)	gewinnen (vt)	[gə'vɪnən]
leider (de)	Tabellenführer (m)	[ta'bɛlən‚fy:ʀɐ]
leiden (ww)	führen (vi)	['fy:ʀən]
eerste plaats (de)	der erste Platz	[de:ɐ 'ɛʁstə plats]
tweede plaats (de)	der zweite Platz	[de:ɐ 'tsvaɪtə plats]
derde plaats (de)	der dritte Platz	[de:ɐ 'dʀɪtə plats]
medaille (de)	Medaille (f)	[me'daljə]
trofee (de)	Trophäe (f)	[tʀo'fɛ:ə]
beker (de)	Pokal (m)	[pɔ'ka:l]
prijs (de)	Preis (m)	[pʀaɪs]
hoofdprijs (de)	Hauptpreis (m)	['haʊpt‚pʀaɪs]
record (het)	Rekord (m)	[ʀe'kɔʁt]
een record breken	einen Rekord aufstellen	['aɪnən ʀe'kɔʁt 'aʊfˌʃtɛlən]
finale (de)	Finale (n)	[fi'na:lə]
finale (bn)	Final-	[fi'na:l]
kampioen (de)	Meister (m)	['maɪstɐ]
kampioenschap (het)	Meisterschaft (f)	['maɪstəˌʃaft]
stadion (het)	Stadion (n)	['ʃta:djɔn]
tribune (de)	Tribüne (f)	[tʀi'by:nə]
fan, supporter (de)	Fan (m)	[fɛn]
tegenstander (de)	Gegner (m)	['ge:gnɐ]
start (de)	Start (m)	[ʃtaʁt]
finish (de)	Ziel (n), Finish (n)	[tsi:l], ['fɪnɪʃ]
nederlaag (de)	Niederlage (f)	['ni:deˌla:gə]
verliezen (ww)	verlieren (vt)	[fɛɐ'li:ʀən]
rechter (de)	Schiedsrichter (m)	['ʃi:tsˌʀɪçtɐ]
jury (de)	Jury (f)	['ʒy:ʀi]
stand (~ is 3-1)	Ergebnis (n)	[ɛɐ'ge:pnɪs]
gelijkspel (het)	Unentschieden (n)	['ʊn?ɛntʃi:dən]
in gelijk spel eindigen	unentschieden spielen	['ʊn?ɛntʃi:dən 'ʃpi:lən]
punt (het)	Punkt (m)	[pʊŋkt]
uitslag (de)	Ergebnis (n)	[ɛɐ'ge:pnɪs]
periode (de)	Spielabschnitt (m)	['ʃpi:lˌ?apʃnɪt]
pauze (de)	Halbzeit (f), Pause (f)	['halpˌtsaɪt], ['paʊzə]
doping (de)	Doping (n)	['do:pɪŋ]
straffen (ww)	bestrafen (vt)	[bə'ʃtʀa:fən]
diskwalificeren (ww)	disqualifizieren (vt)	[dɪskvalifi'tsi:ʀən]
toestel (het)	Sportgerät (n)	['ʃpoʁt·gəˌʀɛ:t]
speer (de)	Speer (m)	[ʃpe:ɐ]

| kogel (de) | Kugel (f) | ['ku:gəl] |
| bal (de) | Kugel (f) | ['ku:gəl] |

doel (het)	Ziel (n)	[tsi:l]
schietkaart (de)	Zielscheibe (f)	['tsi:lˌʃaɪbə]
schieten (ww)	schießen (vi)	['ʃi:sən]
precies (bijv. precieze schot)	genau	[gə'naʊ]

trainer, coach (de)	Trainer (m)	['tʀɛ:nɐ]
trainen (ww)	trainieren (vt)	[tʀɛ'ni:ʀən]
zich trainen (ww)	trainieren (vi)	[tʀɛ'ni:ʀən]
training (de)	Training (n)	['tʀɛ:nɪŋ]

gymnastiekzaal (de)	Turnhalle (f)	['tʊʀnˌhalə]
oefening (de)	Übung (f)	['y:bʊŋ]
opwarming (de)	Aufwärmen (n)	['aʊfˌvɛʀmən]

Onderwijs

142. School

school (de)	Schule (f)	['ʃuːlə]
schooldirecteur (de)	Schulleiter (m)	['ʃuːlˌlaɪtə]
leerling (de)	Schüler (m)	['ʃyːlə]
leerlinge (de)	Schülerin (f)	['ʃyːlərɪn]
scholier (de)	Schuljunge (m)	['ʃuːlˌjʊŋə]
scholiere (de)	Schulmädchen (f)	['ʃuːlˌmɛːtçən]
leren (lesgeven)	lehren (vt)	['leːʀən]
studeren (bijv. een taal ~)	lernen (vt)	['lɛʀnən]
van buiten leren	auswendig lernen	['aʊsˌvɛndɪç 'lɛʀnən]
leren (bijv. ~ tellen)	lernen (vi)	['lɛʀnən]
in school zijn	in der Schule sein	[ɪn deːɐ 'ʃuːlə zaɪn]
(schooljongen zijn)		
naar school gaan	die Schule besuchen	[di 'ʃuːlə bə'zuːxən]
alfabet (het)	Alphabet (n)	[alfa'beːt]
vak (schoolvak)	Fach (n)	[faχ]
klaslokaal (het)	Klassenraum (m)	['klasənˌʀaʊm]
les (de)	Stunde (f)	['ʃtʊndə]
pauze (de)	Pause (f)	['paʊzə]
bel (de)	Schulglocke (f)	['ʃuːlˌglɔkə]
schooltafel (de)	Schulbank (f)	['ʃuːlˌbaŋk]
schoolbord (het)	Tafel (f)	['taːfəl]
cijfer (het)	Note (f)	['noːtə]
goed cijfer (het)	gute Note (f)	['guːtə 'noːtə]
slecht cijfer (het)	schlechte Note (f)	['ʃlɛçtə 'noːtə]
een cijfer geven	eine Note geben	['aɪnə 'noːtə 'geːbən]
fout (de)	Fehler (m)	['feːlɐ]
fouten maken	Fehler machen	['feːlɐ 'maχən]
corrigeren (fouten ~)	korrigieren (vt)	[kɔʀi'giːʀən]
spiekbriefje (het)	Spickzettel (m)	['ʃpɪkˌtsɛtəl]
huiswerk (het)	Hausaufgabe (f)	['haʊsʔaʊfˌgaːbə]
oefening (de)	Übung (f)	['yːbʊŋ]
aanwezig zijn (ww)	anwesend sein	['anˌveːzənt zaɪn]
absent zijn (ww)	fehlen (vi)	['feːlən]
school verzuimen	versäumen (vt)	[fɛɐ'zɔɪmən]
bestraffen (een stout kind ~)	bestrafen (vt)	[bə'ʃtʀaːfən]
bestraffing (de)	Strafe (f)	['ʃtʀaːfə]

gedrag (het)	Benehmen (n)	[bə'ne:mən]
cijferlijst (de)	Zeugnis (n)	['tsɔɪknɪs]
potlood (het)	Bleistift (m)	['blaɪˌʃtɪft]
gom (de)	Radiergummi (m)	[ʀa'di:ɐˌɡumi]
krijt (het)	Kreide (f)	['kʀaɪdə]
pennendoos (de)	Federkasten (m)	['fe:dɐˌkastən]

boekentas (de)	Schulranzen (m)	['ʃu:lˌʀantsən]
pen (de)	Kugelschreiber, Stift (m)	['ku:ɡəlˌʃʀaɪbɐ], [ʃtɪft]
schrift (de)	Heft (n)	[hɛft]
leerboek (het)	Lehrbuch (n)	['le:ɐˌbu:x]
passer (de)	Zirkel (m)	['tsɪʀkəl]

| technisch tekenen (ww) | zeichnen (vt) | ['tsaɪçnən] |
| technische tekening (de) | Zeichnung (f) | ['tsaɪçnʊŋ] |

gedicht (het)	Gedicht (n)	[ɡə'dɪçt]
van buiten (bw)	auswendig	['aʊsˌvɛndɪç]
van buiten leren	auswendig lernen	['aʊsˌvɛndɪç 'lɛʀnən]

vakantie (de)	Ferien (pl)	['fe:ʀɪən]
met vakantie zijn	in den Ferien sein	[ɪn den 'fe:ʀɪən zaɪn]
vakantie doorbrengen	Ferien verbringen	['fe:ʀɪən fɛɐ'bʀɪŋən]

toets (schriftelijke ~)	Test (m), Prüfung (f)	[tɛst], ['pʀy:fʊŋ]
opstel (het)	Aufsatz (m)	['aʊfˌzats]
dictee (het)	Diktat (n)	[dɪk'ta:t]
examen (het)	Prüfung (f)	['pʀy:fʊŋ]
examen afleggen	Prüfungen ablegen	['pʀy:fʊŋən 'apˌle:ɡən]
experiment (het)	Experiment (n)	[ɛkspeʀi'mɛnt]

143. Hogeschool. Universiteit

academie (de)	Akademie (f)	[akade'mi:]
universiteit (de)	Universität (f)	[univɛʀzi'tɛ:t]
faculteit (de)	Fakultät (f)	[fakʊl'tɛ:t]

student (de)	Student (m)	[ʃtu'dɛnt]
studente (de)	Studentin (f)	[ʃtu'dɛntɪn]
leraar (de)	Lehrer (m)	['le:ʀɐ]

| collegezaal (de) | Hörsaal (m) | ['hø:ɐˌza:l] |
| afgestudeerde (de) | Hochschulabsolvent (m) | ['ho:xʃu:l?apzɔlˌvɛnt] |

| diploma (het) | Diplom (n) | [di'plo:m] |
| dissertatie (de) | Dissertation (f) | [dɪsɛʀta'tsjo:n] |

| onderzoek (het) | Forschung (f) | ['fɔʀʃʊŋ] |
| laboratorium (het) | Labor (n) | [la'bo:ɐ] |

college (het)	Vorlesung (f)	['fo:ɐˌle:zʊŋ]
medestudent (de)	Kommilitone (m)	[ˌkɔmili'to:nə]
studiebeurs (de)	Stipendium (n)	[ʃti'pɛndɪʊm]
academische graad (de)	akademischer Grad (m)	[aka'de:mɪʃɐ ɡʀa:t]

144. Wetenschappen. Disciplines

wiskunde (de)	Mathematik (f)	[matema'ti:k]
algebra (de)	Algebra (f)	['algebʀa]
meetkunde (de)	Geometrie (f)	[ˌgeome'tʀi:]

astronomie (de)	Astronomie (f)	[astʀono'mi:]
biologie (de)	Biologie (f)	[ˌbiolo'gi:]
geografie (de)	Erdkunde (f)	['e:ɐtˌkʊndə]
geologie (de)	Geologie (f)	[ˌgeolo'gi:]
geschiedenis (de)	Geschichte (f)	[gə'ʃɪçtə]

geneeskunde (de)	Medizin (f)	[medi'tsi:n]
pedagogiek (de)	Pädagogik (f)	[pɛda'go:gɪk]
rechten (mv.)	Recht (n)	[ʀɛçt]

fysica, natuurkunde (de)	Physik (f)	[fy'zi:k]
scheikunde (de)	Chemie (f)	[çe'mi:]
filosofie (de)	Philosophie (f)	[filozo'fi:]
psychologie (de)	Psychologie (f)	[psyçolo'gi:]

145. Schrift. Spelling

grammatica (de)	Grammatik (f)	[gʀa'matɪk]
vocabulaire (het)	Lexik (f)	['lɛksɪk]
fonetiek (de)	Phonetik (f)	[fo:'ne:tɪk]

zelfstandig naamwoord (het)	Substantiv (n)	['zʊpstanti:f]
bijvoeglijk naamwoord (het)	Adjektiv (n)	['atjɛkti:f]
werkwoord (het)	Verb (n)	[vɛʁp]
bijwoord (het)	Adverb (n)	[at'vɛʁp]

voornaamwoord (het)	Pronomen (n)	[pʀo'no:mən]
tussenwerpsel (het)	Interjektion (f)	[ˌɪntɐjɛk'tsjo:n]
voorzetsel (het)	Präposition (f)	[pʀɛpozi'tsjo:n]

stam (de)	Wurzel (f)	['vʊʁtsəl]
achtervoegsel (het)	Endung (f)	['ɛndʊŋ]
voorvoegsel (het)	Vorsilbe (f)	['fo:ˌəˌzɪlbə]
lettergreep (de)	Silbe (f)	['zɪlbə]
achtervoegsel (het)	Suffix (n), Nachsilbe (f)	['zʊfɪks], ['na:χˌzɪlbə]

| nadruk (de) | Betonung (f) | [bə'to:nʊŋ] |
| afkappingsteken (het) | Apostroph (m) | [apo'stʀo:f] |

punt (de)	Punkt (m)	[pʊŋkt]
komma (de/het)	Komma (n)	['kɔma]
puntkomma (de)	Semikolon (n)	[zemi'ko:lɔn]
dubbelpunt (de)	Doppelpunkt (m)	['dɔpəlˌpʊŋkt]
beletselteken (het)	Auslassungspunkte (pl)	['aʊslasʊŋsˌpʊŋktə]

| vraagteken (het) | Fragezeichen (n) | ['fʀa:gəˌtsaɪçən] |
| uitroepteken (het) | Ausrufezeichen (n) | ['aʊsʀu:fəˌtsaɪçən] |

aanhalingstekens (mv.)	Anführungszeichen (pl)	['anfy:ʀʊŋsˌtsaɪçən]
tussen aanhalingstekens (bw)	in Anführungszeichen	[ɪn 'anfy:ʀʊŋsˌtsaɪçən]
haakjes (mv.)	runde Klammern (pl)	['ʀʊndə 'klamɐn]
tussen haakjes (bw)	in Klammern	[ɪn 'klamɐn]

streepje (het)	Bindestrich (m)	['bɪndəˌʃtʀɪç]
gedachtestreepje (het)	Gedankenstrich (m)	[gə'daŋkənˌʃtʀɪç]
spatie	Leerzeichen (n)	['le:ɐˌtsaɪçən]
(~ tussen twee woorden)		

letter (de)	Buchstabe (m)	['bu:χˌʃta:bə]
hoofdletter (de)	Großbuchstabe (m)	['gʀo:sbu:χˌʃta:bə]

klinker (de)	Vokal (m)	[vo'ka:l]
medeklinker (de)	Konsonant (m)	[ˌkɔnzo'nant]

zin (de)	Satz (m)	[zats]
onderwerp (het)	Subjekt (n)	['zʊpjɛkt]
gezegde (het)	Prädikat (n)	[pʀɛdi'ka:t]

regel (in een tekst)	Zeile (f)	['tsaɪlə]
op een nieuwe regel (bw)	in einer neuen Zeile	[ɪn 'aɪnɐ 'nɔɪɐn 'tsaɪlə]
alinea (de)	Absatz (m)	['apˌzats]

woord (het)	Wort (n)	[vɔʀt]
woordgroep (de)	Wortverbindung (f)	['vɔʀtfɛɐˌbɪndʊŋ]
uitdrukking (de)	Redensart (f)	['ʀe:dənsˌʔa:ɐt]
synoniem (het)	Synonym (n)	[zyno'ny:m]
antoniem (het)	Antonym (n)	[anto'ny:m]

regel (de)	Regel (f)	['ʀe:gəl]
uitzondering (de)	Ausnahme (f)	['aʊsˌna:mə]
correct (bijv. ~e spelling)	richtig	['ʀɪçtɪç]

vervoeging, conjugatie (de)	Konjugation (f)	[ˌkɔnjuga'tsjo:n]
verbuiging, declinatie (de)	Deklination (f)	[ˌdeklina'tsjo:n]
naamval (de)	Kasus (m)	['ka:zʊs]
vraag (de)	Frage (f)	['fʀa:gə]
onderstrepen (ww)	unterstreichen (vt)	[ˌʊnte'ʃtʀaɪçən]
stippellijn (de)	punktierte Linie (f)	[pʊŋk'ti:ɐtə 'li:nɪə]

146. Vreemde talen

taal (de)	Sprache (f)	['ʃpʀa:χə]
vreemd (bn)	Fremd-	['fʀɛmt]
vreemde taal (de)	Fremdsprache (f)	['fʀɛmtʃpʀa:χə]
leren (bijv. van buiten ~)	studieren (vt)	[ʃtu'di:ʀən]
studeren (Nederlands ~)	lernen (vt)	['lɛʀnən]

lezen (ww)	lesen (vi, vt)	['le:zən]
spreken (ww)	sprechen (vi, vt)	['ʃpʀɛçən]
begrijpen (ww)	verstehen (vt)	[fɛɐ'ʃte:ən]
schrijven (ww)	schreiben (vi, vt)	['ʃʀaɪbən]
snel (bw)	schnell	[ʃnɛl]

| langzaam (bw) | langsam | ['laŋza:m] |
| vloeiend (bw) | fließend | ['fli:sənt] |

regels (mv.)	Regeln (pl)	['ʀe:gəln]
grammatica (de)	Grammatik (f)	[gʀa'matɪk]
vocabulaire (het)	Vokabular (n)	[vokabu'la:ɐ]
fonetiek (de)	Phonetik (f)	[fo:'ne:tɪk]

leerboek (het)	Lehrbuch (n)	['le:ɐˌbu:χ]
woordenboek (het)	Wörterbuch (n)	['vœʀtəˌbu:χ]
leerboek (het) voor zelfstudie	Selbstlernbuch (n)	['zɛlpstˌlɛʀnbu:χ]
taalgids (de)	Sprachführer (m)	['ʃpʀa:χˌfy:ʀɐ]

cassette (de)	Kassette (f)	[ka'sɛtə]
videocassette (de)	Videokassette (f)	['vi:deo·ka'sɛtə]
CD (de)	CD (f)	[tse:'de:]
DVD (de)	DVD (f)	[defau'de:]

alfabet (het)	Alphabet (n)	[alfa'be:t]
spellen (ww)	buchstabieren (vt)	[ˌbu:χʃta'bi:ʀən]
uitspraak (de)	Aussprache (f)	['ausˌʃpʀa:χə]

accent (het)	Akzent (m)	[ak'tsɛnt]
met een accent (bw)	mit Akzent	[mɪt ak'tsɛnt]
zonder accent (bw)	ohne Akzent	['o:nə ak'tsɛnt]

| woord (het) | Wort (n) | [voʀt] |
| betekenis (de) | Bedeutung (f) | [bə'dɔɪtʊŋ] |

cursus (de)	Kurse (pl)	['kʊʀzə]
zich inschrijven (ww)	sich einschreiben	[zɪç 'aɪnˌʃʀaɪbən]
leraar (de)	Lehrer (m)	['le:ʀɐ]

vertaling (een ~ maken)	Übertragung (f)	[ˌy:bɐ'tʀa:gʊŋ]
vertaling (tekst)	Übersetzung (f)	[ˌy:bɐ'zɛtsʊŋ]
vertaler (de)	Übersetzer (m)	[ˌy:bɐ'zɛtsɐ]
tolk (de)	Dolmetscher (m)	['dɔlmɛtʃɐ]

| polyglot (de) | Polyglott (m, f) | [poly'glɔt] |
| geheugen (het) | Gedächtnis (n) | [gə'dɛçtnɪs] |

147. Sprookjesfiguren

Sinterklaas (de)	Weihnachtsmann (m)	['vaɪnaχtsˌman]
Assepoester (de)	Aschenputtel (n)	['aʃənpʊtəl]
zeemeermin (de)	Nixe (f)	['nɪksə]
Neptunus (de)	Neptun (m)	[nɛp'tu:n]

magiër, tovenaar (de)	Zauberer (m)	['tsaubəʀɐ]
goede heks (de)	Zauberin (f)	['tsaubəʀɪn]
magisch (bn)	magisch, Zauber-	['ma:gɪʃ], ['tsaubɐ]
toverstokje (het)	Zauberstab (m)	['tsaubəˌʃta:p]
sprookje (het)	Märchen (n)	['mɛ:ɐçən]
wonder (het)	Wunder (n)	['vʊndɐ]

131

| dwerg (de) | Zwerg (m) | [tsvɛʁk] |
| veranderen in ... (anders worden) | sich verwandeln in ... | [zɪç fɛɐ'vandəln ɪn] |

geest (de)	Geist (m)	[gaɪst]
spook (het)	Gespenst (n)	[gə'ʃpɛnst]
monster (het)	Ungeheuer (n)	['ʊngə,hɔɪɐ]
draak (de)	Drache (m)	['dʀaχə]
reus (de)	Riese (m)	['ʀi:zə]

148. Dierenriem

Ram (de)	Widder (m)	['vɪdɐ]
Stier (de)	Stier (m)	[ʃti:ɐ]
Tweelingen (mv.)	Zwillinge (pl)	['tsvɪlɪŋə]
Kreeft (de)	Krebs (m)	[kʀe:ps]
Leeuw (de)	Löwe (m)	['lø:və]
Maagd (de)	Jungfrau (f)	['jʊŋfʀaʊ]

Weegschaal (de)	Waage (f)	['va:gə]
Schorpioen (de)	Skorpion (m)	[skɔʁ'pjo:n]
Boogschutter (de)	Schütze (m)	['ʃʏtsə]
Steenbok (de)	Steinbock (m)	['ʃtaɪn,bɔk]
Waterman (de)	Wassermann (m)	['vasɐ,man]
Vissen (mv.)	Fische (pl)	['fɪʃə]

karakter (het)	Charakter (m)	[ka'ʀaktɐ]
karaktertrekken (mv.)	Charakterzüge (pl)	[ka'ʀaktɐ,tsy:gə]
gedrag (het)	Benehmen (n)	[bə'ne:mən]
waarzeggen (ww)	wahrsagen (vt)	['va:ɐ,za:gən]
waarzegster (de)	Wahrsagerin (f)	['va:ɐ,za:gəʀɪn]
horoscoop (de)	Horoskop (n)	[hoʀo'sko:p]

Kunst

149. Theater

theater (het)	Theater (n)	[te'a:tɐ]
opera (de)	Oper (f)	['o:pɐ]
operette (de)	Operette (f)	[opɐ'rɛtə]
ballet (het)	Ballett (n)	[ba'lɛt]

affiche (de/het)	Theaterplakat (n)	[te'a:tɐ·pla'ka:t]
theatergezelschap (het)	Truppe (f)	['trʊpə]
tournee (de)	Tournee (f)	[tʊʁ'ne:]
op tournee zijn	auf Tournee sein	[aʊf tʊʁ'ne: zaɪn]
repeteren (ww)	proben (vt)	['pro:bən]
repetitie (de)	Probe (f)	['pro:bə]
repertoire (het)	Spielplan (m)	['ʃpi:l,pla:n]

voorstelling (de)	Aufführung (f)	['aʊffy:rʊŋ]
spektakel (het)	Vorstellung (f)	['fo:ɐ̯ʃtɛlʊŋ]
toneelstuk (het)	Theaterstück (n)	[te'a:tɐʃtʏk]

biljet (het)	Karte (f)	['kaʁtə]
kassa (de)	Theaterkasse (f)	[te'a:tɐ'kasə]
foyer (de)	Halle (f)	['halə]
garderobe (de)	Garderobe (f)	[gaʁdə'ro:bə]
garderobe nummer (het)	Garderobennummer (f)	[gaʁdə'robən,nʊmɐ]
verrekijker (de)	Opernglas (n)	['o:pɛn,gla:s]
plaatsaanwijzer (de)	Platzanweiser (m)	['plats?an,vaɪzɐ]

parterre (de)	Parkett (n)	[paʁ'kɛt]
balkon (het)	Balkon (m)	[bal'ko:n]
gouden rang (de)	der erste Rang	[de:ɐ 'ɛʁstə raŋ]
loge (de)	Loge (f)	['lo:ʒə]
rij (de)	Reihe (f)	['raɪə]
plaats (de)	Platz (m)	[plats]

publiek (het)	Publikum (n)	['pu:blikʊm]
kijker (de)	Zuschauer (m)	['tsu:ʃaʊɐ]
klappen (ww)	klatschen (vi)	['klatʃən]
applaus (het)	Applaus (m)	[a'plaʊs]
ovatie (de)	Ovation (f)	[ova'tsjo:n]

toneel (op het ~ staan)	Bühne (f)	['by:nə]
gordijn, doek (het)	Vorhang (m)	['fo:ɐ̯,haŋ]
toneeldecor (het)	Dekoration (f)	[dekora'tsjo:n]
backstage (de)	Kulissen (pl)	[ku'lɪsən]

scène (de)	Szene (f)	['stse:nə]
bedrijf (het)	Akt (m)	[akt]
pauze (de)	Pause (f)	['paʊzə]

150. Bioscoop

| acteur (de) | Schauspieler (m) | [ˈʃauʃpiːlɐ] |
| actrice (de) | Schauspielerin (f) | [ˈʃauʃpiːləʀɪn] |

bioscoop (de)	Kino (n)	[ˈkiːno]
speelfilm (de)	Film (m)	[fɪlm]
aflevering (de)	Folge (f)	[ˈfɔlgə]

detectivefilm (de)	Krimi (m)	[ˈkʀɪmi]
actiefilm (de)	Actionfilm (m)	[ˈɛkʃən·film]
avonturenfilm (de)	Abenteuerfilm (m)	[ˈaːbəntɔɪɐ̯ˌfɪlm]
sciencefictionfilm (de)	Science-Fiction-Film (m)	[ˌsaɪənsˈfɪkʃən·fɪlm]
griezelfilm (de)	Horrorfilm (m)	[ˈhɔʀoːɐ̯ˌfɪlm]

komedie (de)	Komödie (f)	[koˈmøːdɪə]
melodrama (het)	Melodrama (n)	[meloˈdʀaːma]
drama (het)	Drama (n)	[ˈdʀaːma]

speelfilm (de)	Spielfilm (m)	[ˈʃpiːl·fɪlm]
documentaire (de)	Dokumentarfilm (m)	[dokumɛnˈtaːɐ̯·fɪlm]
tekenfilm (de)	Zeichentrickfilm (m)	[ˈtsaɪçənˌtʀɪk·fɪlm]
stomme film (de)	Stummfilm (m)	[ˈʃtʊm·fɪlm]

rol (de)	Rolle (f)	[ˈʀɔlə]
hoofdrol (de)	Hauptrolle (f)	[ˈhaupt̩ʀɔlə]
spelen (ww)	spielen (vi)	[ˈʃpiːlən]

filmster (de)	Filmstar (m)	[ˈfɪlmˌʃtaːɐ̯]
bekend (bn)	bekannt	[bəˈkant]
beroemd (bn)	berühmt	[bəˈʀyːmt]
populair (bn)	populär	[popuˈlɛːɐ̯]

scenario (het)	Drehbuch (n)	[ˈdʀeːˌbuːχ]
scenarioschrijver (de)	Drehbuchautor (m)	[ˈdʀeːbuːχˌʔautoːɐ̯]
regisseur (de)	Regisseur (m)	[ʀeʒɪsˈsøːɐ̯]
filmproducent (de)	Produzent (m)	[pʀoduˈtsɛnt]
assistent (de)	Assistent (m)	[asɪsˈtɛnt]
cameraman (de)	Kameramann (m)	[ˈkameʀaˌman]
stuntman (de)	Stuntman (m)	[ˈstantmɛn]
stuntdubbel (de)	Double (n)	[ˈduːbəl]

een film maken	einen Film drehen	[ˈaɪnən fɪlm ˈdʀeːən]
auditie (de)	Probe (f)	[ˈpʀoːbə]
opnamen (mv.)	Dreharbeiten (pl)	[ˈdʀeːʔaʁˌbaɪtən]
filmploeg (de)	Filmteam (n)	[ˈfɪlmˌtiːm]
filmset (de)	Filmset (m)	[ˈfɪlmsɛt]
filmcamera (de)	Filmkamera (f)	[ˈfɪlmˌkameʀa]

bioscoop (de)	Kino (n)	[ˈkiːno]
scherm (het)	Leinwand (f)	[ˈlaɪnˌvant]
een film vertonen	einen Film zeigen	[ˈaɪnən fɪlm ˈtsaɪgən]

| geluidsspoor (de) | Tonspur (f) | [ˈtoːnʃpuːɐ̯] |
| speciale effecten (mv.) | Spezialeffekte (pl) | [ʃpeˈtsɪaːl·ɛˈfɛktə] |

ondertiteling (de)	Untertitel (pl)	['ʊntɐˌtiːtəl]
voortiteling, aftiteling (de)	Abspann (m)	['apˌʃpan]
vertaling (de)	Übersetzung (f)	[ˌyːbɐ'zɛtsʊŋ]

151. Schilderij

kunst (de)	Kunst (f)	[kʊnst]
schone kunsten (mv.)	schönen Künste (pl)	['ʃøːnən 'kʏnstə]
kunstgalerie (de)	Kunstgalerie (f)	['kʊnstˌgalə'ʀiː]
kunsttentoonstelling (de)	Kunstausstellung (f)	['kʊnst·'aʊsˌʃtɛlʊŋ]
schilderkunst (de)	Malerei (f)	[ˌmaːlə'ʀaɪ]
grafiek (de)	Graphik (f)	['gʀaːfɪk]
abstracte kunst (de)	abstrakte Kunst (f)	[ap'stʀaktə kʊnst]
impressionisme (het)	Impressionismus (m)	[ɪmpʀɛsjo'nɪsmʊs]
schilderij (het)	Bild (n)	[bɪlt]
tekening (de)	Zeichnung (f)	['tsaɪçnʊŋ]
poster (de)	Plakat (n)	[pla'kaːt]
illustratie (de)	Illustration (f)	[ɪlustʀa'tsjoːn]
miniatuur (de)	Miniatur (f)	[minɪa'tuːɐ]
kopie (de)	Kopie (f)	[ko'piː]
reproductie (de)	Reproduktion (f)	[ʀepʀodʊk'tsjoːn]
mozaïek (het)	Mosaik (n)	[moza'iːk]
gebrandschilderd glas (het)	Glasmalerei (f)	[glaːsˌmaːlə'ʀaɪ]
fresco (het)	Fresko (n)	['fʀɛsko]
gravure (de)	Gravüre (f)	[gʀa'vyːʀə]
buste (de)	Büste (f)	['byːstə]
beeldhouwwerk (het)	Skulptur (f)	[skʊlp'tuːɐ]
beeld (bronzen ~)	Statue (f)	['ʃtaːtuə]
gips (het)	Gips (m)	[gɪps]
gipsen (bn)	aus Gips	[ˌaʊs 'gɪps]
portret (het)	Porträt (n)	[pɔʁ'tʀɛː]
zelfportret (het)	Selbstporträt (n)	['zɛlpst·poʁˌtʀɛː]
landschap (het)	Landschaftsbild (n)	['lantʃaftsˌbɪlt]
stilleven (het)	Stillleben (n)	['ʃtɪlˌleːbən]
karikatuur (de)	Karikatur (f)	[kaʀika'tuːɐ]
schets (de)	Entwurf (m)	[ɛnt'vʊʁf]
verf (de)	Farbe (f)	['faʁbə]
aquarel (de)	Aquarellfarbe (f)	[akva'ʀɛlˌfaʁbə]
olieverf (de)	Öl (n)	[øːl]
potlood (het)	Bleistift (m)	['blaɪˌʃtɪft]
Oost-Indische inkt (de)	Tusche (f)	['tʊʃə]
houtskool (de)	Kohle (f)	['koːlə]
tekenen (met krijt)	zeichnen (vt)	['tsaɪçnən]
schilderen (ww)	malen (vi, vt)	['maːlən]
poseren (ww)	Modell stehen	[mo'dɛl 'ʃteːən]
naaktmodel (man)	Modell (n)	[mo'dɛl]

naaktmodel (vrouw)	Modell (n)	[mo'dɛl]
kunstenaar (de)	Maler (m)	['ma:lɐ]
kunstwerk (het)	Kunstwerk (n)	['kʊnst͜vɛʁk]
meesterwerk (het)	Meisterwerk (n)	['maɪstɐ͜vɛʁk]
studio, werkruimte (de)	Atelier (n), Werkstatt (f)	[ate'lie:], ['vɛʁkʃtat]

schildersdoek (het)	Leinwand (f)	['laɪn͜vant]
schildersezel (de)	Staffelei (f)	[ʃtafə'laɪ]
palet (het)	Palette (f)	[pa'lɛtə]

lijst (een vergulde ~)	Rahmen (m)	['ʁa:mən]
restauratie (de)	Restauration (f)	[ʁɛstaʊʁa'tsjo:n]
restaureren (ww)	restaurieren (vt)	[ʁɛstaʊ'ʁi:ʁən]

152. Literatuur & Poëzie

literatuur (de)	Literatur (f)	[lɪtəʁa'tu:ɐ]
auteur (de)	Autor (m)	['aʊto:ɐ]
pseudoniem (het)	Pseudonym (n)	[psɔɪdo'ny:m]

boek (het)	Buch (n)	[bu:χ]
boekdeel (het)	Band (m)	[bant]
inhoudsopgave (de)	Inhaltsverzeichnis (n)	['ɪnhalts·fɛɐ͜tsaɪçnɪs]
pagina (de)	Seite (f)	['zaɪtə]
hoofdpersoon (de)	Hauptperson (f)	['haʊpt͜pɛɐ'zo:n]
handtekening (de)	Autogramm (n)	[aʊto'gʁam]

verhaal (het)	Kurzgeschichte (f)	['kʊɐts·gəʃɪçtə]
novelle (de)	Erzählung (f)	[ɛɐ'tsɛ:lʊŋ]
roman (de)	Roman (m)	[ʁo'ma:n]
werk (literatuur)	Werk (n)	[vɛʁk]
fabel (de)	Fabel (f)	['fa:bəl]
detectiveroman (de)	Krimi (m)	['kʁɪmi]

gedicht (het)	Gedicht (n)	[gə'dɪçt]
poëzie (de)	Dichtung (f), Poesie (f)	['dɪçtʊŋ], [ˌpoe'zi:]
epos (het)	Gedicht (n)	[gə'dɪçt]
dichter (de)	Dichter (m)	['dɪçtɐ]

fictie (de)	schöne Literatur (f)	['ʃø:nə lɪtəʁa'tu:ɐ]
sciencefiction (de)	Science-Fiction (f)	[ˌsaɪəns'fɪkʃən]
avonturenroman (de)	Abenteuer (n)	['a:bəntɔɪɐ]
opvoedkundige literatuur (de)	Schülerliteratur (pl)	['ʃy:lɐ·lɪtəʁaˌtu:ɐ]
kinderliteratuur (de)	Kinderliteratur (f)	['kɪndɐ·lɪtəʁaˌtu:ɐ]

153. Circus

circus (de/het)	Zirkus (m)	['tsɪʁkʊs]
chapiteau circus (de/het)	Wanderzirkus (m)	['vandɐˌtsɪʁkʊs]
programma (het)	Programm (n)	[pʁo'gʁam]
voorstelling (de)	Vorstellung (f)	['fo:ɐʃtɛlʊŋ]
nummer (circus ~)	Nummer (f)	['nʊmɐ]

arena (de)	Manege (f)	[ma'ne:ʒə]
pantomime (de)	Pantomime (f)	[ˌpanto'mi:mə]
clown (de)	Clown (m)	[klaʊn]

acrobaat (de)	Akrobat (m)	[akʁo'ba:t]
acrobatiek (de)	Akrobatik (f)	[akʁo'ba:tɪk]
gymnast (de)	Turner (m)	['tʊʁnɐ]
gymnastiek (de)	Turnen (n)	['tʊʁnən]
salto (de)	Salto (m)	['zalto]

sterke man (de)	Kraftmensch (m)	['kʁaftˌmɛnʃ]
temmer (de)	Bändiger, Dompteur (m)	['bɛndɪgɐ], [dɔmp'tø:ɐ]
ruiter (de)	Reiter (m)	['ʁaɪtɐ]
assistent (de)	Assistent (m)	[asɪs'tɛnt]

stunt (de)	Trick (m)	[tʁɪk]
goocheltruc (de)	Zaubertrick (m)	['tsaʊbɐˌtʁɪk]
goochelaar (de)	Zauberkünstler (m)	['tsaʊbɐˌkʏnstlɐ]

jongleur (de)	Jongleur (m)	[ʒɔŋ'glø:ɐ]
jongleren (ww)	jonglieren (vi)	[ʒɔŋ'gli:ʁən]
dierentrainer (de)	Dresseur (m)	[dʁɛ'sø:ɐ]
dressuur (de)	Dressur (f)	[dʁɛ'su:ɐ]
dresseren (ww)	dressieren (vt)	[dʁɛ'si:ʁən]

154. Muziek. Popmuziek

muziek (de)	Musik (f)	[mu'zi:k]
muzikant (de)	Musiker (m)	['mu:zikɐ]
muziekinstrument (het)	Musikinstrument (n)	[mu'zi:k?ɪnstʁuˌmɛnt]
spelen (bijv. gitaar ~)	spielen (vt)	['ʃpi:lən]

gitaar (de)	Gitarre (f)	[ˌgi'ʁafə]
viool (de)	Geige (f)	['gaɪgə]
cello (de)	Cello (n)	['tʃɛlo]
contrabas (de)	Kontrabass (m)	['kɔntʁaˌbas]
harp (de)	Harfe (f)	['haʁfə]

piano (de)	Klavier (n)	[kla'vi:ɐ]
vleugel (de)	Flügel (m)	['fly:gəl]
orgel (het)	Orgel (f)	['ɔʁgəl]

blaasinstrumenten (mv.)	Blasinstrumente (pl)	['bla:s?ɪnstʁuˌmɛntə]
hobo (de)	Oboe (f)	[o'bo:ɐ]
saxofoon (de)	Saxophon (n)	[ˌzakso'fo:n]
klarinet (de)	Klarinette (f)	[klaʁi'nɛtə]
fluit (de)	Flöte (f)	['flø:tə]
trompet (de)	Trompete (f)	[tʁɔm'pe:tə]

| accordeon (de/het) | Akkordeon (n) | [a'kɔʁdeˌɔn] |
| trommel (de) | Trommel (f) | ['tʁɔməl] |

| duet (het) | Duo (n) | ['du:o] |
| trio (het) | Trio (n) | ['tʁi:o] |

kwartet (het)	Quartett (n)	[kvaʁ'tɛt]
koor (het)	Chor (m)	[ko:ɐ]
orkest (het)	Orchester (n)	[ɔʁ'kɛstɐ]

popmuziek (de)	Popmusik (f)	['pɔp·muˌziːk]
rockmuziek (de)	Rockmusik (f)	['ʀɔk·muˌziːk]
rockgroep (de)	Rockgruppe (f)	['ʀɔkˌgʀʊpə]
jazz (de)	Jazz (m)	[dʒɛs]

| idool (het) | Idol (n) | [i'do:l] |
| bewonderaar (de) | Verehrer (m) | [fɛɐ'7e:ʀɐ] |

concert (het)	Konzert (n)	[kɔn'tsɛʁt]
symfonie (de)	Sinfonie (f)	[zɪnfo'ni:]
compositie (de)	Komposition (f)	[kɔmpozi'tsjo:n]
componeren (muziek ~)	komponieren (vt)	[kɔmpo'ni:ʀən]

zang (de)	Gesang (m)	[gə'zaŋ]
lied (het)	Lied (n)	[li:t]
melodie (de)	Melodie (f)	[melo'di:]
ritme (het)	Rhythmus (m)	['ʀʏtmʊs]
blues (de)	Blues (m)	[blu:s]

bladmuziek (de)	Noten (pl)	['no:tən]
dirigeerstok (baton)	Taktstock (m)	['taktʃtɔk]
strijkstok (de)	Bogen (m)	['bo:gən]
snaar (de)	Saite (f)	['zaɪtə]
koffer (de)	Koffer (m)	['kɔfɐ]

Rusten. Entertainment. Reizen

155. Trip. Reizen

toerisme (het)	Tourismus (m)	[tu'rɪsmʊs]
toerist (de)	Tourist (m)	[tu'rɪst]
reis (de)	Reise (f)	['raɪzə]
avontuur (het)	Abenteuer (n)	['a:bəntɔɪɐ]
tocht (de)	Fahrt (f)	[fa:ɐt]
vakantie (de)	Urlaub (m)	['u:ɐ̯laʊp]
met vakantie zijn	auf Urlaub sein	[aʊf 'u:ɐ̯laʊp zaɪn]
rust (de)	Erholung (f)	[ɛɐ'ho:lʊŋ]
trein (de)	Zug (m)	[tsu:k]
met de trein	mit dem Zug	[mɪt dem tsu:k]
vliegtuig (het)	Flugzeug (n)	['flu:k͜tsɔɪk]
met het vliegtuig	mit dem Flugzeug	[mɪt dem 'flu:k͜tsɔɪk]
met de auto	mit dem Auto	[mɪt dem 'aʊto]
per schip (bw)	mit dem Schiff	[mɪt dem ʃɪf]
bagage (de)	Gepäck (n)	[gə'pɛk]
valies (de)	Koffer (m)	['kɔfɐ]
bagagekarretje (het)	Gepäckwagen (m)	[gə'pɛk͜va:gən]
paspoort (het)	Pass (m)	[pas]
visum (het)	Visum (n)	['vi:zʊm]
kaartje (het)	Fahrkarte (f)	['fa:ɐ̯kaʁtə]
vliegticket (het)	Flugticket (n)	['flu:k͜tɪkət]
reisgids (de)	Reiseführer (m)	['raɪzə͜fy:ʁɐ]
kaart (de)	Landkarte (f)	['lant͜kaʁtə]
gebied (landelijk ~)	Gegend (f)	['ge:gənt]
plaats (de)	Ort (m)	[ɔʁt]
exotische bestemming (de)	Exotika (pl)	[ɛ'kso:tika]
exotisch (bn)	exotisch	[ɛ'kso:tɪʃ]
verwonderlijk (bn)	erstaunlich	[ɛɐ'ʃtaʊnlɪç]
groep (de)	Gruppe (f)	['grʊpə]
rondleiding (de)	Ausflug (m)	['aʊs͜flu:k]
gids (de)	Reiseleiter (m)	['raɪzə͜laɪtɐ]

156. Hotel

hotel (het)	Hotel (n)	[ho'tɛl]
motel (het)	Motel (n)	[mo'tɛl]
3-sterren	drei Sterne	[draɪ 'ʃtɛʁnə]

5-sterren	fünf Sterne	[fʏnf 'ʃtɛʁnə]
overnachten (ww)	absteigen (vi)	['apˌʃtaɪɡən]

kamer (de)	Hotelzimmer (n)	[ho'tɛlˌtsɪmɐ]
eenpersoonskamer (de)	Einzelzimmer (n)	['aɪntsəlˌtsɪmɐ]
tweepersoonskamer (de)	Zweibettzimmer (n)	['tsvaɪbɛtˌtsɪmɐ]
een kamer reserveren	reservieren (vt)	[ʁezɛʁ'viːʁən]

halfpension (het)	Halbpension (f)	['halpˈpanˌzjoːn]
volpension (het)	Vollpension (f)	['fɔlˈpanˌzjoːn]

met badkamer	mit Bad	[mɪt 'baːt]
met douche	mit Dusche	[mɪt 'duːʃə]
satelliet-tv (de)	Satellitenfernsehen (n)	[zatɛ'liːtənˌfɛʁnzeːən]
airconditioner (de)	Klimaanlage (f)	['kliːmaˌʔanlaːɡə]
handdoek (de)	Handtuch (n)	['hantˌtuːχ]
sleutel (de)	Schlüssel (m)	['ʃlʏsəl]

administrateur (de)	Verwalter (m)	[fɛɐ'valtɐ]
kamermeisje (het)	Zimmermädchen (n)	['tsɪmɐˌmɛːtçən]
piccolo (de)	Träger (m)	['tʀɛːɡɐ]
portier (de)	Portier (m)	[pɔʁ'tɪeː]

restaurant (het)	Restaurant (n)	[ʀɛsto'ʀaŋ]
bar (de)	Bar (f)	[baːɐ]
ontbijt (het)	Frühstück (n)	['fʀyːʃtʏk]
avondeten (het)	Abendessen (n)	['aːbəntˌʔɛsən]
buffet (het)	Buffet (n)	[bʏ'feː]

hal (de)	Foyer (n)	[foa'jeː]
lift (de)	Aufzug (m), Fahrstuhl (m)	['aʊfˌtsuːk], ['faːɐˌʃtuːl]

NIET STOREN	BITTE NICHT STÖREN!	['bɪtə nɪçt 'ʃtøːʀən]
VERBODEN TE ROKEN!	RAUCHEN VERBOTEN!	['ʀaʊχən fɛɐ'boːtən]

157. Boeken. Lezen

boek (het)	Buch (n)	[buːχ]
auteur (de)	Autor (m)	['aʊtoːɐ]
schrijver (de)	Schriftsteller (m)	['ʃʀɪftˌʃtɛlɐ]
schrijven (een boek)	verfassen (vt)	[fɛɐ'fasən]

lezer (de)	Leser (m)	['leːzɐ]
lezen (ww)	lesen (vi, vt)	['leːzən]
lezen (het)	Lesen (n)	['leːzən]

stil (~ lezen)	still	[ʃtɪl]
hardop (~ lezen)	laut	[laʊt]

uitgeven (boek ~)	verlegen (vt)	[fɛɐ'leːɡən]
uitgeven (het)	Ausgabe (f)	['aʊsˌgaːbə]
uitgever (de)	Herausgeber (m)	[hə'ʀaʊsˌgeːbɐ]
uitgeverij (de)	Verlag (m)	[fɛɐ'laːk]
verschijnen (bijv. boek)	erscheinen (vi)	[ɛɐ'ʃaɪnən]

verschijnen (het)	Erscheinen (n)	[εε'ʃaɪnən]
oplage (de)	Auflage (f)	['aʊf͵laːgə]
boekhandel (de)	Buchhandlung (f)	['buːχ͵handlʊŋ]
bibliotheek (de)	Bibliothek (f)	[biblio'teːk]
novelle (de)	Erzählung (f)	[εε'tsεːlʊŋ]
verhaal (het)	Kurzgeschichte (f)	['kʊʁts·gəʃɪçtə]
roman (de)	Roman (m)	[ʁo'maːn]
detectiveroman (de)	Krimi (m)	['kʁɪmi]
memoires (mv.)	Memoiren (pl)	[me'moaːʁən]
legende (de)	Legende (f)	[le'gεndə]
mythe (de)	Mythos (m)	['myːtɔs]
gedichten (mv.)	Gedichte (pl)	[gə'dɪçtə]
autobiografie (de)	Autobiographie (f)	[aʊtobiogʁa'fiː]
bloemlezing (de)	ausgewählte Werke (pl)	['aʊsgə͵vεːltə 'vεʁkə]
sciencefiction (de)	Science-Fiction (f)	[͵saɪəns'fɪkʃən]
naam (de)	Titel (m)	['tiːtəl]
inleiding (de)	Einleitung (f)	['aɪnlaɪtʊŋ]
voorblad (het)	Titelseite (f)	['tiːtəl͵zaɪtə]
hoofdstuk (het)	Kapitel (n)	[ka'pɪtəl]
fragment (het)	Auszug (m)	['aʊstsuːk]
episode (de)	Episode (f)	[epi'zoːdə]
intrige (de)	Sujet (n)	[zy'ʒeː]
inhoud (de)	Inhalt (m)	['ɪn͵halt]
inhoudsopgave (de)	Inhaltsverzeichnis (n)	['ɪnhalts·fεε͵tsaɪçnɪs]
hoofdpersonage (het)	Hauptperson (f)	['haʊpt͵pεʁ'zoːn]
boekdeel (het)	Band (m)	[bant]
omslag (de/het)	Buchdecke (f)	['buːχ͵dεkə]
boekband (de)	Einband (m)	['aɪn͵bant]
bladwijzer (de)	Lesezeichen (n)	['leːzə͵tsaɪçən]
pagina (de)	Seite (f)	['zaɪtə]
bladeren (ww)	blättern (vi)	['blεtən]
marges (mv.)	Ränder (pl)	['ʁεndə]
annotatie (de)	Notiz (f)	[no'tiːts]
opmerking (de)	Anmerkung (f)	['anmεʁkʊŋ]
tekst (de)	Text (m)	[tεkst]
lettertype (het)	Schrift (f)	[ʃʁɪft]
drukfout (de)	Druckfehler (m)	['dʁʊk͵feːlɐ]
vertaling (de)	Übersetzung (f)	[͵yːbə'zεtsʊŋ]
vertalen (ww)	übersetzen (vt)	[͵yːbə'zεtsən]
origineel (het)	Original (n)	[oʁigi'naːl]
beroemd (bn)	berühmt	[bə'ʁyːmt]
onbekend (bn)	unbekannt	['ʊnbəkant]
interessant (bn)	interessant	[ɪntəʁε'sant]
bestseller (de)	Bestseller (m)	['bεst͵zεlɐ]

woordenboek (het)	Wörterbuch (n)	['vœʁtɐ‚buːχ]
leerboek (het)	Lehrbuch (n)	['leːɐ‚buːχ]
encyclopedie (de)	Enzyklopädie (f)	[‚ɛntsyklopɛ'diː]

158. Jacht. Vissen

jacht (de)	Jagd (f)	[jaːkt]
jagen (ww)	jagen (vi)	['jagən]
jager (de)	Jäger (m)	['jɛːgɐ]

schieten (ww)	schießen (vi)	['ʃiːsən]
geweer (het)	Gewehr (n)	[gə've̞ːɐ]
patroon (de)	Patrone (f)	[pa'tʀoːnə]
hagel (de)	Schrot (n)	[ʃʀoːt]

val (de)	Falle (f)	['falə]
valstrik (de)	Schlinge (f)	['ʃlɪŋə]
in de val trappen	in die Falle gehen	[ɪn di 'falə 'geːən]
een val zetten	eine Falle stellen	['aɪnə 'falə 'ʃtɛlən]

stroper (de)	Wilddieb (m)	['vɪlt‚diːp]
wild (het)	Wild (n)	[vɪlt]
jachthond (de)	Jagdhund (m)	['jaːkt‚hʊnt]
safari (de)	Safari (f)	[za'faːʀi]
opgezet dier (het)	ausgestopftes Tier (n)	['aʊs‚gə'ʃtɔpftəs 'tiːɐ]

visser (de)	Fischer (m)	['fɪʃɐ]
visvangst (de)	Fischen (n)	['fɪʃən]
vissen (ww)	angeln, fischen (vt)	['aŋəln], ['fɪʃən]

hengel (de)	Angel (f)	['aŋl]
vislijn (de)	Angelschnur (f)	['aŋlʃnuːɐ]
haak (de)	Haken (m)	['haːkən]

| dobber (de) | Schwimmer (m) | ['ʃvɪmɐ] |
| aas (het) | Köder (m) | ['køːdɐ] |

| de hengel uitwerpen | die Angel auswerfen | [di 'aŋl 'aʊs‚vɛʁfən] |
| bijten (ov. de vissen) | anbeißen (vi) | ['anbaɪsən] |

| vangst (de) | Fang (m) | [faŋ] |
| wak (het) | Eisloch (n) | ['aɪs‚lɔχ] |

net (het)	Netz (n)	[nɛts]
boot (de)	Boot (n)	['boːt]
vissen met netten	mit dem Netz fangen	[mɪt dem 'nɛts 'faŋən]
het net uitwerpen	das Netz hineinwerfen	[das nɛts hɪ'naɪn‚vɛʁfən]

| het net binnenhalen | das Netz einholen | [das nɛts 'aɪn‚hoːlən] |
| in het net vallen | ins Netz gehen | [ɪns nɛts 'geːən] |

walvisvangst (de)	Walfänger (m)	['vaːl‚fɛŋɐ]
walvisvaarder (de)	Walfangschiff (n)	['vaːlfaŋ‚ʃɪf]
harpoen (de)	Harpune (f)	[haʁ'puːnə]

159. Spellen. Biljart

biljart (het)	Billard (n)	['bɪljaʁt]
biljartzaal (de)	Billardzimmer (n)	['bɪljaʁt͵tsɪmɐ]
biljartbal (de)	Billardkugel (f)	['bɪljaʁt͵ku:gɐl]
een bal in het gat jagen	eine Kugel einlochen	['aɪnə 'ku:gɐl 'aɪnlɔχən]
keu (de)	Queue (n)	[kø:]
gat (het)	Tasche (f), Loch (n)	['taʃə], [lɔχ]

160. Spellen. Speelkaarten

ruiten (mv.)	Karo (n)	['ka:ʀo]
schoppen (mv.)	Pik (n)	[pi:k]
klaveren (mv.)	Herz (n)	[hɛʁts]
harten (mv.)	Kreuz (n)	[kʀɔɪts]
aas (de)	As (n)	[as]
koning (de)	König (m)	['kø:nɪç]
dame (de)	Dame (f)	['da:mə]
boer (de)	Bube (m)	['bu:bə]
speelkaart (de)	Spielkarte (f)	['ʃpi:l͵kaʁtə]
kaarten (mv.)	Karten (pl)	['kaʁtən]
troef (de)	Trumpf (m)	[tʀʊmpf]
pak (het) kaarten	Kartenspiel (n)	['kaʁtənʃpi:l]
punt (bijv. vijftig ~en)	Punkt (m)	[pʊŋkt]
uitdelen (kaarten ~)	ausgeben (vt)	['aʊs͵ge:bən]
schudden (de kaarten ~)	mischen (vt)	['mɪʃən]
beurt (de)	Zug (m)	[tsu:k]
valsspeler (de)	Falschspieler (m)	['falʃʃpi:lɐ]

161. Casino. Roulette

casino (het)	Kasino (n)	[ka'zi:no]
roulette (de)	Roulette (n)	[ʀu'lɛt]
inzet (de)	Einsatz (m)	['aɪn͵zats]
een bod doen	setzen (vt)	['zɛtsən]
rood (de) ·	Rot (n)	[ʀo:t]
zwart (de)	Schwarz (n)	['ʃvaʁts]
inzetten op rood	auf Rot setzen	[aʊf ʀo:t 'zɛtsən]
inzetten op zwart	auf Schwarz setzen	[aʊf ʃvaʁts 'zɛtsən]
croupier (de)	Croupier (m)	[kʀu'pɪe:]
de cilinder draaien	das Rad drehen	[das ʀa:t 'dʀe:ən]
spelregels (mv.)	Spielregeln (pl)	['ʃpi:l͵ʀe:gəln]
fiche (pokerfiche, etc.)	Spielmarke (f)	['ʃpi:l͵maʁkə]
winnen (ww)	gewinnen (vt)	[gə'vɪnən]
winst (de)	Gewinn (m)	[gə'vɪn]

| verliezen (ww) | verlieren (vt) | [fɛɐ'li:ʀən] |
| verlies (het) | Verlust (m) | [fɛɐ'lʊst] |

speler (de)	Spieler (m)	['ʃpi:lɐ]
blackjack (kaartspel)	Blackjack (n)	['blɛk,dʒɛk]
dobbelspel (het)	Würfelspiel (n)	['vʏʀfəlʃpi:l]
dobbelstenen (mv.)	Würfeln (pl)	['vʏʀfəln]
speelautomaat (de)	Spielautomat (m)	['ʃpi:lʔauto,ma:t]

162. Rusten. Spellen. Diversen

wandelen (on.ww.)	spazieren gehen (vi)	[ʃpa'tsi:ʀən 'ge:ən]
wandeling (de)	Spaziergang (m)	[ʃpa'tsi:ɐ,gaŋ]
trip (per auto)	Fahrt (f)	[fa:ɐt]
avontuur (het)	Abenteuer (n)	['a:bəntɔɪɐ]
picknick (de)	Picknick (n)	['pɪk,nɪk]

spel (het)	Spiel (n)	[ʃpi:l]
speler (de)	Spieler (m)	['ʃpi:lɐ]
partij (de)	Partie (f)	[paʀ'ti:]

collectioneur (de)	Sammler (m)	['zamlɐ]
collectioneren (ww)	sammeln (vt)	['zaməln]
collectie (de)	Sammlung (f)	['zamlʊŋ]

kruiswoordraadsel (het)	Kreuzworträtsel (n)	['kʀɔɪtsvɔʀt,ʀɛ:tsəl]
hippodroom (de)	Rennbahn (f)	['ʀɛn,ba:n]
discotheek (de)	Diskothek (f)	[dɪsko'te:k]

| sauna (de) | Sauna (f) | ['zauna] |
| loterij (de) | Lotterie (f) | [lɔtə'ʀi:] |

trektocht (kampeertocht)	Wanderung (f)	['vandəʀʊŋ]
kamp (het)	Lager (n)	['la:gɐ]
tent (de)	Zelt (n)	[tsɛlt]
kompas (het)	Kompass (m)	['kɔmpas]
rugzaktoerist (de)	Tourist (m)	[tu'ʀɪst]

bekijken (een film ~)	fernsehen (vi)	['fɛʀn,ze:ən]
kijker (televisie~)	Fernsehzuschauer (m)	['fɛʀnze:,tsu:ʃauɐ]
televisie-uitzending (de)	Fernsehsendung (f)	['fɛʀnze:,zɛndʊŋ]

163. Fotografie

| fotocamera (de) | Kamera (f) | ['kaməʀa] |
| foto (de) | Foto (n) | ['fo:to] |

fotograaf (de)	Fotograf (m)	[foto'gʀa:f]
fotostudio (de)	Fotostudio (n)	['fotoʃtu:dɪo]
fotoalbum (het)	Fotoalbum (n)	['foto,ʔalbʊm]
lens (de), objectief (het)	Objektiv (n)	[ɔpjɛk'ti:f]
telelens (de)	Teleobjektiv (n)	['teleʔɔpjɛk,ti:f]

| filter (de/het) | Filter (n) | ['fɪltə] |
| lens (de) | Linse (f) | ['lɪnzə] |

optiek (de)	Optik (f)	['ɔptɪk]
diafragma (het)	Blende (f)	['blɛndə]
belichtingstijd (de)	Belichtungszeit (f)	[bə'lɪçtʊŋs͵tsaɪt]
zoeker (de)	Sucher (m)	['zu:χɐ]

digitale camera (de)	Digitalkamera (f)	[digi'ta:l͵kamɐʀa]
statief (het)	Stativ (n)	[ʃta'ti:f]
flits (de)	Blitzgerät (n)	['blɪts·gə͵ʀɛ:t]

fotograferen (ww)	fotografieren (vt)	[fotogʀa'fi:ʀən]
foto's maken	aufnehmen (vt)	['aʊf͵ne:mən]
zich laten fotograferen	sich fotografieren lassen	[zɪç fotogʀa'fi:ʀən 'lasən]

focus (de)	Fokus (m)	['fo:kʊs]
scherpstellen (ww)	den Fokus einstellen	[den 'fo:kʊs 'aɪnʃtɛlən]
scherp (bn)	scharf	[ʃaʁf]
scherpte (de)	Schärfe (f)	['ʃɛʁfə]

| contrast (het) | Kontrast (m) | [kɔn'tʀast] |
| contrastrijk (bn) | kontrastreich | [kɔn'tʀast͵ʀaɪç] |

kiekje (het)	Aufnahme (f)	['aʊf͵na:mə]
negatief (het)	Negativ (n)	['ne:gati:f]
filmpje (het)	Film (m)	[fɪlm]
beeld (frame)	Einzelbild (n)	['aintsəl·bilt]
afdrukken (foto's ~)	drucken (vt)	['dʀʊkən]

164. Strand. Zwemmen

strand (het)	Strand (m)	[ʃtʀant]
zand (het)	Sand (m)	[zant]
leeg (~ strand)	menschenleer	['mɛnʃən͵le:ɐ]

bruine kleur (de)	Bräune (f)	['bʀɔɪnə]
zonnebaden (ww)	sich bräunen	[zɪç 'bʀɔɪnən]
gebruind (bn)	gebräunt	[gə'bʀɔɪnt]
zonnecrème (de)	Sonnencreme (f)	['zɔnən͵kʀɛ:m]

bikini (de)	Bikini (m)	[bi'ki:ni]
badpak (het)	Badeanzug (m)	['ba:də͵ʔantsu:k]
zwembroek (de)	Badehose (f)	['ba:də͵ho:zə]

zwembad (het)	Schwimmbad (n)	['ʃvɪmba:t]
zwemmen (ww)	schwimmen (vi)	['ʃvɪmən]
douche (de)	Dusche (f)	['du:ʃə]
zich omkleden (ww)	sich umkleiden	[zɪç 'ʊmklaɪdən]
handdoek (de)	Handtuch (n)	['hant͵tu:χ]

boot (de)	Boot (n)	['bo:t]
motorboot (de)	Motorboot (n)	['mo:to:ɐ͵bo:t]
waterski's (mv.)	Wasserski (m)	['vasɐʃi:]

waterfiets (de)	Tretboot (n)	['tʀeːt̩boːt]
surfen (het)	Surfen (n)	['sœːɐfən]
surfer (de)	Surfer (m)	['sœɐfɐ]
scuba, aqualong (de)	Tauchgerät (n)	['tauχ·gə'ʀɛːt]
zwemvliezen (mv.)	Schwimmflossen (pl)	['ʃvɪm̩flɔsən]
duikmasker (het)	Maske (f)	['maskə]
duiker (de)	Taucher (m)	['tauχɐ]
duiken (ww)	tauchen (vi)	['tauχən]
onder water (bw)	unter Wasser	['ʊntɐ 'vasɐ]
parasol (de)	Sonnenschirm (m)	['zɔnənʃɪʀm]
ligstoel (de)	Liege (f)	['liːgə]
zonnebril (de)	Sonnenbrille (f)	['zɔnən̩bʀɪlə]
luchtmatras (de/het)	Schwimmmatratze (f)	['ʃvɪm·ma'tʀatsə]
spelen (ww)	spielen (vi, vt)	['ʃpiːlən]
gaan zwemmen (ww)	schwimmen gehen	['ʃvɪmən 'geːən]
bal (de)	Ball (m)	[bal]
opblazen (oppompen)	aufblasen (vt)	['aufˌblaːzən]
lucht-, opblaasbare (bn)	aufblasbar	['aufˌblasbaːɐ]
golf (hoge ~)	Welle (f)	['vɛlə]
boei (de)	Boje (f)	['boːjə]
verdrinken (ww)	ertrinken (vi)	[ɛɐ'tʀɪŋkən]
redden (ww)	retten (vt)	['ʀɛtən]
reddingsvest (de)	Schwimmweste (f)	['ʃvɪmˌvɛstə]
waarnemen (ww)	beobachten (vt)	[bə'ʔoːbaχtən]
redder (de)	Bademeister (m)	['baːdəˌmaɪstɐ]

TECHNISCHE APPARATUUR. VERVOER

Technische apparatuur

165. Computer

computer (de)	**Computer** (m)	[kɔm'pju:tɐ]
laptop (de)	**Laptop** (m), **Notebook** (n)	['lɛptɔp], ['nɔutbʊk]
aanzetten (ww)	**einschalten** (vt)	['aɪnʃaltən]
uitzetten (ww)	**abstellen** (vt)	['apʃtɛlən]
toetsenbord (het)	**Tastatur** (f)	[tasta'tu:ɐ]
toets (enter~)	**Taste** (f)	['tastə]
muis (de)	**Maus** (f)	[maʊs]
muismat (de)	**Mousepad** (n)	['maʊspɛt]
knopje (het)	**Knopf** (m)	[knɔpf]
cursor (de)	**Cursor** (m)	['kø:ɐzɐ]
monitor (de)	**Monitor** (m)	['mo:nito:ɐ]
scherm (het)	**Schirm** (m)	[ʃɪʁm]
harde schijf (de)	**Festplatte** (f)	['fɛstplatə]
volume (het)	**Festplattengröße** (f)	['fɛstplatən,gʁø:sə]
van de harde schijf		
geheugen (het)	**Speicher** (m)	['ʃpaɪçɐ]
RAM-geheugen (het)	**Arbeitsspeicher** (m)	['aʁbaɪts,ʃpaɪçɐ]
bestand (het)	**Datei** (f)	[da'taɪ]
folder (de)	**Ordner** (m)	['ɔʁdnɐ]
openen (ww)	**öffnen** (vt)	['œfnən]
sluiten (ww)	**schließen** (vt)	['ʃli:sən]
opslaan (ww)	**speichern** (vt)	['ʃpaɪçɐn]
verwijderen (wissen)	**löschen** (vt)	['lœʃən]
kopiëren (ww)	**kopieren** (vt)	[ko'pi:ʁən]
sorteren (ww)	**sortieren** (vt)	[zɔʁ'ti:ʁən]
overplaatsen (ww)	**transferieren** (vt)	[tʁansfə'ʁi:ʁən]
programma (het)	**Programm** (n)	[pʁo'gʁam]
software (de)	**Software** (f)	['sɔftwɛ:ɐ]
programmeur (de)	**Programmierer** (m)	[pʁogʁa'mi:ʁɐ]
programmeren (ww)	**programmieren** (vt)	[pʁogʁa'mi:ʁən]
hacker (computerkraker)	**Hacker** (m)	['hɛkɐ]
wachtwoord (het)	**Kennwort** (n)	['kɛn,vɔʁt]
virus (het)	**Virus** (m, n)	['vi:ʁʊs]
ontdekken (virus ~)	**entdecken** (vt)	[ɛnt'dɛkən]

| byte (de) | Byte (n) | [baɪt] |
| megabyte (de) | Megabyte (n) | ['me:ga͵baɪt] |

| data (de) | Daten (pl) | ['da:tən] |
| databank (de) | Datenbank (f) | ['da:tən͵baŋk] |

kabel (USB-~, enz.)	Kabel (n)	['ka:bəl]
afsluiten (ww)	trennen (vt)	['tʀɛnən]
aansluiten op (ww)	anschließen (vt)	['anʃli:sən]

166. Internet. E-mail

internet (het)	Internet (n)	['ɪntɛnɛt]
browser (de)	Browser (m)	['bʀaʊzɐ]
zoekmachine (de)	Suchmaschine (f)	['zu:χ·maʃi:nə]
internetprovider (de)	Provider (m)	[͵pʀo'vaɪdɐ]

webmaster (de)	Webmaster (m)	['vɛp͵ma:stɐ]
website (de)	Website (f)	['vɛp͵saɪt]
webpagina (de)	Webseite (f)	['vɛp͵zaɪtə]

| adres (het) | Adresse (f) | [a'dʀɛsə] |
| adresboek (het) | Adressbuch (n) | [a'dʀɛs͵bu:χ] |

postvak (het)	Mailbox (f)	['mɛjl͵bɔks]
post (de)	Post (f)	[pɔst]
vol (~ postvak)	überfüllt	[y:bɐ'fʏlt]

bericht (het)	Mitteilung (f)	['mɪt͵taɪlʊŋ]
binnenkomende berichten (mv.)	eingehenden Nachrichten	['aɪn͵ge:əndən 'na:χʀɪçtən]
uitgaande berichten (mv.)	ausgehenden Nachrichten	['aʊs͵ge:əndən 'na:χʀɪçtən]

verzender (de)	Absender (m)	['ap͵zɛndɐ]
verzenden (ww)	senden (vt)	['zɛndən]
verzending (de)	Absendung (f)	['ap͵zɛndʊŋ]

| ontvanger (de) | Empfänger (m) | [ɛm'pfɛŋɐ] |
| ontvangen (ww) | empfangen (vt) | [ɛm'pfaŋən] |

| correspondentie (de) | Briefwechsel (m) | ['bʀi:f͵vɛksəl] |
| corresponderen (met ...) | im Briefwechsel stehen | [ɪm 'bʀi:f͵vɛksəl 'ʃte:ən] |

bestand (het)	Datei (f)	[da'taɪ]
downloaden (ww)	herunterladen (vt)	[hɛ'ʀʊntɐ͵la:dən]
creëren (ww)	schaffen (vt)	['ʃafən]
verwijderen (een bestand ~)	löschen (vt)	['lœʃən]
verwijderd (bn)	gelöscht	[gə'lœʃt]

verbinding (de)	Verbindung (f)	[fɛɐ'bɪndʊŋ]
snelheid (de)	Geschwindigkeit (f)	[gə'ʃvɪndɪç·kaɪt]
modem (de)	Modem (m, n)	['mo:dɛm]
toegang (de)	Zugang (m)	['tsu:gaŋ]

poort (de)	Port (m)	[pɔʁt]
aansluiting (de)	Anschluss (m)	['anʃlʊs]
zich aansluiten (ww)	sich anschließen	[zɪç 'anʃliːsən]

| selecteren (ww) | auswählen (vt) | ['aʊsˌvɛːlən] |
| zoeken (ww) | suchen (vt) | ['zuːχən] |

167. Elektriciteit

elektriciteit (de)	Elektrizität (f)	[elɛktʁitsiˈtɛːt]
elektrisch (bn)	elektrisch	[eˈlɛktʁɪʃ]
elektriciteitscentrale (de)	Elektrizitätswerk (n)	[elɛktʁitsiˈtɛːtsˌvɛʁk]
energie (de)	Energie (f)	[enɛʁˈgiː]
elektrisch vermogen (het)	Strom (m)	[ʃtʁoːm]

lamp (de)	Glühbirne (f)	['glyːˌbɪʁnə]
zaklamp (de)	Taschenlampe (f)	['taʃənˌlampə]
straatlantaarn (de)	Straßenlaterne (f)	['ʃtʁaːsən·laˌtɛʁnə]

| licht (elektriciteit) | Licht (n) | [lɪçt] |
| aandoen (ww) | einschalten (vt) | ['aɪnʃaltən] |

| uitdoen (ww) | ausschalten (vt) | ['aʊsʃaltən] |
| het licht uitdoen | das Licht ausschalten | [das lɪçt 'aʊsʃaltən] |

| doorbranden (gloeilamp) | durchbrennen (vi) | ['dʊʁçˌbʁɛnən] |
| kortsluiting (de) | Kurzschluss (m) | ['kʊʁtsʃlʊs] |

| onderbreking (de) | Riß (m) | [ʁɪs] |
| contact (het) | Kontakt (m) | [kɔnˈtakt] |

| schakelaar (de) | Schalter (m) | ['ʃaltə] |
| stopcontact (het) | Steckdose (f) | ['ʃtɛkˌdoːzə] |

| stekker (de) | Stecker (m) | ['ʃtɛkə] |
| verlengsnoer (de) | Verlängerung (f) | [fɛʁˈlɛŋəʁʊŋ] |

zekering (de)	Sicherung (f)	['zɪçəʁʊŋ]
kabel (de)	Draht (m)	[dʁaːt]
bedrading (de)	Verdrahtung (f)	[fɛʁˈdʁaːtʊŋ]

| ampère (de) | Ampere (n) | [amˈpeːə] |
| stroomsterkte (de) | Stromstärke (f) | ['ʃtʁoːmʃtɛʁkə] |

| volt (de) | Volt (n) | [vɔlt] |
| spanning (de) | Voltspannung (f) | ['vɔltʃpanʊŋ] |

| elektrisch toestel (het) | Elektrogerät (n) | [eˈlɛktʁo·gəˌʁɛːt] |
| indicator (de) | Indikator (m) | [ɪndiˈkaːtoːə] |

elektricien (de)	Elektriker (m)	[ˌeˈlɛktʁikə]
solderen (ww)	löten (vt)	['løːtən]
soldeerbout (de)	Lötkolben (m)	['løːtˌkɔlbən]
stroom (de)	Strom (m)	[ʃtʁoːm]

168. Gereedschappen

werktuig (stuk gereedschap)	Werkzeug (n)	['vɛʁk͵tsɔɪk]
gereedschap (het)	Werkzeuge (pl)	['vɛʁk͵tsɔɪgə]
uitrusting (de)	Ausrüstung (f)	['aʊs͵ʀʏstʊŋ]
hamer (de)	Hammer (m)	['hamɐ]
schroevendraaier (de)	Schraubenzieher (m)	['ʃʀaʊbəntsiːɐ]
bijl (de)	Axt (f)	[akst]
zaag (de)	Säge (f)	['zɛːgə]
zagen (ww)	sägen (vt)	['zɛːgən]
schaaf (de)	Hobel (m)	['hoːbl̩]
schaven (ww)	hobeln (vt)	['hoːbəln]
soldeerbout (de)	Lötkolben (m)	['løːt͵kɔlbən]
solderen (ww)	löten (vt)	['løːtən]
vijl (de)	Feile (f)	['faɪlə]
nijptang (de)	Kneifzange (f)	['knaɪf͵tsaŋə]
combinatietang (de)	Flachzange (f)	['flax͵tsaŋə]
beitel (de)	Stemmeisen (n)	['ʃtɛm͵ʔaɪzən]
boorkop (de)	Bohrer (m)	['boːʀɐ]
boormachine (de)	Bohrmaschine (f)	['boːɐ·ma͵ʃiːnə]
boren (ww)	bohren (vt)	['boːʀən]
mes (het)	Messer (n)	['mɛsɐ]
lemmet (het)	Klinge (f)	['klɪŋə]
scherp (bijv. ~ mes)	scharf	[ʃaʁf]
bot (bn)	stumpf	[ʃtʊmpf]
bot raken (ww)	stumpf werden (vi)	[ʃtʊmpf 'veːɐdən]
slijpen (een mes ~)	schärfen (vt)	['ʃɛʁfən]
bout (de)	Bolzen (m)	['bɔltsən]
moer (de)	Mutter (f)	['mʊtɐ]
schroefdraad (de)	Gewinde (n)	[gə'vɪndə]
houtschroef (de)	Holzschraube (f)	['hɔlts͵ʃʀaʊbə]
spijker (de)	Nagel (m)	['naːgəl]
kop (de)	Nagelkopf (m)	['naːgəl͵kɔpf]
liniaal (de/het)	Lineal (n)	[line'aːl]
rolmeter (de)	Metermaß (n)	['meːtɐ͵maːs]
waterpas (de/het)	Wasserwaage (f)	['vasɐ͵vaːgə]
loep (de)	Lupe (f)	['luːpə]
meetinstrument (het)	Messinstrument (n)	['mɛs?ɪnstʀu͵mɛnt]
opmeten (ww)	messen (vt)	['mɛsən]
schaal (meetschaal)	Skala (f)	['skaːla]
gegevens (mv.)	Ablesung (f)	['aple:zʊŋ]
compressor (de)	Kompressor (m)	[kɔm'pʀɛsoːɐ]
microscoop (de)	Mikroskop (n)	[mikʀo'skoːp]
pomp (de)	Pumpe (f)	['pʊmpə]

robot (de)	Roboter (m)	['ʀɔbɔtɐ]
laser (de)	Laser (m)	['le:zə]

moersleutel (de)	Schraubenschlüssel (m)	['ʃʀaʊbənʃlʏsəl]
plakband (de)	Klebeband (n)	['kle:bə‚bant]
lijm (de)	Klebstoff (m)	['kle:pʃtɔf]

schuurpapier (het)	Sandpapier (n)	['zant·pa‚pi:ɐ]
veer (de)	Sprungfeder (f)	['ʃpʀʊŋ‚fe:dɐ]
magneet (de)	Magnet (m)	[ma'gne:t]
handschoenen (mv.)	Handschuhe (pl)	['hantʃu:ə]

touw (bijv. henneptouw)	Leine (f)	['laɪnə]
snoer (het)	Schnur (f)	[ʃnu:ɐ]
draad (de)	Draht (m)	[dʀa:t]
kabel (de)	Kabel (n)	['ka:bəl]

moker (de)	schwerer Hammer (m)	['ʃve:ʀɐ 'hamɐ]
breekijzer (het)	Brecheisen (n)	['bʀɛç‚ʔaɪzən]
ladder (de)	Leiter (f)	['laɪtɐ]
trapje (inklapbaar ~)	Trittleiter (f)	['tʀɪt‚laɪtɐ]

aanschroeven (ww)	zudrehen (vt)	[tsu:'dʀe:ən]
losschroeven (ww)	abdrehen (vt)	['ap‚dʀe:ən]
dichtpersen (ww)	zusammendrücken (vt)	[tsu'zamən‚dʀʏkən]
vastlijmen (ww)	ankleben (vt)	['an‚kle:bən]
snijden (ww)	schneiden (vt)	['ʃnaɪdən]

defect (het)	Störung (f)	['ʃtø:ʀʊŋ]
reparatie (de)	Reparatur (f)	[ʀepaʀa'tu:ɐ]
repareren (ww)	reparieren (vt)	[ʀepa'ʀi:ʀən]
regelen (een machine ~)	einstellen (vt)	['aɪnʃtɛlən]

checken (ww)	prüfen (vt)	['pʀy:fən]
controle (de)	Prüfung (f)	['pʀy:fʊŋ]
gegevens (mv.)	Ablesung (f)	['aple:zʊŋ]

degelijk (bijv. ~ machine)	sicher	['zɪçɐ]
ingewikkeld (bn)	kompliziert	[kɔmpli'tsi:ɐt]

roesten (ww)	verrosten (vi)	[fɛɐ'ʀɔstən]
roestig (bn)	rostig	['ʀɔstɪç]
roest (de/het)	Rost (m)	[ʀɔst]

Vervoer

169. Vliegtuig

vliegtuig (het)	**Flugzeug** (n)	[ˈfluːkˌtsɔɪk]
vliegticket (het)	**Flugticket** (n)	[ˈfluːkˌtɪkət]
luchtvaartmaatschappij (de)	**Fluggesellschaft** (f)	[ˈfluːkɡəˌzɛlʃaft]
luchthaven (de)	**Flughafen** (m)	[ˈfluːkˌhaːfən]
supersonisch (bn)	**Überschall-**	[ˈyːbəˌʃal]
gezagvoerder (de)	**Flugkapitän** (m)	[ˈfluːk·kapiˌtɛːn]
bemanning (de)	**Besatzung** (f)	[bəˈzatsʊŋ]
piloot (de)	**Pilot** (m)	[piˈloːt]
stewardess (de)	**Flugbegleiterin** (f)	[ˈfluːk·bəˌɡlaɪtəʀɪn]
stuurman (de)	**Steuermann** (m)	[ˈʃtɔɪəˌman]
vleugels (mv.)	**Flügel** (pl)	[ˈflyːɡəl]
staart (de)	**Schwanz** (m)	[ʃvants]
cabine (de)	**Kabine** (f)	[kaˈbiːnə]
motor (de)	**Motor** (m)	[ˈmoːtoːɐ]
landingsgestel (het)	**Fahrgestell** (n)	[ˈfaːɐ·ɡəˌʃtɛl]
turbine (de)	**Turbine** (f)	[tʊɐˈbiːnə]
propeller (de)	**Propeller** (m)	[pʀoˈpɛlə]
zwarte doos (de)	**Flugschreiber** (m)	[ˈfluːkˌʃʀaɪbə]
stuur (het)	**Steuerrad** (n)	[ˈʃtɔɪəˌʀaːt]
brandstof (de)	**Treibstoff** (m)	[ˈtʀaɪpˌʃtɔf]
veiligheidskaart (de)	**Sicherheitskarte** (f)	[ˈzɪçəhaɪtsˌkaɐtə]
zuurstofmasker (het)	**Sauerstoffmaske** (f)	[ˈzaʊəʃtɔfˌmaskə]
uniform (het)	**Uniform** (f)	[ˈʊniˌfoɐm]
reddingsvest (de)	**Rettungsweste** (f)	[ˈʀɛtʊŋsˌvɛstə]
parachute (de)	**Fallschirm** (m)	[ˈfalʃɪɐm]
opstijgen (het)	**Abflug, Start** (m)	[ˈapˌfluːk], [ʃtaɐt]
opstijgen (ww)	**starten** (vi)	[ˈʃtaɐtən]
startbaan (de)	**Startbahn** (f)	[ˈʃtaɐtbaːn]
zicht (het)	**Sicht** (f)	[zɪçt]
vlucht (de)	**Flug** (m)	[fluːk]
hoogte (de)	**Höhe** (f)	[ˈhøːə]
luchtzak (de)	**Luftloch** (n)	[ˈlʊftˌlɔx]
plaats (de)	**Platz** (m)	[plats]
koptelefoon (de)	**Kopfhörer** (m)	[ˈkɔpfˌhøːʀə]
tafeltje (het)	**Klapptisch** (m)	[ˈklapˌtɪʃ]
venster (het)	**Bullauge** (n)	[ˈbʊlˌʔaʊɡə]
gangpad (het)	**Durchgang** (m)	[ˈdʊɐçˌɡaŋ]

170. Trein

trein (de)	Zug (m)	[tsu:k]
elektrische trein (de)	elektrischer Zug (m)	[e'lɛktrɪʃe tsu:k]
sneltrein (de)	Schnellzug (m)	['ʃnɛl̩tsu:k]
diesellocomotief (de)	Diesellok (f)	['di:zəl̩lɔk]
stoomlocomotief (de)	Dampflok (f)	['dampf̩lɔk]
rijtuig (het)	Personenwagen (m)	[pɛʁ'zo:nən̩va:gən]
restauratierijtuig (het)	Speisewagen (m)	['ʃpaɪzə̩va:gən]
rails (mv.)	Schienen (pl)	['ʃi:nən]
spoorweg (de)	Eisenbahn (f)	['aɪzən·ba:n]
dwarsligger (de)	Bahnschwelle (f)	['ba:n̩ʃvɛlə]
perron (het)	Bahnsteig (m)	['ba:n̩ʃtaɪk]
spoor (het)	Gleis (n)	['glaɪs]
semafoor (de)	Eisenbahnsignal (n)	['aɪzənba:n·zɪ'gna:l]
halte (bijv. kleine treinhalte)	Station (f)	[ʃta'tsjo:n]
machinist (de)	Lokführer (m)	['lɔk̩fy:ʁe]
kruier (de)	Träger (m)	['tʁɛ:ge]
conducteur (de)	Schaffner (m)	['ʃafne]
passagier (de)	Fahrgast (m)	['fa:ɐ̩gast]
controleur (de)	Kontrolleur (m)	[kɔntʁɔ'lø:ɐ]
gang (in een trein)	Flur (m)	[flu:ɐ]
noodrem (de)	Notbremse (f)	['no:t̩bʁɛmzə]
coupé (de)	Abteil (n)	[ap'taɪl]
bed (slaapplaats)	Liegeplatz (m), Schlafkoje (f)	['li:gə̩plats], ['ʃla:f̩ko:jə]
bovenste bed (het)	oberer Liegeplatz (m)	['o:bəʁe 'li:gə̩plats]
onderste bed (het)	unterer Liegeplatz (m)	['ʊntəʁe 'li:gə̩plats]
beddengoed (het)	Bettwäsche (f)	['bɛt̩vɛʃə]
kaartje (het)	Fahrkarte (f)	['fa:ɐ̩kaʁtə]
dienstregeling (de)	Fahrplan (m)	['fa:ɐ̩pla:n]
informatiebord (het)	Anzeigetafel (f)	['antsaɪgə̩ta:fəl]
vertrekken (De trein vertrekt …)	abfahren (vi)	['ap̩fa:ʁən]
vertrek (ov. een trein)	Abfahrt (f)	['ap̩fa:ɐt]
aankomen (ov. de treinen)	ankommen (vi)	['an̩kɔmən]
aankomst (de)	Ankunft (f)	['ankʊnft]
aankomen per trein	mit dem Zug kommen	[mɪt dem tsu:k 'kɔmən]
in de trein stappen	in den Zug einsteigen	[ɪn den tsu:k 'aɪnʃtaɪgən]
uit de trein stappen	aus dem Zug aussteigen	['aʊs dem tsu:k 'aʊsʃtaɪgən]
treinwrak (het)	Zugunglück (n)	['tsu:k?ʊn̩glʏk]
ontspoord zijn	entgleisen (vi)	[ɛnt'glaɪzən]
stoomlocomotief (de)	Dampflok (f)	['dampf̩lɔk]
stoker (de)	Heizer (m)	['haɪtsɐ]
stookplaats (de)	Feuerbuchse (f)	['fɔɪɐ̩bʊksə]
steenkool (de)	Kohle (f)	['ko:lə]

171. Schip

schip (het)	Schiff (n)	[ʃɪf]
vaartuig (het)	Fahrzeug (n)	['faːɐˌtsɔɪk]
stoomboot (de)	Dampfer (m)	['dampfɐ]
motorschip (het)	Motorschiff (n)	['moːtoːɐˌʃɪf]
lijnschip (het)	Kreuzfahrtschiff (n)	['krɔɪtsfaːɐtˌʃɪf]
kruiser (de)	Kreuzer (m)	['krɔɪtsɐ]
jacht (het)	Jacht (f)	[jaχt]
sleepboot (de)	Schlepper (m)	['ʃlɛpɐ]
duwbak (de)	Lastkahn (m)	[lastˌkaːn]
ferryboot (de)	Fähre (f)	['fɛːʀə]
zeilboot (de)	Segelschiff (n)	['zeːɡəlˌʃɪf]
brigantijn (de)	Brigantine (f)	[bʀiɡan'tiːnə]
ijsbreker (de)	Eisbrecher (m)	['aɪsˌbʀɛçɐ]
duikboot (de)	U-Boot (n)	['uːboːt]
boot (de)	Boot (n)	['boːt]
sloep (de)	Dingi (n)	['dɪŋɡi]
reddingssloep (de)	Rettungsboot (n)	['ʀɛtʊŋsˌboːt]
motorboot (de)	Motorboot (n)	['moːtoːɐˌboːt]
kapitein (de)	Kapitän (m)	[kapi'tɛn]
zeeman (de)	Matrose (m)	[ma'tʀoːzə]
matroos (de)	Seemann (m)	['zeːman]
bemanning (de)	Besatzung (f)	[bə'zatsʊŋ]
bootsman (de)	Bootsmann (m)	['boːtsman]
scheepsjongen (de)	Schiffsjunge (m)	['ʃɪfsˌjʊŋə]
kok (de)	Schiffskoch (m)	['ʃɪfsˌkɔχ]
scheepsarts (de)	Schiffsarzt (m)	['ʃɪfsˌʔaʁtst]
dek (het)	Deck (n)	[dɛk]
mast (de)	Mast (m)	[mast]
zeil (het)	Segel (n)	[zeːɡəl]
ruim (het)	Schiffsraum (m)	['ʃɪfsˌʀaʊm]
voorsteven (de)	Bug (m)	[buːk]
achtersteven (de)	Heck (n)	[hɛk]
roeispaan (de)	Ruder (n)	['ʀuːdɐ]
schroef (de)	Schraube (f)	['ʃʀaʊbə]
kajuit (de)	Kajüte (f)	[ka'jyːtə]
officierskamer (de)	Messe (f)	['mɛsə]
machinekamer (de)	Maschinenraum (m)	[ma'ʃiːnənˌʀaʊm]
brug (de)	Brücke (f)	['bʀʏkə]
radiokamer (de)	Funkraum (m)	['fʊŋkˌʀaʊm]
radiogolf (de)	Radiowelle (f)	['ʀaːdɪoˌvɛlə]
logboek (het)	Schiffstagebuch (n)	['ʃɪfsˌtaːɡəbuːχ]
verrekijker (de)	Fernrohr (n)	['fɛʁnˌʀoːɐ]
klok (de)	Glocke (f)	['ɡlɔkə]

vlag (de)	Fahne (f)	['fa:nə]
kabel (de)	Seil (n)	[zaɪl]
knoop (de)	Knoten (m)	['kno:tən]

| leuning (de) | Geländer (n) | [gə'lɛndɐ] |
| trap (de) | Treppe (f) | ['tʀɛpə] |

anker (het)	Anker (m)	['aŋkɐ]
het anker lichten	den Anker lichten	[den 'aŋkɐ 'lɪçtən]
het anker neerlaten	Anker werfen	['aŋkɐ ˌvɛʁfən]
ankerketting (de)	Ankerkette (f)	['ankɐˌkɛtə]

haven (bijv. containerhaven)	Hafen (m)	['ha:fən]
kaai (de)	Anlegestelle (f)	['anle:gəˌʃtɛlə]
aanleggen (ww)	anlegen (vi)	['anˌle:gən]
wegvaren (ww)	abstoßen (vt)	['apˌʃto:sən]

reis (de)	Reise (f)	['ʀaɪzə]
cruise (de)	Kreuzfahrt (f)	['kʀɔɪtsˌfa:ɐt]
koers (de)	Kurs (m)	[kuʁs]
route (de)	Reiseroute (f)	['ʀaɪzəˌʀu:tə]

vaarwater (het)	Fahrwasser (n)	['fa:ɐˌvasɐ]
zandbank (de)	Untiefe (f)	['ʊnˌti:fə]
stranden (ww)	stranden (vi)	['ʃtʀandən]

storm (de)	Sturm (m)	[ʃtuʁm]
signaal (het)	Signal (n)	[zɪ'gna:l]
zinken (ov. een boot)	untergehen (vi)	['ʊntɐˌge:ən]
Man overboord!	Mann über Bord!	[man 'y:bɐ bɔʁt]
SOS (noodsignaal)	SOS	[ɛso:'ʔɛs]
reddingsboei (de)	Rettungsring (m)	['ʀɛtʊŋsˌʀɪŋ]

172. Vliegveld

luchthaven (de)	Flughafen (m)	['flu:kˌha:fən]
vliegtuig (het)	Flugzeug (n)	['flu:kˌtsɔɪk]
luchtvaartmaatschappij (de)	Fluggesellschaft (f)	['flu:kgəˌzɛlʃaft]
luchtverkeersleider (de)	Fluglotse (m)	['flu:kˌlo:tsə]

vertrek (het)	Abflug (m)	['apˌflu:k]
aankomst (de)	Ankunft (f)	['ankʊnft]
aankomen (per vliegtuig)	anfliegen (vi)	['anˌfli:gən]

| vertrektijd (de) | Abflugzeit (f) | ['apflu:kˌtsaɪt] |
| aankomstuur (het) | Ankunftszeit (f) | ['ankʊnftsˌtsaɪt] |

| vertraagd zijn (ww) | sich verspäten | [zɪç fɛɐ'ʃpɛ:tən] |
| vluchtvertraging (de) | Abflugverspätung (f) | ['apflu:k·fɛɐ'ʃpɛ:tʊŋ] |

informatiebord (het)	Anzeigetafel (f)	['antsaɪgəˌta:fəl]
informatie (de)	Information (f)	[ɪnfɔʁma'tsjo:n]
aankondigen (ww)	ankündigen (vt)	['ankʏndɪgən]
vlucht (bijv. KLM ~)	Flug (m)	[flu:k]

douane (de)	Zollamt (n)	['tsɔl‚ʔamt]
douanier (de)	Zollbeamter (m)	['tsɔl·bə‚ʔamtɐ]

douaneaangifte (de)	Zolldeklaration (f)	['tsɔl·deklaʀa'tsjo:n]
invullen (douaneaangifte ~)	ausfüllen (vt)	['aʊs‚fʏlən]
een douaneaangifte invullen	die Zollerklärung ausfüllen	[di 'tsɔl·ɛɐ'klɛ:ʀʊŋ 'aʊs‚fʏlən]
paspoortcontrole (de)	Passkontrolle (f)	['pas·kɔn‚tʀɔlə]

bagage (de)	Gepäck (n)	[gə'pɛk]
handbagage (de)	Handgepäck (n)	['hant·gə‚pɛk]
bagagekarretje (het)	Kofferkuli (m)	['kɔfɐ‚ku:li]

landing (de)	Landung (f)	['landʊŋ]
landingsbaan (de)	Landebahn (f)	['landə‚ba:n]
landen (ww)	landen (vi)	['landən]
vliegtuigtrap (de)	Fluggasttreppe (f)	['flu:kgast‚tʀɛpə]

inchecken (het)	Check-in (n)	[tʃɛk?in]
incheckbalie (de)	Check-in-Schalter (m)	[tʃɛk?in 'ʃaltɐ]
inchecken (ww)	sich registrieren lassen	[zɪç ʀegɪs'tʀi:ʀən 'lasən]
instapkaart (de)	Bordkarte (f)	['bɔʁt‚kaʁtə]
gate (de)	Abfluggate (n)	['apflu:k‚geɪt]

transit (de)	Transit (m)	[tʀan'zi:t]
wachten (ww)	warten (vi)	['vaʁtən]
wachtzaal (de)	Wartesaal (m)	['vaʁtə‚za:l]
begeleiden (uitwuiven)	begleiten (vt)	[bə'glaɪtən]
afscheid nemen (ww)	sich verabschieden	[zɪç fɛɐ'apʃi:dən]

173. Fiets. Motorfiets

fiets (de)	Fahrrad (n)	['fa:ɐ‚ʀa:t]
bromfiets (de)	Motorroller (m)	['mo:to:ɐ‚ʀɔlɐ]
motorfiets (de)	Motorrad (n)	['mo:to:ɐ‚ʀa:t]

met de fiets rijden	Rad fahren	[ʀa:t 'fa:ʀən]
stuur (het)	Lenkstange (f)	['lɛŋkʃtaŋə]
pedaal (de/het)	Pedal (n)	[pe'da:l]
remmen (mv.)	Bremsen (pl)	['bʀɛmzən]
fietszadel (de/het)	Sattel (m)	['zatəl]

pomp (de)	Pumpe (f)	['pʊmpə]
bagagedrager (de)	Gepäckträger (m)	[gə'pɛk‚tʀɛ:gɐ]
fietslicht (het)	Scheinwerfer (m)	['ʃaɪn‚vɛʁfɐ]
helm (de)	Helm (m)	[hɛlm]

wiel (het)	Rad (n)	[ʀa:t]
spatbord (het)	Schutzblech (n)	['ʃʊts‚blɛç]
velg (de)	Felge (f)	['fɛlgə]
spaak (de)	Speiche (f)	['ʃpaɪçə]

Auto's

174. Soorten auto's

auto (de)	Auto (n)	['aʊto]
sportauto (de)	Sportwagen (m)	['ʃpɔʁt͟va:gən]
limousine (de)	Limousine (f)	[limu'zi:nə]
terreinwagen (de)	Geländewagen (m)	[gə'lɛndə͟va:gən]
cabriolet (de)	Kabriolett (n)	[kabʁio'lɛt]
minibus (de)	Kleinbus (m)	['klaɪn͟bʊs]
ambulance (de)	Krankenwagen (m)	['kʁaŋkən͟va:gən]
sneeuwruimer (de)	Schneepflug (m)	['ʃne:͟pflu:k]
vrachtwagen (de)	Lastkraftwagen (m)	['lastkʁaft͟va:gən]
tankwagen (de)	Tankwagen (m)	['taŋk͟va:gən]
bestelwagen (de)	Kastenwagen (m)	['kastən͟va:gən]
trekker (de)	Sattelzug (m)	['zatəl͟tsu:k]
aanhangwagen (de)	Anhänger (m)	['an͟hɛŋe]
comfortabel (bn)	komfortabel	[kɔmfɔʁ'ta:bəl]
tweedehands (bn)	gebraucht	[gə'bʁaʊχt]

175. Auto's. Carrosserie

motorkap (de)	Motorhaube (f)	['mo:to:ɐ͟haʊbə]
spatbord (het)	Kotflügel (m)	['ko:tfly:gəl]
dak (het)	Dach (n)	[daχ]
voorruit (de)	Windschutzscheibe (f)	['vɪntʃʊts͟ʃaɪbə]
achterruit (de)	Rückspiegel (m)	['ʁʏkʃpi:gəl]
ruitensproeier (de)	Scheibenwaschanlage (f)	['ʃaɪbən·'vaʃʔan͟la:gə]
wisserbladen (mv.)	Scheibenwischer (m)	['ʃaɪbən͟vɪʃe]
zijruit (de)	Seitenscheibe (f)	['zaɪtən͟ʃaɪbə]
raamlift (de)	Fensterheber (m)	['fɛnstɐ͟he:bɐ]
antenne (de)	Antenne (f)	[an'tɛnə]
zonnedak (het)	Schiebedach (n)	['ʃi:bə͟daχ]
bumper (de)	Stoßstange (f)	['ʃto:s͟ʃtaŋə]
koffer (de)	Kofferraum (m)	['kɔfe͟ʁaʊm]
imperiaal (de/het)	Dachgepäckträger (m)	['daχ͟gəpɛk͟tʁɛ:ge]
portier (het)	Wagenschlag (m)	['va:gən͟ʃla:k]
handvat (het)	Türgriff (m)	['ty:ɐ͟gʁɪf]
slot (het)	Türschloss (n)	['ty:ɐ͟ʃlɔs]
nummerplaat (de)	Nummernschild (n)	['nʊmɐn͟ʃɪlt]
knalpot (de)	Auspufftopf (m)	['aʊspʊf͟tɔpf]

| benzinetank (de) | Benzintank (m) | [bɛn'tsi:n‚taŋk] |
| uitlaatpijp (de) | Auspuffrohr (n) | ['aʊspʊf‚ʀo:ɐ] |

gas (het)	Gas (n)	[ga:s]
pedaal (de/het)	Pedal (n)	[pe'da:l]
gaspedaal (de/het)	Gaspedal (n)	['gas·pe'da:l]

rem (de)	Bremse (f)	['bʀɛmzə]
rempedaal (de/het)	Bremspedal (n)	['bʀɛmz·pe'da:l]
remmen (ww)	bremsen (vi)	['bʀɛmzən]
handrem (de)	Handbremse (f)	['hant‚bʀɛmzə]

koppeling (de)	Kupplung (f)	['kʊplʊŋ]
koppelingspedaal (de/het)	Kupplungspedal (n)	['kʊplʊŋs·pe'da:l]
koppelingsschijf (de)	Kupplungsscheibe (f)	['kʊplʊŋsʃaɪbə]
schokdemper (de)	Stoßdämpfer (m)	['ʃto:s·dɛmpfɐ]

wiel (het)	Rad (n)	[ʀa:t]
reservewiel (het)	Reserverad (n)	[ʀe'zɛʁvə‚ʀa:t]
band (de)	Reifen (m)	['ʀaɪfən]
wieldop (de)	Radkappe (f)	['ʀa:t‚kapə]

aandrijfwielen (mv.)	Triebräder (pl)	['tʀi:p‚ʀɛ:dɐ]
met voorwielaandrijving	mit Vorderantrieb	[mɪt 'fo:ɐde:ɐ‚ʔantʀi:p]
met achterwielaandrijving	mit Hinterradantrieb	[mɪt 'hɪntɐʀa:t‚ʔantʀi:p]
met vierwielaandrijving	mit Allradantrieb	[mɪt 'alʀa:t‚ʔantʀi:p]

versnellingsbak (de)	Getriebe (n)	[gə'tʀi:bə]
automatisch (bn)	Automatik-	[aʊto'ma:tɪk]
mechanisch (bn)	Schalt-	['ʃalt]
versnellingspook (de)	Schalthebel (m)	['ʃalt‚he:bəl]

| voorlicht (het) | Scheinwerfer (m) | ['ʃaɪn‚vɛʁfɐ] |
| voorlichten (mv.) | Scheinwerfer (pl) | ['ʃaɪn‚vɛʁfɐ] |

dimlicht (het)	Abblendlicht (n)	['apblɛnt‚lɪçt]
grootlicht (het)	Fernlicht (n)	['fɛʁn‚lɪçt]
stoplicht (het)	Stopplicht (n)	['ʃtɔp‚lɪçt]

standlichten (mv.)	Standlicht (n)	['ʃtant‚lɪçt]
noodverlichting (de)	Warnblinker (m)	['vaʁn‚blɪŋkɐ]
mistlichten (mv.)	Nebelscheinwerfer (pl)	['ne:bəlʃaɪnvɛʁfɐ]
pinker (de)	Blinker (m)	['blɪŋkɐ]
achteruitrijdlicht (het)	Rückfahrscheinwerfer (m)	['ʀʏkfa:ɐʃaɪnvɛʁfɐ]

176. Auto's. Passagiersruimte

interieur (het)	Wageninnere (n)	['va:gən‚ʔɪnəʀə]
leren (van leer gemaak)	Leder-	['le:dɐ]
fluwelen (abn)	aus Velours	[aʊs və'lu:ɐ]
bekleding (de)	Polster (n)	['pɔlstɐ]

| toestel (het) | Instrument (n) | [‚ɪnstʀu'mɛnt] |
| instrumentenbord (het) | Armaturenbrett (n) | [aʁma'tu:ʁən‚bʀɛt] |

| snelheidsmeter (de) | Tachometer (m) | [taxo'me:tɐ] |
| pijltje (het) | Nadel (f) | ['na:dəl] |

kilometerteller (de)	Kilometerzähler (m)	[kilo'me:tɐˌtsɛ:lɐ]
sensor (de)	Anzeige (f)	['anˌtsaɪgə]
niveau (het)	Pegel (m)	['pe:gəl]
controlelampje (het)	Kontrollleuchte (f)	[kɔn'tʀɔlˌlɔɪçtə]

stuur (het)	Steuerrad (n)	['ʃtɔɪɐˌʀa:t]
toeter (de)	Hupe (f)	['hu:pə]
knopje (het)	Knopf (m)	[knɔpf]
schakelaar (de)	Umschalter (m)	['ʊmʃaltɐ]

stoel (bestuurders~)	Sitz (m)	[zɪts]
rugleuning (de)	Rückenlehne (f)	['ʀʏkənˌle:nə]
hoofdsteun (de)	Kopfstütze (f)	['kɔpfˌʃtʏtsə]
veiligheidsgordel (de)	Sicherheitsgurt (m)	['zɪçɐhaɪtsˌgʊʁt]
de gordel aandoen	sich anschnallen	[zɪç 'anˌʃnalən]
regeling (de)	Einstellung (f)	['aɪnˌʃtɛlʊŋ]

| airbag (de) | Airbag (m) | ['ɛ:ɐ·bak] |
| airconditioner (de) | Klimaanlage (f) | ['kli:maˌʔanla:gə] |

radio (de)	Radio (n)	['ʀa:dɪo]
CD-speler (de)	CD-Spieler (m)	[tse:'de: 'ʃpi:lɐ]
aanzetten (bijv. radio ~)	einschalten (vt)	['aɪnˌʃaltən]
antenne (de)	Antenne (f)	[an'tɛnə]
handschoenenkastje (het)	Handschuhfach (n)	['hantʃu:ˌfaχ]
asbak (de)	Aschenbecher (m)	['aʃən·bɛçɐ]

177. Auto's. Motor

| diesel- (abn) | Diesel- | ['di:zəl] |
| benzine- (~motor) | Benzin- | [bɛn'tsi:n] |

motorinhoud (de)	Hubraum (m)	['hu:pˌʀaʊm]
vermogen (het)	Leistung (f)	['laɪstʊŋ]
paardenkracht (de)	Pferdestärke (f)	['pfe:ɐdəˌʃtɛʁkə]
zuiger (de)	Kolben (m)	[kɔlbən]
cilinder (de)	Zylinder (m)	[tsy'lɪndɐ]
klep (de)	Ventil (n)	[vɛn'ti:l]

injectie (de)	Injektor (m)	[ɪn'jɛktɔ:ɐ]
generator (de)	Generator (m)	[gene'ʀa:to:ɐ]
carburator (de)	Vergaser (m)	[fɛɐ'ga:zɐ]
motorolie (de)	Motoröl (n)	['mo:to:ɐˌʔø:l]

radiator (de)	Kühler (m)	['ky:lɐ]
koelvloeistof (de)	Kühlflüssigkeit (f)	[ky:l'flʏsɪçˌkaɪt]
ventilator (de)	Ventilator (m)	[vɛnti'la:to:ɐ]

accu (de)	Autobatterie (f)	['aʊtobatəˌʀi:]
starter (de)	Anlasser (m)	['anˌlasɐ]
contact (ontsteking)	Zündung (f)	['tsʏndʊŋ]

bougie (de)	**Zündkerze** (f)	['tsʏnt͵kɛʁtsə]
pool (de)	**Klemme** (f)	['klɛmə]
positieve pool (de)	**Pluspol** (m)	['plʊs͵po:l]
negatieve pool (de)	**Minuspol** (m)	['mi:nʊs͵po:l]
zekering (de)	**Sicherung** (f)	['zɪçəʀʊŋ]
luchtfilter (de)	**Luftfilter** (m, n)	['lʊft͵fɪltə]
oliefilter (de)	**Ölfilter** (m)	['ø:l͵fɪltə]
benzinefilter (de)	**Treibstofffilter** (m)	['tʀaɪpʃtɔf͵fɪltə]

178. Auto's. Botsing. Reparatie

auto-ongeval (het)	**Unfall** (m)	['ʊnfal]
verkeersongeluk (het)	**Verkehrsunfall** (m)	[fɛɐ'ke:ɐs?ʊn͵fal]
aanrijden	**fahren gegen ...**	['fa:ʀən 'ge:gən]
(tegen een boom, enz.)		
verongelukken (ww)	**verunglücken** (vi)	[fɛɐ'?ʊnglʏkən]
beschadiging (de)	**Schaden** (m)	['ʃa:dən]
heelhuids (bn)	**heil**	['haɪl]
pech (de)	**Panne** (f)	['panə]
kapot gaan (zijn gebroken)	**kaputtgehen** (vi)	[ka'pʊt͵ge:ən]
sleeptouw (het)	**Abschleppseil** (n)	['apʃlɛp͵zaɪl]
lek (het)	**Reifenpanne** (f)	['ʀaɪfən͵panə]
lekke krijgen (band)	**platt sein**	[plat zaɪn]
oppompen (ww)	**pumpen** (vt)	['pʊmpən]
druk (de)	**Druck** (m)	[dʀʊk]
checken (ww)	**prüfen** (vt)	['pʀy:fən]
reparatie (de)	**Reparatur** (f)	[ʀepaʀa'tu:ɐ]
garage (de)	**Reparaturwerkstatt** (f)	[ʀepaʀa͵tu:ɐ'vɛʁk͵ʃtat]
wisselstuk (het)	**Ersatzteil** (m, n)	[ɛɐ'zats͵taɪl]
onderdeel (het)	**Einzelteil** (m, n)	['aɪntsəl͵taɪl]
bout (de)	**Bolzen** (m)	['bɔltsən]
schroef (de)	**Schraube** (f)	['ʃʀaʊbə]
moer (de)	**Mutter** (f)	['mʊtə]
sluitring (de)	**Scheibe** (f)	['ʃaɪbə]
kogellager (de/het)	**Lager** (n)	['la:gɐ]
pijp (de)	**Rohr** (n)	[ʀo:ɐ]
pakking (de)	**Dichtung** (f)	['dɪçtʊŋ]
kabel (de)	**Draht** (m)	[dʀa:t]
dommekracht (de)	**Wagenheber** (m)	['va:gən͵he:bɐ]
moersleutel (de)	**Schraubenschlüssel** (m)	['ʃʀaʊbənʃlʏsəl]
hamer (de)	**Hammer** (m)	['hamɐ]
pomp (de)	**Pumpe** (f)	['pʊmpə]
schroevendraaier (de)	**Schraubenzieher** (m)	['ʃʀaʊbəntsi:ɐ]
brandblusser (de)	**Feuerlöscher** (m)	['fɔɪɐ͵lœʃɐ]
gevarendriehoek (de)	**Warndreieck** (n)	['vaʁn͵dʀaɪɛk]
afslaan	**abwürgen** (vi)	['ap͵vyʁgən]
(ophouden te werken)		

| uitvallen (het) | Anhalten (n) | ['anhaltən] |
| zijn gebroken | kaputt sein | [ka'pʊt zaɪn] |

oververhitten (ww)	überhitzt werden	[y:bɐ'hɪtst 've:ɐdən]
verstopt raken (ww)	verstopft sein	[fɛɐ'ʃtɔpft zaɪn]
bevriezen (autodeur, enz.)	einfrieren (vi)	['aɪnˌfʀi:ʀən]
barsten (leidingen, enz.)	zerplatzen (vi)	[tsɛɐ'platsən]

druk (de)	Druck (m)	[dʀʊk]
niveau (bijv. olieniveau)	Pegel (m)	['pe:gəl]
slap (de drijfriem is ~)	schlaff	[ʃlaf]

deuk (de)	Delle (f)	['dɛlə]
geklop (vreemde geluiden)	Klopfen (n)	['klɔpfən]
barst (de)	Riß (m)	[ʀɪs]
kras (de)	Kratzer (m)	['kʀatsɐ]

179. Auto's. Weg

weg (de)	Fahrbahn (f)	['fa:ɐˌba:n]
snelweg (de)	Schnellstraße (f)	['ʃnɛlˌʃtʀa:sə]
autoweg (de)	Autobahn (f)	['aʊtoˌba:n]
richting (de)	Richtung (f)	['ʀɪçtʊŋ]
afstand (de)	Entfernung (f)	[ɛnt'fɛʀnʊŋ]

brug (de)	Brücke (f)	['bʀʏkə]
parking (de)	Parkplatz (m)	['paʀkˌplats]
plein (het)	Platz (m)	[plats]
verkeersknooppunt (het)	Autobahnkreuz (n)	['aʊtoba:nˌkʀɔɪts]
tunnel (de)	Tunnel (m)	['tʊnəl]

benzinestation (het)	Tankstelle (f)	['taŋkˌʃtɛlə]
parking (de)	Parkplatz (m)	['paʀkˌplats]
benzinepomp (de)	Zapfsäule (f)	['tsapfˌzɔɪlə]
garage (de)	Reparaturwerkstatt (f)	[ʀepaʀaˌtu:ɐ'vɛʀkˌʃtat]
tanken (ww)	tanken (vt)	['taŋkən]
brandstof (de)	Treibstoff (m)	['tʀaɪpˌʃtɔf]
jerrycan (de)	Kanister (m)	[ka'nɪstɐ]

asfalt (het)	Asphalt (m)	[as'falt]
markering (de)	Markierung (f)	[maɐ'ki:ʀʊŋ]
trottoirband (de)	Bordstein (m)	['bɔʀtˌʃtaɪn]
geleiderail (de)	Leitplanke (f)	['laɪtˌplaŋkə]
greppel (de)	Graben (m)	['gʀa:bən]
vluchtstrook (de)	Straßenrand (m)	['ʃtʀa:sənˌʀant]
lichtmast (de)	Straßenlaterne (f)	['ʃtʀa:sən·laˌtɛʀnə]

besturen (een auto ~)	fahren (vt)	['fa:ʀən]
afslaan (naar rechts ~)	abbiegen (vi)	['apˌbi:gən]
U-bocht maken (ww)	umkehren (vi)	['ʊmˌke:ʀən]
achteruit (de)	Rückwärtsgang (m)	['ʀʏkvɛʀtsˌgaŋ]

| toeteren (ww) | hupen (vi) | ['hu:pən] |
| toeter (de) | Hupe (f) | ['hu:pə] |

vastzitten (in modder)	stecken (vi)	['ʃtɛkən]
spinnen (wielen gaan ~)	durchdrehen (vi)	['dʊʁç‚dʀeːən]
uitzetten (ww)	abstellen (vt)	['apʃtɛlən]

snelheid (de)	Geschwindigkeit (f)	[gə'ʃvɪndɪç·kaɪt]
een snelheidsovertreding	Geschwindigkeit	[gə'ʃvɪndɪç·kaɪt
maken	überschreiten	‚yːbə'ʃʀaɪtən]
bekeuren (ww)	bestrafen (vt)	[bə'ʃtʀaːfən]
verkeerslicht (het)	Ampel (f)	['ampəl]
rijbewijs (het)	Führerschein (m)	['fyːʀeʃaɪn]

overgang (de)	Bahnübergang (m)	['baːnʔyːbe‚gaŋ]
kruispunt (het)	Straßenkreuzung (f)	['ʃtʀaːsən‚kʀɔɪtsʊŋ]
zebrapad (oversteekplaats)	Fußgängerüberweg (m)	['fuːs‚gɛŋe·yːbe'veːk]
bocht (de)	Kehre (f)	['keːʀə]
voetgangerszone (de)	Fußgängerzone (f)	['fuːsgɛŋe‚tsoːnə]

180. Verkeersborden

verkeersregels (mv.)	Verkehrsregeln (pl)	[fɛɐ'keːɐs‚ʀeːgəln]
verkeersbord (het)	Verkehrszeichen (n)	[fɛɐ'keːɐs‚tsaɪçən]
inhalen (het)	Überholen (n)	[yːbɐ'hoːlən]
bocht (de)	Kurve (f)	['kʊʁvə]
U-bocht, kering (de)	Wende (f)	['vɛndə]
Rotonde (de)	Kreisverkehr (m)	['kʀaɪs·fɛɐ‚keːɐ]

Verboden richting	Einfahrt verboten	['aɪn‚faːɐt fɛɐ'boːtən]
Verboden toegang	Verkehr verboten	[fɛɐ'keːɐ fɛɐ'boːtən]
Inhalen verboden	Überholverbot	[yːbɐ'hoːl·fɛɐ‚boːt]
Parkeerverbod	Parken verboten	['paʁkən fɛɐ'boːtən]
Verbod stil te staan	Halteverbot	['haltə·fɛɐ‚boːt]

Gevaarlijke bocht	gefährliche Kurve (f)	[gə'fɛːɐlɪçə 'kʊʁvə]
Gevaarlijke daling	Gefälle (n)	[gə'fɛlə]
Eenrichtingsweg	Einbahnstraße (f)	['aɪnbaːnʃtʀaːsə]
Voetgangers	Fußgängerüberweg (m)	['fuːs‚gɛŋe·yːbe'veːk]
Slipgevaar	Schleudergefahr	['ʃlɔɪde‚gə'faːɐ]
Voorrang verlenen	Vorfahrt gewähren!	['foːɐfaɐt gə'vɛːʀən]

MENSEN. GEBEURTENISSEN IN HET LEVEN

Gebeurtenissen in het leven

181. Vakanties. Evenement

feest (het)	Fest (n)	[fɛst]
nationale feestdag (de)	Nationalfeiertag (m)	[natsjɔ'naːlˌfaɪɐtaːk]
feestdag (de)	Feiertag (m)	['faɪɐˌtaːk]
herdenken (ww)	feiern (vt)	['faɪɐn]
gebeurtenis (de)	Ereignis (n)	[ɛɐ'ʔaɪɡnɪs]
evenement (het)	Veranstaltung (f)	[fɛɐ'ʔanʃtaltʊŋ]
banket (het)	Bankett (n)	[baŋ'kɛt]
receptie (de)	Empfang (m)	[ɛm'pfaŋ]
feestmaal (het)	Festmahl (n)	['fɛstˌmaːl]
verjaardag (de)	Jahrestag (m)	['jaːʁəsˌtaːk]
jubileum (het)	Jubiläumsfeier (f)	[jubi'lɛːʊmsˌfaɪɐ]
vieren (ww)	begehen (vt)	[bə'geːən]
Nieuwjaar (het)	Neujahr (n)	['nɔɪjaːɐ]
Gelukkig Nieuwjaar!	Frohes Neues Jahr!	[ˌfʁoːəs 'nɔɪəs jaːɐ]
Kerstfeest (het)	Weihnachten (n)	['vaɪnaxtən]
Vrolijk kerstfeest!	Frohe Weihnachten!	[ˌfʁoːə 'vaɪnaxtən]
kerstboom (de)	Tannenbaum (m)	['tanənˌbaʊm]
vuurwerk (het)	Feuerwerk (n)	['fɔɪɐˌvɛʁk]
bruiloft (de)	Hochzeit (f)	['hɔxˌtsaɪt]
bruidegom (de)	Bräutigam (m)	['bʁɔɪtɪgam]
bruid (de)	Braut (f)	[bʁaʊt]
uitnodigen (ww)	einladen (vt)	['aɪnˌlaːdən]
uitnodigingskaart (de)	Einladung (f)	['aɪnˌlaːdʊŋ]
gast (de)	Gast (m)	[gast]
op bezoek gaan	besuchen (vt)	[bə'zuːxən]
gasten verwelkomen	Gäste empfangen	['gɛstə ɛm'pfaŋən]
geschenk, cadeau (het)	Geschenk (n)	[gə'ʃɛŋk]
geven (iets cadeau ~)	schenken (vt)	['ʃɛŋkən]
geschenken ontvangen	Geschenke bekommen	[gə'ʃɛŋkə bə'kɔmən]
boeket (het)	Blumenstrauß (m)	['bluːmənʃtʁaʊs]
felicitaties (mv.)	Glückwunsch (m)	['glʏkˌvʊnʃ]
feliciteren (ww)	gratulieren (vi)	[gʁatu'liːʁən]
wenskaart (de)	Glückwunschkarte (f)	['glʏkvʊnʃˌkaʁtə]
een kaartje versturen	eine Karte abschicken	['aɪnə 'kaʁtə 'apˌʃɪkən]

een kaartje ontvangen	eine Karte erhalten	['aɪnə 'kaʁtə ɛɛ'haltən]
toast (de)	Trinkspruch (m)	['tʀɪŋkʃpʀʊχ]
aanbieden (een drankje ~)	anbieten (vt)	['anbi:tən]
champagne (de)	Champagner (m)	[ʃam'panjɐ]

plezier hebben (ww)	sich amüsieren	[zɪç amy'zi:ʀən]
plezier (het)	Fröhlichkeit (f)	['fʀø:lɪç͜kaɪt]
vreugde (de)	Freude (f)	['fʀɔɪdə]

| dans (de) | Tanz (m) | [tants] |
| dansen (ww) | tanzen (vi, vt) | ['tantsən] |

| wals (de) | Walzer (m) | ['valtsɐ] |
| tango (de) | Tango (m) | ['taŋgo] |

182. Begrafenissen. Begrafenis

kerkhof (het)	Friedhof (m)	['fʀi:tˌho:f]
graf (het)	Grab (n)	[gʀa:p]
kruis (het)	Kreuz (n)	[kʀɔɪts]
grafsteen (de)	Grabstein (m)	['gʀa:pˌʃtaɪn]
omheining (de)	Zaun (m)	[tsaʊn]
kapel (de)	Kapelle (f)	[ka'pɛlə]

dood (de)	Tod (m)	[to:t]
sterven (ww)	sterben (vi)	['ʃtɛʁbən]
overledene (de)	Verstorbene (m)	[fɛɐ'ʃtɔʁbənɐ]
rouw (de)	Trauer (f)	['tʀaʊɐ]

begraven (ww)	begraben (vt)	[bə'gʀa:bən]
begrafenisonderneming (de)	Bestattungsinstitut (n)	[bə'ʃtatʊŋsʔɪnstiˌtu:t]
begrafenis (de)	Begräbnis (n)	[bə'gʀɛ:pnɪs]

krans (de)	Kranz (m)	[kʀants]
doodskist (de)	Sarg (m)	[zaʁk]
lijkwagen (de)	Katafalk (m)	[kata'falk]
lijkkleed (de)	Totenhemd (n)	['to:tənˌhɛmt]

begrafenisstoet (de)	Trauerzug (m)	['tʀaʊɐˌtsu:k]
urn (de)	Urne (f)	['ʊʁnə]
crematorium (het)	Krematorium (n)	[kʀema'to:ʀiʊm]

overlijdensbericht (het)	Nachruf (m)	['na:χʀu:f]
huilen (wenen)	weinen (vi)	['vaɪnən]
snikken (huilen)	schluchzen (vi)	['ʃlʊχtsən]

183. Oorlog. Soldaten

peloton (het)	Zug (m)	[tsu:k]
compagnie (de)	Kompanie (f)	[kɔmpa'ni:]
regiment (het)	Regiment (n)	[ʀegi'mɛnt]
leger (armee)	Armee (f)	[aʁ'me:]

divisie (de)	Division (f)	[divi'zjo:n]
sectie (de)	Abteilung (f)	[ap'taɪlʊŋ]
troep (de)	Heer (n)	[heːɐ]

| soldaat (militair) | Soldat (m) | [zɔl'daːt] |
| officier (de) | Offizier (m) | [ɔfi'tsiːɐ] |

soldaat (rang)	Soldat (m)	[zɔl'daːt]
sergeant (de)	Feldwebel (m)	['fɛlt͜veːbəl]
luitenant (de)	Leutnant (m)	['lɔɪtnant]
kapitein (de)	Hauptmann (m)	['haʊptman]
majoor (de)	Major (m)	[ma'joːɐ]

| kolonel (de) | Oberst (m) | ['oːbɛst] |
| generaal (de) | General (m) | [genə'ʁaːl] |

matroos (de)	Matrose (m)	[ma'tʁoːzə]
kapitein (de)	Kapitän (m)	[kapi'tɛn]
bootsman (de)	Bootsmann (m)	['boːtsman]

artillerist (de)	Artillerist (m)	['aʁtɪləʁɪst]
valschermjager (de)	Fallschirmjäger (m)	['falʃɪʁmˌjɛːgɐ]
piloot (de)	Pilot (m)	[pi'loːt]

| stuurman (de) | Steuermann (m) | ['ʃtɔɪɐˌman] |
| mecanicien (de) | Mechaniker (m) | [me'çaːnikɐ] |

| sappeur (de) | Pionier (m) | [pɪo'niːɐ] |
| parachutist (de) | Fallschirmspringer (m) | ['falʃɪʁmˌʃpʁɪŋɐ] |

| verkenner (de) | Aufklärer (m) | ['aʊfˌklɛːʁɐ] |
| scherpschutter (de) | Scharfschütze (m) | ['ʃaʁfˌʃʏtsə] |

patrouille (de)	Patrouille (f)	[pa'tʁʊljə]
patrouilleren (ww)	patrouillieren (vi)	[patʁʊl'jiːʁən]
wacht (de)	Wache (f)	['vaχə]

| krijger (de) | Krieger (m) | ['kʁiːgɐ] |
| patriot (de) | Patriot (m) | [patʁi'oːt] |

| held (de) | Held (m) | [hɛlt] |
| heldin (de) | Heldin (f) | ['hɛldɪn] |

| verrader (de) | Verräter (m) | [fɛɐ'ʁɛːtɐ] |
| verraden (ww) | verraten (vt) | [fɛɐ'ʁaːtən] |

| deserteur (de) | Deserteur (m) | [dezɛʁ'tøːɐ] |
| deserteren (ww) | desertieren (vi) | [dezɛʁ'tiːʁən] |

huurling (de)	Söldner (m)	['zœldnɐ]
rekruut (de)	Rekrut (m)	[ʁe'kʁuːt]
vrijwilliger (de)	Freiwillige (m)	[ˌfʁaɪvɪlɪgə]

gedode (de)	Getoetete (m)	[gə'tøːtətə]
gewonde (de)	Verwundete (m)	[fɛɐ'vʊndətə]
krijgsgevangene (de)	Kriegsgefangene (m)	['kʁiːksˌgəˌfaŋənə]

184. Oorlog. Militaire acties. Deel 1

oorlog (de)	Krieg (m)	[kʀiːk]
oorlog voeren (ww)	Krieg führen	[kʀiːk 'fyːʀən]
burgeroorlog (de)	Bürgerkrieg (m)	['bʏʁɡəˌkʀiːk]
achterbaks (bw)	heimtückisch	['haɪmˌtʏkɪʃ]
oorlogsverklaring (de)	Kriegserklärung (f)	['kʀiːksʔɛɐˌklɛːʀʊŋ]
verklaren (de oorlog ~)	erklären (vt)	[ɛɐˈklɛːʀən]
agressie (de)	Aggression (f)	[aɡʀɛˈsjoːn]
aanvallen (binnenvallen)	einfallen (vt)	['aɪnˌfalən]
binnenvallen (ww)	einfallen (vi)	['aɪnˌfalən]
invaller (de)	Invasoren (pl)	[ɪnvaˈzoːʀən]
veroveraar (de)	Eroberer (m)	[ɛɐˈʔoːbəʀɐ]
verdediging (de)	Verteidigung (f)	[fɛɐˈtaɪdɪɡʊŋ]
verdedigen (je land ~)	verteidigen (vt)	[fɛɐˈtaɪdɪɡən]
zich verdedigen (ww)	sich verteidigen	[zɪç fɛɐˈtaɪdɪɡən]
vijand (de)	Feind (m)	[faɪnt]
tegenstander (de)	Gegner (m)	['ɡeːɡnɐ]
vijandelijk (bn)	Feind-	[faɪnt]
strategie (de)	Strategie (f)	[ʃtʀateˈɡiː]
tactiek (de)	Taktik (f)	['taktɪk]
order (de)	Befehl (m)	[bəˈfeːl]
bevel (het)	Anordnung (f)	['anˌʔɔʁdnʊŋ]
bevelen (ww)	befehlen (vt)	[bəˈfeːlən]
opdracht (de)	Auftrag (m)	['aʊfˌtʀaːk]
geheim (bn)	geheim	[ɡəˈhaɪm]
slag (de)	Gefecht (n)	[ɡəˈfɛçt]
strijd (de)	Kampf (m)	[kampf]
aanval (de)	Angriff (m)	['anˌɡʀɪf]
bestorming (de)	Sturm (m)	[ʃtʊʁm]
bestormen (ww)	stürmen (vt)	['ʃtʏʁmən]
bezetting (de)	Belagerung (f)	[bəˈlaːɡəʀʊŋ]
aanval (de)	Angriff (m)	['anˌɡʀɪf]
in het offensief te gaan	angreifen (vt)	['anˌɡʀaɪfən]
terugtrekking (de)	Rückzug (m)	['ʀʏkˌtsuːk]
zich terugtrekken (ww)	sich zurückziehen	[zɪç tsuˈʀʏkˌtsiːən]
omsingeling (de)	Einkesselung (f)	['aɪnˌkɛsəlʊŋ]
omsingelen (ww)	einkesseln (vt)	['aɪnˌkɛsəln]
bombardement (het)	Bombenangriff (m)	['bɔmbənˌʔaŋɡʀɪf]
een bom gooien	eine Bombe abwerfen	['aɪnə 'bɔmbə 'apˌvɛʁfən]
bombarderen (ww)	bombardieren (vt)	[bɔmbaʁˈdiːʀən]
ontploffing (de)	Explosion (f)	[ɛksploˈzjoːn]
schot (het)	Schuss (m)	[ʃʊs]

| een schot lossen | schieten (vt) | [ˈʃiːsən] |
| schieten (het) | Schießerei (f) | [ʃiːsəˈʀaɪ] |

mikken op (ww)	zielen auf ...	[ˈtsiːlən aʊf]
aanleggen (een wapen ~)	richten (vt)	[ˈʀɪçtən]
treffen (doelwit ~)	treffen (vt)	[ˈtʀɛfən]

zinken (tot zinken brengen)	versenken (vt)	[fɛɐˈzɛŋkən]
kogelgat (het)	Loch (n)	[lɔχ]
zinken (gezonken zijn)	versinken (vi)	[fɛɐˈzɪŋkən]

front (het)	Front (f)	[fʀɔnt]
evacuatie (de)	Evakuierung (f)	[evakuˈiːʀʊŋ]
evacueren (ww)	evakuieren (vt)	[evakuˈiːʀən]

loopgraaf (de)	Schützengraben (m)	[ˈʃʏtsənˌɡʀaːbən]
prikkeldraad (de)	Stacheldraht (m)	[ˈʃtaχəlˌdʀaːt]
verdedigingsobstakel (het)	Sperre (f)	[ˈʃpɛʀə]
wachttoren (de)	Wachtturm (m)	[ˈvaχtˌtʊʁm]

hospitaal (het)	Lazarett (n)	[latsaˈʀɛt]
verwonden (ww)	verwunden (vt)	[fɛɐˈvʊndən]
wond (de)	Wunde (f)	[ˈvʊndə]
gewonde (de)	Verwundete (m)	[fɛɐˈvʊndətə]
gewond raken (ww)	verletzt sein	[fɛɐˈlɛtst zaɪn]
ernstig (~e wond)	schwer	[ʃveːɐ]

185. Oorlog. Militaire acties. Deel 2

krijgsgevangenschap (de)	Gefangenschaft (f)	[ɡəˈfaŋənʃaft]
krijgsgevangen nemen	gefangen nehmen (vt)	[ɡəˈfaŋən ˈneːmən]
krijgsgevangene zijn	in Gefangenschaft sein	[ɪn ɡəˈfaŋənʃaft zaɪn]
krijgsgevangen genomen worden	in Gefangenschaft geraten	[ɪn ɡəˈfaŋənʃaft ɡəˈʀaːtən]

concentratiekamp (het)	Konzentrationslager (n)	[kɔntsɛntʀaˈtsjoːnsˌlaːɡɐ]
krijgsgevangene (de)	Kriegsgefangene (m)	[ˈkriːksˈɡəˌfaŋənə]
vluchten (ww)	fliehen (vi)	[ˈfliːən]

verraden (ww)	verraten (vt)	[fɛɐˈʀaːtən]
verrader (de)	Verräter (m)	[fɛɐˈʀɛːtɐ]
verraad (het)	Verrat (m)	[fɛɐˈʀaːt]

| fusilleren (executeren) | erschießen (vt) | [ɛɐˈʃiːsən] |
| executie (de) | Erschießung (f) | [ɛɐˈʃiːsʊŋ] |

uitrusting (de)	Ausrüstung (f)	[ˈaʊsˌʀʏstʊŋ]
schouderstuk (het)	Schulterstück (n)	[ˈʃʊltəˌʃtʏk]
gasmasker (het)	Gasmaske (f)	[ˈgaːsˌmaskə]

portofoon (de)	Funkgerät (n)	[ˈfʊŋkˈɡəˌʀɛːt]
geheime code (de)	Chiffre (f)	[ˈʃɪfʀə]
samenzwering (de)	Geheimhaltung (f)	[ɡəˈhaɪmˌhaltʊŋ]
wachtwoord (het)	Kennwort (n)	[ˈkɛnˌvɔʁt]

mijn (landmijn)	Mine (f)	['mi:nə]
ondermijnen (legden mijnen)	Minen legen	['mi:nən 'le:gən]
mijnenveld (het)	Minenfeld (n)	['mi:nən͵fɛlt]

luchtalarm (het)	Luftalarm (m)	['lʊftʔa͵laʁm]
alarm (het)	Alarm (m)	[a'laʁm]
signaal (het)	Signal (n)	[zɪ'gna:l]
vuurpijl (de)	Signalrakete (f)	[zɪ'gna:l·ʁa͵ke:tə]

staf (generale ~)	Hauptquartier (n)	['haʊpt·kvaʁ͵ti:ɐ]
verkenning (de)	Aufklärung (f)	['aʊf͵klɛ:ʁʊŋ]
toestand (de)	Lage (f)	['la:gə]
rapport (het)	Bericht (m)	[bə'ʁɪçt]
hinderlaag (de)	Hinterhalt (m)	['hɪntɐ͵halt]
versterking (de)	Verstärkung (f)	[fɛɐ'ʃtɛʁkʊŋ]
doel (bewegend ~)	Zielscheibe (f)	['tsi:l͵ʃaɪbə]
proefterrein (het)	Schießplatz (m)	['ʃi:s͵plats]
manoeuvres (mv.)	Manöver (n)	[ma'nø:vɐ]

paniek (de)	Panik (f)	['pa:nɪk]
verwoesting (de)	Verwüstung (f)	[fɛɐ'vy:stʊŋ]
verwoestingen (mv.)	Trümmer (pl)	['tʁʏmɐ]
verwoesten (ww)	zerstören (vt)	[tsɛɐ'ʃtø:ʁən]

overleven (ww)	überleben (vi)	[͵y:bɐ'le:bən]
ontwapenen (ww)	entwaffnen (vt)	[ɛnt'vafnən]
behandelen (een pistool ~)	handhaben (vt)	['hant͵ha:bən]

| Geeft acht! | Stillgestanden! | ['ʃtɪlgə͵ʃtandən] |
| Op de plaats rust! | Rühren! | ['ʁy:ʁən] |

heldendaad (de)	Heldentat (f)	['hɛldən͵ta:t]
eed (de)	Eid (m), Schwur (m)	[aɪt], [ʃvu:ɐ]
zweren (een eed doen)	schwören (vi, vt)	['ʃvø:ʁən]

decoratie (de)	Lohn (m)	[lo:n]
onderscheiden (een ereteken geven)	auszeichnen (vt)	['aʊs͵tsaɪçnən]
medaille (de)	Medaille (f)	[me'daljə]
orde (de)	Orden (m)	['ɔʁdən]

overwinning (de)	Sieg (m)	[zi:k]
verlies (het)	Niederlage (f)	['ni:dɐ͵la:gə]
wapenstilstand (de)	Waffenstillstand (m)	['vafən͵ʃtɪlʃtant]

wimpel (vaandel)	Fahne (f)	['fa:nə]
roem (de)	Ruhm (m)	[ʁu:m]
parade (de)	Parade (f)	[pa'ʁa:də]
marcheren (ww)	marschieren (vi)	[maʁ'ʃi:ʁən]

186. Wapens

| wapens (mv.) | Waffe (f) | ['vafə] |
| vuurwapens (mv.) | Schusswaffe (f) | ['ʃʊs͵vafə] |

koude wapens (mv.)	blanke Waffe (f)	['blaŋkə 'vafə]
chemische wapens (mv.)	chemischen Waffen (pl)	[çe:miʃən 'vafən]
kern-, nucleair (bn)	Kern-, Atom-	[kɛʁn], [a'to:m]
kernwapens (mv.)	Kernwaffe (f)	['kɛʁn‚vafə]

bom (de)	Bombe (f)	['bɔmbə]
atoombom (de)	Atombombe (f)	[a'to:m‚bɔmbə]

pistool (het)	Pistole (f)	[pɪs'to:lə]
geweer (het)	Gewehr (n)	[gə've:ɐ]
machinepistool (het)	Maschinenpistole (f)	[ma'ʃi:nən·pɪs‚to:lə]
machinegeweer (het)	Maschinengewehr (n)	[ma'ʃi:nən·gə‚ve:ɐ]

loop (schietbuis)	Mündung (f)	['mʏndʊŋ]
loop (bijv. geweer met kortere ~)	Lauf (m)	[laʊf]
kaliber (het)	Kaliber (n)	[‚ka'li:bɐ]

trekker (de)	Abzug (m)	['ap‚tsu:k]
korrel (de)	Visier (n)	[vi'zi:ɐ]
magazijn (het)	Magazin (n)	[maga'tsi:n]
geweerkolf (de)	Kolben (m)	[kɔlbən]

granaat (handgranaat)	Handgranate (f)	['hant·gʁa‚na:tə]
explosieven (mv.)	Sprengstoff (m)	['ʃpʁɛnˌʃtɔf]

kogel (de)	Kugel (f)	['ku:gəl]
patroon (de)	Patrone (f)	[pa'tʁo:nə]
lading (de)	Ladung (f)	['la:dʊŋ]
ammunitie (de)	Munition (f)	[muni'tsjo:n]

bommenwerper (de)	Bomber (m)	['bɔmbɐ]
straaljager (de)	Kampfflugzeug (n)	['kampfflu:k‚tsɔɪk]
helikopter (de)	Hubschrauber (m)	['hu:pˌʃʁaʊbɐ]

afweergeschut (het)	Flugabwehrkanone (f)	[flu:k'ʔapve:ɐka‚no:nə]
tank (de)	Panzer (m)	['pantsɐ]
kanon (tank met een ~ van 76 mm)	Panzerkanone (f)	['pantsɐ‚ka'no:nə]

artillerie (de)	Artillerie (f)	['aʁtɪləʁi:]
kanon (het)	Haubitze (f), Kanone (f)	[haʊ'bɪtsə], [ka'no:nə]
aanleggen (een wapen ~)	richten (vt)	['ʁɪçtən]

projectiel (het)	Geschoß (n)	[gə'ʃo:s]
mortiergranaat (de)	Wurfgranate (f)	['vʊʁf·gʁa'na:tə]
mortier (de)	Granatwerfer (m)	[gʁa'na:tˌvɛʁfɐ]
granaatscherf (de)	Splitter (m)	['ʃplɪtɐ]

duikboot (de)	U-Boot (n)	['u:bo:t]
torpedo (de)	Torpedo (m)	[tɔʁ'pe:do]
raket (de)	Rakete (f)	[ʁa'ke:tə]

laden (geweer, kanon)	laden (vt)	['la:dən]
schieten (ww)	schießen (vi)	['ʃi:sən]
richten op (mikken)	zielen auf ...	['tsi:lən aʊf]

bajonet (de)	Bajonett (n)	[ˌbajo'nɛt]
degen (de)	Degen (m)	['de:gən]
sabel (de)	Säbel (m)	['zɛ:bəl]
speer (de)	Speer (m)	[ʃpe:ɐ]
boog (de)	Bogen (m)	['bo:gən]
pijl (de)	Pfeil (m)	[pfaɪl]
musket (de)	Muskete (f)	[mʊs'ke:tə]
kruisboog (de)	Armbrust (f)	['aʀmˌbʀʊst]

187. Oude mensen

primitief (bn)	vorzeitlich	['fo:ɐˌtsaɪtlɪç]
voorhistorisch (bn)	prähistorisch	[ˌpʀɛhɪs'to:ʀɪʃ]
eeuwenoude (~ beschaving)	alt	[alt]

Steentijd (de)	Steinzeit (f)	['ʃtaɪnˌtsaɪt]
Bronstijd (de)	Bronzezeit (f)	['bʀɔŋsəˌtsaɪt]
IJstijd (de)	Eiszeit (f)	['aɪsˌtsaɪt]

stam (de)	Stamm (m)	[ʃtam]
menseneter (de)	Kannibale (m)	[kani'ba:lə]
jager (de)	Jäger (m)	['jɛ:gɐ]
jagen (ww)	jagen (vi)	['jagən]
mammoet (de)	Mammut (n)	['mamʊt]

grot (de)	Höhle (f)	['hø:lə]
vuur (het)	Feuer (n)	['fɔɪɐ]
kampvuur (het)	Lagerfeuer (n)	['la:gɐˌfɔɪɐ]
rotstekening (de)	Höhlenmalerei (f)	['hø:lən·ma:ləˌʀaɪ]

werkinstrument (het)	Werkzeug (n)	['vɛʀkˌtsɔɪk]
speer (de)	Speer (m)	[ʃpe:ɐ]
stenen bijl (de)	Steinbeil (n), Steinaxt (f)	['ʃtaɪnˌbaɪl], ['ʃtaɪnˌakst]
oorlog voeren (ww)	Krieg führen	[kʀi:k 'fy:ʀən]
temmen (bijv. wolf ~)	domestizieren (vt)	[domɛsti'tsi:ʀən]

idool (het)	Idol (n)	[i'do:l]
aanbidden (ww)	anbeten (vt)	['anˌbe:tən]
bijgeloof (het)	Aberglaube (m)	['a:bɐˌglaubə]
ritueel (het)	Ritus (m), Ritual (n)	['ʀi:tʊs], [ʀi'tua:l]

evolutie (de)	Evolution (f)	[evolu'tsjo:n]
ontwikkeling (de)	Entwicklung (f)	[ɛnt'vɪklʊŋ]
verdwijning (de)	Verschwinden (n)	[fɛɐ'ʃvɪndən]
zich aanpassen (ww)	sich anpassen	[zɪç 'anˌpasən]

archeologie (de)	Archäologie (f)	[aʀçɛolo'gi:]
archeoloog (de)	Archäologe (m)	[aʀçɛo'lo:gə]
archeologisch (bn)	archäologisch	[aʀçɛo'lo:gɪʃ]

opgravingsplaats (de)	Ausgrabungsstätte (f)	['ausgʀa:bʊŋsˌʃtɛtə]
opgravingen (mv.)	Ausgrabungen (pl)	['ausgʀa:bʊŋən]
vondst (de)	Fund (m)	[fʊnt]
fragment (het)	Fragment (n)	[fʀa'gmɛnt]

188. Middeleeuwen

volk (het)	Volk (n)	[fɔlk]
volkeren (mv.)	Völker (pl)	['fœlkə]
stam (de)	Stamm (m)	[ʃtam]
stammen (mv.)	Stämme (pl)	['ʃtɛmə]
barbaren (mv.)	Barbaren (pl)	[baʁ'ba:ʀən]
Galliërs (mv.)	Gallier (pl)	['galɪə]
Goten (mv.)	Goten (pl)	['go:tən]
Slaven (mv.)	Slawen (pl)	['sla:vən]
Vikings (mv.)	Wikinger (pl)	['vi:kɪŋə]
Romeinen (mv.)	Römer (pl)	['ʀø:mə]
Romeins (bn)	römisch	['ʀø:mɪʃ]
Byzantijnen (mv.)	Byzantiner (pl)	[bytsan'ti:nə]
Byzantium (het)	Byzanz (n)	[by'tsants]
Byzantijns (bn)	byzantinisch	[bytsan'ti:nɪʃ]
keizer (bijv. Romeinse ~)	Kaiser (m)	['kaɪzə]
opperhoofd (het)	Häuptling (m)	['hɔɪptlɪŋ]
machtig (bn)	mächtig	['mɛçtɪç]
koning (de)	König (m)	['kø:nɪç]
heerser (de)	Herrscher (m)	['hɛʁʃə]
ridder (de)	Ritter (m)	['ʀɪtə]
feodaal (de)	Feudalherr (m)	[fɔɪ'da:l͵hɛʁ]
feodaal (bn)	feudal, Feudal-	[fɔɪ'da:l]
vazal (de)	Vasall (m)	[va'zal]
hertog (de)	Herzog (m)	['hɛʁtso:k]
graaf (de)	Graf (m)	[gʀa:f]
baron (de)	Baron (m)	[ba'ʀo:n]
bisschop (de)	Bischof (m)	['bɪʃɔf]
harnas (het)	Rüstung (f)	['ʀʏstʊŋ]
schild (het)	Schild (m)	[ʃɪlt]
zwaard (het)	Schwert (n)	[ʃve:ɐt]
vizier (het)	Visier (n)	[vi'zi:ə]
maliënkolder (de)	Panzerhemd (n)	['pantsə͵hɛmt]
kruistocht (de)	Kreuzzug (m)	['kʀɔɪts͵tsu:k]
kruisvaarder (de)	Kreuzritter (m)	['kʀɔɪts͵ʀɪtə]
gebied (bijv. bezette ~en)	Territorium (n)	[tɛʀi'to:ʀiʊm]
aanvallen (binnenvallen)	einfallen (vt)	['aɪn͵falən]
veroveren (ww)	erobern (vt)	[ɛɐ'ʔo:bən]
innemen (binnenvallen)	besetzen (vt)	[bə'zɛtsən]
bezetting (de)	Belagerung (f)	[bə'la:gəʀʊŋ]
belegerd (bn)	belagert	[bə'la:gət]
belegeren (ww)	belagern (vt)	[bə'la:gən]
inquisitie (de)	Inquisition (f)	[ɪnkvizi'tsjo:n]
inquisiteur (de)	Inquisitor (m)	[ɪnkvi'zi:to:ə]

foltering (de)	Folter (f)	['fɔltə]
wreed (bn)	grausam	['gʀaʊˌzaːm]
ketter (de)	Häretiker (m)	[hɛ'ʀetikə]
ketterij (de)	Häresie (f)	[hɛʀe'ziː]

zeevaart (de)	Seefahrt (f)	['zeːˌfaːɐt]
piraat (de)	Seeräuber (m)	['zeːˌʀɔɪbə]
piraterij (de)	Seeräuberei (f)	['zeːˌʀɔɪbəʀaɪ]
enteren (het)	Enterung (f)	['ɛnteʀʊŋ]
buit (de)	Beute (f)	['bɔɪtə]
schatten (mv.)	Schätze (pl)	['ʃɛtsə]

ontdekking (de)	Entdeckung (f)	[ɛnt'dɛkʊŋ]
ontdekken (bijv. nieuw land)	entdecken (vt)	[ɛnt'dɛkən]
expeditie (de)	Expedition (f)	[ɛkspedi'tsjoːn]

musketier (de)	Musketier (m)	[mʊske'tiːə]
kardinaal (de)	Kardinal (m)	[ˌkaʊdi'naːl]
heraldiek (de)	Heraldik (f)	[he'ʀaldɪk]
heraldisch (bn)	heraldisch	[he'ʀaldɪʃ]

189. Leider. Baas. Autoriteiten

koning (de)	König (m)	['køːnɪç]
koningin (de)	Königin (f)	['køːnɪgɪn]
koninklijk (bn)	königlich	['køːnɪklɪç]
koninkrijk (het)	Königreich (n)	['køːnɪkˌʀaɪç]

prins (de)	Prinz (m)	[pʀɪnts]
prinses (de)	Prinzessin (f)	[pʀɪn'tsɛsɪn]

president (de)	Präsident (m)	[pʀɛzi'dɛnt]
vicepresident (de)	Vizepräsident (m)	['fiːtsə·pʀɛziˌdɛnt]
senator (de)	Senator (m)	[ze'naːtoːɐ]

monarch (de)	Monarch (m)	[mo'naʀç]
heerser (de)	Herrscher (m)	['hɛʀʃə]
dictator (de)	Diktator (m)	[dɪk'taːtoːə]
tiran (de)	Tyrann (m)	[ty'ʀan]
magnaat (de)	Magnat (m)	[ma'gnaːt]

directeur (de)	Direktor (m)	[di'ʀɛktoːə]
chef (de)	Chef (m)	[ʃɛf]
beheerder (de)	Leiter (m)	['laɪtə]
baas (de)	Boss (m)	[bɔs]
eigenaar (de)	Eigentümer (m)	['aɪgəntyːmə]

hoofd (bijv. ~ van de delegatie)	Leiter (m)	['laɪtə]
autoriteiten (mv.)	Behörden (pl)	[bə'høːɐdən]
superieuren (mv.)	Vorgesetzten (pl)	['foːɐgəˌzɛtstən]

gouverneur (de)	Gouverneur (m)	[guvɛʀ'nøːə]
consul (de)	Konsul (m)	['kɔnzʊl]

diplomaat (de)	Diplomat (m)	[ˌdiplo'maːt]
burgemeester (de)	Bürgermeister (m)	['bʏʁɡəˌmaɪstə]
sheriff (de)	Sheriff (m)	['ʃɛʁɪf]

keizer (bijv. Romeinse ~)	Kaiser (m)	['kaɪzɐ]
tsaar (de)	Zar (m)	[tsaːɐ]
farao (de)	Pharao (m)	['faːʀao]
kan (de)	Khan (m)	[kaːn]

190. Weg. Weg. Routebeschrijving

| weg (de) | Fahrbahn (f) | ['faːɐˌbaːn] |
| route (de kortste ~) | Weg (m) | [veːk] |

autoweg (de)	Autobahn (f)	['aʊtoˌbaːn]
snelweg (de)	Schnellstraße (f)	['ʃnɛlˌʃtʀaːsə]
rijksweg (de)	Bundesstraße (f)	['bʊndəsˌʃtʀaːsə]

| hoofdweg (de) | Hauptstraße (f) | ['haʊptˌʃtʀaːsə] |
| landweg (de) | Feldweg (m) | ['fɛltˌveːk] |

| pad (het) | Pfad (m) | [pfaːt] |
| paadje (het) | Fußweg (m) | ['fuːsˌveːk] |

Waar?	Wo?	[voː]
Waarheen?	Wohin?	[vo'hɪn]
Waarvandaan?	Woher?	[vo'heːɐ]

| richting (de) | Richtung (f) | ['ʀɪçtʊŋ] |
| aanwijzen (de weg ~) | zeigen (vt) | ['tsaɪɡən] |

naar links (bw)	nach links	[naːχ lɪŋks]
naar rechts (bw)	nach rechts	[naːχ ʀɛçts]
rechtdoor (bw)	geradeaus	[ɡəʀaːdə'ʔaʊs]
terug (bijv. ~ keren)	zurück	[tsʊ'ʀʏk]

bocht (de)	Kurve (f)	['kʊʁvə]
afslaan (naar rechts ~)	abbiegen (vi)	['apˌbiːɡən]
U-bocht maken (ww)	umkehren (vi)	['ʊmˌkeːʀən]

| zichtbaar worden (ww) | sichtbar sein | ['zɪçtbaːɐ zaɪn] |
| verschijnen (in zicht komen) | erscheinen (vi) | [ɛɐ'ʃaɪnən] |

stop (korte onderbreking)	Aufenthalt (m)	['aʊfʔɛnthalt]
zich verpozen (uitrusten)	sich erholen	[zɪç ɛɐ'hoːlən]
rust (de)	Erholung (f)	[ɛɐ'hoːlʊŋ]

verdwalen (de weg kwijt zijn)	sich verirren	[zɪç fɛɐ'ʔɪʀən]
leiden naar ... (de weg)	führen (in ..., nach ...)	['fyːʀən]
bereiken (ergens aankomen)	ankommen in ...	['anˌkɔmən in]
deel (~ van de weg)	Strecke (f)	['ʃtʀɛkə]

| asfalt (het) | Asphalt (m) | [as'falt] |
| trottoirband (de) | Bordstein (m) | ['bɔʁtˌʃtaɪn] |

greppel (de)	**Graben** (m)	['gʀaːbən]
putdeksel (het)	**Gully** (m, n)	['gʊli]
vluchtstrook (de)	**Straßenrand** (m)	['ʃtʀaːsən͵ʀant]
kuil (de)	**Schlagloch** (n)	['ʃlaːk͵lɔx]

gaan (te voet)	**gehen** (vi)	['geːən]
inhalen (voorbijgaan)	**überholen** (vt)	[͵yːbɐ'hoːlən]

stap (de)	**Schritt** (m)	[ʃʀɪt]
te voet (bw)	**zu Fuß**	[tsu 'fuːs]

blokkeren (de weg ~)	**blockieren** (vt)	[blɔ'kiːʀən]
slagboom (de)	**Schlagbaum** (m)	['ʃlaːk͵baʊm]
doodlopende straat (de)	**Sackgasse** (f)	['zak͵gasə]

191. De wet overtreden. Criminelen. Deel 1

bandiet (de)	**Bandit** (m)	[ban'diːt]
misdaad (de)	**Verbrechen** (n)	[fɛɐ'bʀɛçən]
misdadiger (de)	**Verbrecher** (m)	[fɛɐ'bʀɛçɐ]

dief (de)	**Dieb** (m)	[diːp]
stelen (ww)	**stehlen** (vt)	['ʃteːlən]
stelen (de)	**Diebstahl** (m)	['diːp͵ʃtaːl]
diefstal (de)	**Stehlen** (n)	['ʃteːlən]

kidnappen (ww)	**kidnappen** (vt)	['kɪt͵nɛpən]
kidnapping (de)	**Kidnapping** (n)	['kɪt͵nɛpɪŋ]
kidnapper (de)	**Kidnapper** (m)	['kɪt͵nɛpɐ]

losgeld (het)	**Lösegeld** (n)	['løːzə͵gɛlt]
eisen losgeld (ww)	**Lösegeld verlangen**	['løːzə͵gɛlt fɛɐ'laŋən]

overvallen (ww)	**rauben** (vt)	['ʀaʊbən]
overval (de)	**Raub** (m)	['ʀaʊp]
overvaller (de)	**Räuber** (m)	['ʀɔɪbɐ]

afpersen (ww)	**erpressen** (vt)	[ɛɐ'pʀɛsən]
afperser (de)	**Erpresser** (m)	[ɛɐ'pʀɛsɐ]
afpersing (de)	**Erpressung** (f)	[ɛɐ'pʀɛsʊŋ]

vermoorden (ww)	**morden** (vt)	['mɔʁdən]
moord (de)	**Mord** (m)	[mɔʁt]
moordenaar (de)	**Mörder** (m)	['mœʁdɐ]

schot (het)	**Schuss** (m)	[ʃʊs]
een schot lossen	**schießen** (vt)	['ʃiːsən]
neerschieten (ww)	**erschießen** (vt)	[ɛɐ'ʃiːsən]
schieten (ww)	**feuern** (vi)	['fɔɪɐn]
schieten (het)	**Schießerei** (f)	[ʃiːsə'ʀaɪ]

ongeluk (gevecht, enz.)	**Vorfall** (m)	['foːɐfal]
gevecht (het)	**Schlägerei** (f)	[ʃlɛːgə'ʀaɪ]
Help!	**Hilfe!**	['hɪlfə]

slachtoffer (het) — Opfer (n) — ['ɔpfɐ]
beschadigen (ww) — beschädigen (vt) — [bə'ʃɛ:dɪgən]
schade (de) — Schaden (m) — ['ʃa:dən]
lijk (het) — Leiche (f) — ['laɪçə]
zwaar (~ misdrijf) — schwer — [ʃve:ɐ]

aanvallen (ww) — angreifen (vt) — ['anˌgʀaɪfən]
slaan (iemand ~) — schlagen (vt) — ['ʃla:gən]
in elkaar slaan (toetakelen) — verprügeln (vt) — [fɛɐ'pʀy:gəln]
ontnemen (beroven) — wegnehmen (vt) — ['vɛkˌne:mən]
steken (met een mes) — erstechen (vt) — [ɛɐ'ʃtɛçən]
verminken (ww) — verstümmeln (vt) — [fɛɐ'ʃtʏməln]
verwonden (ww) — verwunden (vt) — [fɛɐ'vʊndən]

chantage (de) — Erpressung (f) — [ɛɐ'pʀɛsʊŋ]
chanteren (ww) — erpressen (vt) — [ɛɐ'pʀɛsən]
chanteur (de) — Erpresser (m) — [ɛɐ'pʀɛsɐ]

afpersing (de) — Schutzgelderpressung (f) — ['ʃʊtsgɛlt?ɛʀˌpʀɛsʊŋ]
afperser (de) — Erpresser (m) — [ɛɐ'pʀɛsɐ]
gangster (de) — Gangster (m) — ['gɛŋstɐ]
maffia (de) — Mafia (f) — ['mafɪa]

kruimeldief (de) — Taschendieb (m) — ['taʃənˌdi:p]
inbreker (de) — Einbrecher (m) — ['aɪnˌbʀɛçɐ]
smokkelen (het) — Schmuggel (m) — ['ʃmʊgəl]
smokkelaar (de) — Schmuggler (m) — ['ʃmʊglɐ]

namaak (de) — Fälschung (f) — ['fɛlʃʊŋ]
namaken (ww) — fälschen (vt) — ['fɛlʃən]
namaak-, vals (bn) — gefälscht — [gə'fɛlʃt]

192. De wet overtreden. Criminelen. Deel 2

verkrachting (de) — Vergewaltigung (f) — [fɛɐgə'valtɪgʊŋ]
verkrachten (ww) — vergewaltigen (vt) — [fɛɐgə'valtɪgən]
verkrachter (de) — Gewalttäter (m) — [gə'valtˌtɛ:tɐ]
maniak (de) — Besessene (m) — [bə'zɛsənə]

prostituee (de) — Prostituierte (f) — [ˌpʀostitu'i:ɐtə]
prostitutie (de) — Prostitution (f) — [pʀostitu'tsjo:n]
pooier (de) — Zuhälter (m) — ['tsu:ˌhɛltɐ]

drugsverslaafde (de) — Drogenabhängiger (m) — ['dʀo:gənˌ?aphɛŋɪgɐ]
drugshandelaar (de) — Drogenhändler (m) — ['dʀo:gənˌhɛndlɐ]

opblazen (ww) — sprengen (vt) — ['ʃpʀɛŋən]
explosie (de) — Explosion (f) — [ɛksplo'zjo:n]
in brand steken (ww) — in Brand stecken — [ɪn bʀant 'ʃtɛkən]
brandstichter (de) — Brandstifter (m) — ['bʀantˌʃtɪftɐ]

terrorisme (het) — Terrorismus (m) — [tɛʀo'ʀɪsmʊs]
terrorist (de) — Terrorist (m) — [tɛʀo'ʀɪst]
gijzelaar (de) — Geisel (m, f) — ['gaɪzəl]

bedriegen (ww)	betrügen (vt)	[bə'tʀy:gən]
bedrog (het)	Betrug (m)	[bə'tʀu:k]
oplichter (de)	Betrüger (m)	[bə'tʀy:gɐ]

omkopen (ww)	bestechen (vt)	[bə'ʃtɛçən]
omkoperij (de)	Bestechlichkeit (f)	[bə'ʃtɛçlɪçkaɪt]
smeergeld (het)	Bestechungsgeld (n)	[bə'ʃtɛçuŋsˌgɛlt]

vergif (het)	Gift (n)	[gɪft]
vergiftigen (ww)	vergiften (vt)	[fɛɐ'gɪftən]
vergif innemen (ww)	sich vergiften	[zɪç fɛɐ'gɪftən]

zelfmoord (de)	Selbstmord (m)	['zɛlpstˌmɔʁt]
zelfmoordenaar (de)	Selbstmörder (m)	['zɛlpstˌmœʁdɐ]

bedreigen (bijv. met een pistool)	drohen (vi)	['dʀo:ən]
bedreiging (de)	Drohung (f)	['dʀo:ʊŋ]
een aanslag plegen	versuchen (vt)	[fɛɐ'zu:χən]
aanslag (de)	Attentat (n)	['atənta:t]

stelen (een auto)	stehlen (vt)	['ʃte:lən]
kapen (een vliegtuig)	entführen (vt)	[ɛnt'fy:ʀən]

wraak (de)	Rache (f)	['ʀaχə]
wreken (ww)	sich rächen	[zɪç 'ʀɛçən]

martelen (gevangenen)	foltern (vt)	['fɔltən]
foltering (de)	Folter (f)	['fɔltɐ]
folteren (ww)	quälen (vt)	['kvɛ:lən]

piraat (de)	Seeräuber (m)	['ze:ˌʀɔɪbɐ]
straatschender (de)	Rowdy (m)	['ʀaʊdi]
gewapend (bn)	bewaffnet	[bə'vafnət]
geweld (het)	Gewalt (f)	[gə'valt]
onwettig (strafbaar)	ungesetzlich	['ʊngəˌzɛtslɪç]

spionage (de)	Spionage (f)	[ʃpio'na:ʒə]
spioneren (ww)	spionieren (vi)	[ʃpɪo'ni:ʀən]

193. Politie. Wet. Deel 1

justitie (de)	Justiz (f)	[jʊs'ti:ts]
gerechtshof (het)	Gericht (n)	[gə'ʀɪçt]

rechter (de)	Richter (m)	['ʀɪçtɐ]
jury (de)	Geschworenen (pl)	[gə'ʃvo:ʀənən]
juryrechtspraak (de)	Geschworenengericht (n)	[gə'ʃvo:ʀənən·gəˌʀɪçt]
berechten (ww)	richten (vt)	['ʀɪçtən]

advocaat (de)	Rechtsanwalt (m)	['ʀɛçtsʔanˌvalt]
beklaagde (de)	Angeklagte (m)	['angəˌkla:ktə]
beklaagdenbank (de)	Anklagebank (f)	['ankla:gə·baŋk]
beschuldiging (de)	Anklage (f)	['ankla:gə]

beschuldigde (de)	Beschuldigte (m)	[bə'ʃʊldɪçtə]
vonnis (het)	Urteil (n)	['ʊʁˌtaɪl]
veroordelen	verurteilen (vt)	[fɛɐ̯'ʔʊʁtaɪlən]
(in een rechtszaak)		

schuldige (de)	Schuldige (m)	['ʃʊldɪgə]
straffen (ww)	bestrafen (vt)	[bə'ʃtʁa:fən]
bestraffing (de)	Strafe (f)	['ʃtʁa:fə]

boete (de)	Geldstrafe (f)	['gɛltˌʃtʁa:fə]
levenslange opsluiting (de)	lebenslange Haft (f)	['le:bənsˌlaŋə haft]
doodstraf (de)	Todesstrafe (f)	['to:dəsˌʃtʁa:fə]
elektrische stoel (de)	elektrischer Stuhl (m)	[e'lɛktʁɪʃɐ ʃtu:l]
schavot (het)	Galgen (m)	[galgən]
executeren (ww)	hinrichten (vt)	['hɪnˌʁɪçtən]
executie (de)	Hinrichtung (f)	['hɪnˌʁɪçtʊŋ]

| gevangenis (de) | Gefängnis (n) | [gə'fɛŋnɪs] |
| cel (de) | Zelle (f) | ['tsɛlə] |

konvooi (het)	Eskorte (f)	[ɛs'kɔʁtə]
gevangenisbewaker (de)	Gefängniswärter (m)	[gə'fɛŋnɪs·vɛʁtɐ]
gedetineerde (de)	Gefangene (m)	[gə'faŋənə]

handboeien (mv.)	Handschellen (pl)	['hantʃɛlən]
handboeien omdoen	Handschellen anlegen	['hantʃɛlən 'anˌle:gən]
ontsnapping (de)	Ausbruch (m)	['aʊsˌbʁʊx]
ontsnappen (ww)	ausbrechen (vi)	['aʊsˌbʁɛçən]
verdwijnen (ww)	verschwinden (vi)	[fɛɐ̯'ʃvɪndən]
vrijlaten (uit de gevangenis)	aus … entlassen	['aʊs … ɛnt'lasn]
amnestie (de)	Amnestie (f)	[amnɛs'ti:]

politie (de)	Polizei (f)	[ˌpoli'tsaɪ]
politieagent (de)	Polizist (m)	[poli'tsɪst]
politiebureau (het)	Polizeiwache (f)	[poli'tsaɪˌvaxə]
knuppel (de)	Gummiknüppel (m)	['gʊmiˌknʏpəl]
megafoon (de)	Sprachrohr (n)	['ʃpʁa:χˌʁo:ɐ̯]

patrouilleerwagen (de)	Streifenwagen (m)	['ʃtʁaɪfənˌva:gən]
sirene (de)	Sirene (f)	[ˌzi'ʁe:nə]
de sirene aansteken	die Sirene einschalten	[di ˌzi'ʁe:nə 'aɪnʃaltən]
geloei (het) van de sirene	Sirenengeheul (n)	[zi'ʁe:nən·gə'hɔɪl]

plaats delict (de)	Tatort (m)	['ta:tˌʔɔʁt]
getuige (de)	Zeuge (m)	['tsɔɪgə]
vrijheid (de)	Freiheit (f)	['fʁaɪhaɪt]
handlanger (de)	Komplize (m)	[kɔm'pli:tsə]
ontvluchten (ww)	verschwinden (vi)	[fɛɐ̯'ʃvɪndən]
spoor (het)	Spur (f)	[ʃpu:ɐ̯]

194. Politie. Wet. Deel 2

| opsporing (de) | Fahndung (f) | ['fa:ndʊŋ] |
| opsporen (ww) | suchen (vt) | ['zu:χən] |

verdenking (de)	Verdacht (m)	[fɛɛ'daxt]
verdacht (bn)	verdächtig	[fɛɛ'dɛçtɪç]
aanhouden (stoppen)	anhalten (vt)	['an‚haltən]
tegenhouden (ww)	verhaften (vt)	[fɛɛ'haftən]

strafzaak (de)	Fall (m), Klage (f)	[faːl], ['klaːgə]
onderzoek (het)	Untersuchung (f)	[ʊntɐ'zuːxʊŋ]
detective (de)	Detektiv (m)	[detɛk'tiːf]
onderzoeksrechter (de)	Ermittlungsrichter (m)	[ɛɐ'mɪtlʊŋs‚ʀɪçtɐ]
versie (de)	Version (f)	[vɛɐ'zjoːn]

motief (het)	Motiv (n)	[mo'tiːf]
verhoor (het)	Verhör (n)	[fɛɛ'høːɐ]
ondervragen (door de politie)	verhören (vt)	[fɛɛ'høːʀən]
ondervragen (omstanders ~)	vernehmen (vt)	[fɛɛ'neːmən]
controle (de)	Kontrolle, Prüfung (f)	[kɔn'tʀɔlə], ['pʀyːfʊŋ]

razzia (de)	Razzia (f)	['ʀatsɪa]
huiszoeking (de)	Durchsuchung (f)	[dʊʀç'zuːxʊŋ]
achtervolging (de)	Verfolgung (f)	[fɛɛ'fɔlgʊŋ]
achtervolgen (ww)	nachjagen (vi)	['naːx‚jaːgən]
opsporen (ww)	verfolgen (vt)	[fɛɛ'fɔlgən]

arrest (het)	Verhaftung (f)	[fɛɛ'haftʊŋ]
arresteren (ww)	verhaften (vt)	[fɛɛ'haftən]
vangen, aanhouden (een dief, enz.)	fangen (vt)	['faŋən]
aanhouding (de)	Festnahme (f)	['fɛst‚naːmə]

document (het)	Dokument (n)	[‚doku'mɛnt]
bewijs (het)	Beweis (m)	[bə'vaɪs]
bewijzen (ww)	beweisen (vt)	[bə'vaɪzən]
voetspoor (het)	Fußspur (f)	['fuːs‚ʃpuːɐ]
vingerafdrukken (mv.)	Fingerabdrücke (pl)	['fɪŋɐ‚ʔapdʀʏkə]
bewijs (het)	Beweisstück (n)	[bə'vaɪsʃtʏk]

alibi (het)	Alibi (n)	['aːlibi]
onschuldig (bn)	unschuldig	['ʊnʃʊldɪç]
onrecht (het)	Ungerechtigkeit (f)	['ʊngə‚ʀɛçtɪçkaɪt]
onrechtvaardig (bn)	ungerecht	['ʊngə‚ʀɛçt]

crimineel (bn)	Kriminal-	[kʀimi'naːl]
confisqueren (in beslag nemen)	beschlagnahmen (vt)	[bə'ʃlaːk‚naːmən]
drug (de)	Droge (f)	['dʀoːgə]
wapen (het)	Waffe (f)	['vafə]
ontwapenen (ww)	entwaffnen (vt)	[ɛnt'vafnən]
bevelen (ww)	befehlen (vt)	[‚bə'feːlən]
verdwijnen (ww)	verschwinden (vi)	[fɛɛ'ʃvɪndən]

wet (de)	Gesetz (n)	[gə'zɛts]
wettelijk (bn)	gesetzlich	[gə'zɛtslɪç]
onwettelijk (bn)	ungesetzlich	['ʊngə‚zɛtslɪç]

| verantwoordelijkheid (de) | Verantwortlichkeit (f) | [fɛɛ'ʔantvɔʀtlɪçkaɪt] |
| verantwoordelijk (bn) | verantwortlich | [fɛɛ'ʔantvɔʀtlɪç] |

NATUUR

De Aarde. Deel 1

195. De kosmische ruimte

kosmos (de)	Kosmos (m)	['kɔsmɔs]
kosmisch (bn)	kosmisch, Raum-	['kɔsmɪʃ], ['ʀaʊm]
kosmische ruimte (de)	Weltraum (m)	['vɛltʀaʊm]
wereld (de)	All (n)	[al]
heelal (het)	Universum (n)	[uni'vɛʀzʊm]
sterrenstelsel (het)	Galaxie (f)	[gala'ksi:]
ster (de)	Stern (m)	[ʃtɛʀn]
sterrenbeeld (het)	Gestirn (n)	[gə'ʃtɪʀn]
planeet (de)	Planet (m)	[pla'ne:t]
satelliet (de)	Satellit (m)	[zatɛ'li:t]
meteoriet (de)	Meteorit (m)	[meteo'ʀi:t]
komeet (de)	Komet (m)	[ko'me:t]
asteroïde (de)	Asteroid (m)	[asteʀo'i:t]
baan (de)	Umlaufbahn (f)	['ʊmlaʊf‚ba:n]
draaien (om de zon, enz.)	sich drehen	[zɪç 'dʀe:ən]
atmosfeer (de)	Atmosphäre (f)	[ʔatmo'sfɛ:ʀə]
Zon (de)	Sonne (f)	['zɔnə]
zonnestelsel (het)	Sonnensystem (n)	['zɔnən·zʏs‚te:m]
zonsverduistering (de)	Sonnenfinsternis (f)	['zɔnən‚fɪnstenɪs]
Aarde (de)	Erde (f)	['e:ɐdə]
Maan (de)	Mond (m)	[mo:nt]
Mars (de)	Mars (m)	[maʀs]
Venus (de)	Venus (f)	['ve:nʊs]
Jupiter (de)	Jupiter (m)	['ju:pite]
Saturnus (de)	Saturn (m)	[za'tʊʀn]
Mercurius (de)	Merkur (m)	[mɛʀ'ku:ɐ]
Uranus (de)	Uran (m)	[u'ʀa:n]
Neptunus (de)	Neptun (m)	[nɛp'tu:n]
Pluto (de)	Pluto (m)	['plu:to]
Melkweg (de)	Milchstraße (f)	['mɪlçʃtʀa:sə]
Grote Beer (de)	Der Große Bär	[de:ɐ 'gʀo:sə bɛ:ɐ]
Poolster (de)	Polarstern (m)	[po'la:ɐʃtɛʀn]
marsmannetje (het)	Marsbewohner (m)	['maʀs·bə‚vo:nɐ]
buitenaards wezen (het)	Außerirdischer (m)	['aʊsɐ‚ʔɪʀdɪʃɐ]

| bovenaards (het) | außerirdisches Wesen (n) | ['aʊsɐˌʔɪʁdɪʃəs 'veːzən] |
| vliegende schotel (de) | fliegende Untertasse (f) | ['fliːɡəndə 'ʊntɐˌtasə] |

ruimtevaartuig (het)	Raumschiff (n)	['ʁaʊmˌʃɪf]
ruimtestation (het)	Raumstation (f)	['ʁaʊm·ʃtatsjoːn]
start (de)	Raketenstart (m)	[ʁa'keːtənˌʃtaʁt]

motor (de)	Triebwerk (n)	['tʁiːpˌvɛʁk]
straalpijp (de)	Düse (f)	['dyːzə]
brandstof (de)	Treibstoff (m)	['tʁaɪpˌʃtɔf]

cabine (de)	Kabine (f)	[ka'biːnə]
antenne (de)	Antenne (f)	[an'tɛnə]
patrijspoort (de)	Bullauge (n)	['bʊlˌʔaʊɡə]
zonnebatterij (de)	Sonnenbatterie (f)	['zɔnənˌbatə'ʁiː]
ruimtepak (het)	Raumanzug (m)	['ʁaʊmˌʔantsuːk]

| gewichtloosheid (de) | Schwerelosigkeit (f) | ['ʃveːʁəˌloːzɪçkaɪt] |
| zuurstof (de) | Sauerstoff (m) | ['zaʊɐˌʃtɔf] |

| koppeling (de) | Ankopplung (f) | ['aŋkɔplʊn] |
| koppeling maken | koppeln (vi) | ['kɔpəln] |

observatorium (het)	Observatorium (n)	[ɔpzɛʁva'toːʁiʊm]
telescoop (de)	Teleskop (n)	[tele'skoːp]
waarnemen (ww)	beobachten (vt)	[bə'ʔoːbaχtən]
exploreren (ww)	erforschen (vt)	[ɛɐ'fɔʁʃən]

196. De Aarde

Aarde (de)	Erde (f)	['eːɐdə]
aardbol (de)	Erdkugel (f)	['eːɐt·kuːɡəl]
planeet (de)	Planet (m)	[pla'neːt]

atmosfeer (de)	Atmosphäre (f)	[ʔatmo'sfɛːʁə]
aardrijkskunde (de)	Geographie (f)	[ˌɡeoɡʁa'fiː]
natuur (de)	Natur (f)	[na'tuːɐ]

wereldbol (de)	Globus (m)	['gloːbʊs]
kaart (de)	Landkarte (f)	['lantˌkaʁtə]
atlas (de)	Atlas (m)	['atlas]

| Europa (het) | Europa (n) | [ɔɪ'ʁoːpa] |
| Azië (het) | Asien (n) | ['aːziən] |

| Afrika (het) | Afrika (n) | ['aːfʁika] |
| Australië (het) | Australien (n) | [aʊs'tʁaːliən] |

Amerika (het)	Amerika (n)	[a'meːʁika]
Noord-Amerika (het)	Nordamerika (n)	['nɔʁtʔaˌmeːʁika]
Zuid-Amerika (het)	Südamerika (n)	['zyːtʔa'meːʁika]

| Antarctica (het) | Antarktis (f) | [ant'ʔaʁktɪs] |
| Arctis (de) | Arktis (f) | ['aʁktɪs] |

197. Windrichtingen

noorden (het)	Norden (m)	['nɔʁdən]
naar het noorden	nach Norden	[na:χ 'nɔʁdən]
in het noorden	im Norden	[ɪm 'nɔʁdən]
noordelijk (bn)	nördlich	['nœʁtlɪç]
zuiden (het)	Süden (m)	['zy:dən]
naar het zuiden	nach Süden	[na:χ 'zy:dən]
in het zuiden	im Süden	[ɪm 'zy:dən]
zuidelijk (bn)	südlich	['zy:tlɪç]
westen (het)	Westen (m)	['vɛstən]
naar het westen	nach Westen	[na:χ 'vɛstən]
in het westen	im Westen	[ɪm 'vɛstən]
westelijk (bn)	westlich, West-	['vɛstlɪç], [vɛst]
oosten (het)	Osten (m)	['ɔstən]
naar het oosten	nach Osten	[na:χ 'ɔstən]
in het oosten	im Osten	[ɪm 'ɔstən]
oostelijk (bn)	östlich	['œstlɪç]

198. Zee. Oceaan

zee (de)	Meer (n), See (f)	[me:ɐ], [ze:]
oceaan (de)	Ozean (m)	['o:tsea:n]
golf (baai)	Golf (m)	[gɔlf]
straat (de)	Meerenge (f)	['me:ɐˌʔɛŋə]
grond (vaste grond)	Festland (n)	['fɛstˌlant]
continent (het)	Kontinent (m)	['kɔntinɛnt]
eiland (het)	Insel (f)	['ɪnzəl]
schiereiland (het)	Halbinsel (f)	['halpˌʔɪnzəl]
archipel (de)	Archipel (m)	[ˌaʁçi'pe:l]
baai, bocht (de)	Bucht (f)	[bʊχt]
haven (de)	Hafen (m)	['ha:fən]
lagune (de)	Lagune (f)	[la'gu:nə]
kaap (de)	Kap (n)	[kap]
atol (de)	Atoll (n)	[a'tɔl]
rif (het)	Riff (n)	[ʁɪf]
koraal (het)	Koralle (f)	[ko'ʁalə]
koraalrif (het)	Korallenriff (n)	[ko'ʁalənˌʁɪf]
diep (bn)	tief	[ti:f]
diepte (de)	Tiefe (f)	['ti:fə]
diepzee (de)	Abgrund (m)	['apˌgʁʊnt]
trog (bijv. Marianentrog)	Graben (m)	['gʁa:bən]
stroming (de)	Strom (m)	[ʃtʁo:m]
omspoelen (ww)	umspülen (vt)	['ʊmˌʃpy:lən]
oever (de)	Ufer (n)	['u:fɐ]

kust (de)	Küste (f)	['kʏstə]
vloed (de)	Flut (f)	[flu:t]
eb (de)	Ebbe (f)	['ɛbə]
ondiepte (ondiep water)	Sandbank (f)	['zant͵baŋk]
bodem (de)	Boden (m)	['bo:dən]

golf (hoge ~)	Welle (f)	['vɛlə]
golfkam (de)	Wellenkamm (m)	['vɛlən͵kam]
schuim (het)	Schaum (m)	[ʃaʊm]

orkaan (de)	Orkan (m)	[ɔʁ'ka:n]
tsunami (de)	Tsunami (m)	[tsu'na:mi]
windstilte (de)	Windstille (f)	['vɪntʃtɪlə]
kalm (bijv. ~e zee)	ruhig	['ʁu:ɪç]

| pool (de) | Pol (m) | [po:l] |
| polair (bn) | Polar- | [po'la:ɐ] |

breedtegraad (de)	Breite (f)	['bʀaɪtə]
lengtegraad (de)	Länge (f)	['lɛŋə]
parallel (de)	Breitenkreis (m)	['bʀaɪtəən·kʀaɪs]
evenaar (de)	Äquator (m)	[ɛ'kva:to:ɐ]

hemel (de)	Himmel (m)	['hɪməl]
horizon (de)	Horizont (m)	[hoʀi'tsɔnt]
lucht (de)	Luft (f)	[lʊft]

vuurtoren (de)	Leuchtturm (m)	['lɔɪçt͵tʊʁm]
duiken (ww)	tauchen (vi)	['taʊχən]
zinken (ov. een boot)	versinken (vi)	[fɛɐ'zɪŋkən]
schatten (mv.)	Schätze (pl)	['ʃɛtsə]

199. Namen van zeeën en oceanen

Atlantische Oceaan (de)	Atlantischer Ozean (m)	[at͵lantɪʃɐ 'o:tsea:n]
Indische Oceaan (de)	Indischer Ozean (m)	['ɪndɪʃɐ 'o:tsea:n]
Stille Oceaan (de)	Pazifischer Ozean (m)	[pa'tsi:fɪʃɐ 'o:tsea:n]
Noordelijke IJszee (de)	Arktischer Ozean (m)	['aʁktɪʃɐ 'o:tsea:n]

Zwarte Zee (de)	Schwarzes Meer (n)	['ʃvaʁtsəs 'me:ɐ]
Rode Zee (de)	Rotes Meer (n)	['ʀo:təs 'me:ɐ]
Gele Zee (de)	Gelbes Meer (n)	['gɛlbəs 'me:ɐ]
Witte Zee (de)	Weißes Meer (n)	[vaɪsəs 'me:ɐ]

Kaspische Zee (de)	Kaspisches Meer (n)	['kaspɪʃəs me:ɐ]
Dode Zee (de)	Totes Meer (n)	['to:təs me:ɐ]
Middellandse Zee (de)	Mittelmeer (n)	['mɪtəl͵me:ɐ]

| Egeïsche Zee (de) | Ägäisches Meer (n) | [ɛ'gɛ:ɪʃəs 'me:ɐ] |
| Adriatische Zee (de) | Adriatisches Meer (n) | [adʀi'a:tɪʃəs 'me:ɐ] |

Arabische Zee (de)	Arabisches Meer (n)	[a'ʀa:bɪʃəs 'me:ɐ]
Japanse Zee (de)	Japanisches Meer (n)	[ja'pa:nɪʃəs me:ɐ]
Beringzee (de)	Beringmeer (n)	['be:ʀɪŋ͵me:ɐ]

Zuid-Chinese Zee (de)	Südchinesisches Meer (n)	['zy:t·çi'ne:zɪʃəs me:ɐ]
Koraalzee (de)	Korallenmeer (n)	[ko'ʀalən͵me:ɐ]
Tasmanzee (de)	Tasmansee (f)	[tas'ma:n·ze:]
Caribische Zee (de)	Karibisches Meer (n)	[ka'ʀi:bɪʃəs 'me:ɐ]

| Barentszzee (de) | Barentssee (f) | ['ba:ʀənts·ze:] |
| Karische Zee (de) | Karasee (f) | ['kaʀa͵ze:] |

Noordzee (de)	Nordsee (f)	['nɔʁt͵ze:]
Baltische Zee (de)	Ostsee (f)	['ɔstze:]
Noorse Zee (de)	Nordmeer (n)	['nɔʁt͵me:ɐ]

200. Bergen

berg (de)	Berg (m)	[bɛʁk]
bergketen (de)	Gebirgskette (f)	[gə'bɪʁks͵kɛtə]
gebergte (het)	Bergrücken (m)	['bɛʁk͵ʀʏkən]

bergtop (de)	Gipfel (m)	['gɪpfəl]
bergpiek (de)	Spitze (f)	['ʃpɪtsə]
voet (ov. de berg)	Bergfuß (m)	['bɛʁk͵fu:s]
helling (de)	Abhang (m)	['ap͵haŋ]

vulkaan (de)	Vulkan (m)	[vʊl'ka:n]
actieve vulkaan (de)	tätiger Vulkan (m)	['tɛ:tɪgɐ vʊl'ka:n]
uitgedoofde vulkaan (de)	schlafender Vulkan (m)	['ʃla:fəndɐ vʊl'ka:n]

uitbarsting (de)	Ausbruch (m)	['aʊs͵bʀʊχ]
krater (de)	Krater (m)	['kʀa:tɐ]
magma (het)	Magma (n)	['magma]
lava (de)	Lava (f)	['la:va]
gloeiend (~e lava)	glühend heiß	['gly:ənt 'haɪs]

kloof (canyon)	Cañon (m)	[ka'njɔn]
bergkloof (de)	Schlucht (f)	[ʃlʊχt]
spleet (de)	Spalte (f)	['ʃpaltə]
afgrond (de)	Abgrund (m)	['ap͵gʀʊnt]

bergpas (de)	Gebirgspass (m)	[gə'bɪʁks͵pas]
plateau (het)	Plateau (n)	[pla'to:]
klip (de)	Fels (m)	[fɛls]
heuvel (de)	Hügel (m)	['hy:gəl]

gletsjer (de)	Gletscher (m)	['glɛtʃɐ]
waterval (de)	Wasserfall (m)	['vasɐ͵fal]
geiser (de)	Geiser (m)	['gaɪzɐ]
meer (het)	See (m)	[ze:]

vlakte (de)	Ebene (f)	['e:bənə]
landschap (het)	Landschaft (f)	['lantʃaft]
echo (de)	Echo (n)	['ɛço]

| alpinist (de) | Bergsteiger (m) | ['bɛʁk͵ʃtaɪgɐ] |
| bergbeklimmer (de) | Kletterer (m) | ['klɛtəʀɐ] |

trotseren (berg ~)	bezwingen (vt)	[bə'tsvɪŋən]
beklimming (de)	Aufstieg (m)	['aʊfˌʃtiːk]

201. Bergen namen

Alpen (de)	Alpen (pl)	['alpən]
Mont Blanc (de)	Montblanc (m)	[moŋ'blaŋ]
Pyreneeën (de)	Pyrenäen (pl)	[pyʀe'nɛːən]
Karpaten (de)	Karpaten (pl)	[kaʀ'paːtən]
Oeralgebergte (het)	Ural (m), Uralgebirge (n)	[u'ʀaːl], [u'ʀaːlˌɡə'bɪʀɡə]
Kaukasus (de)	Kaukasus (m)	['kaʊkazʊs]
Elbroes (de)	Elbrus (m)	[ɛl'bʀʊs]
Altaj (de)	Altai (m)	[al'taɪ]
Tiensjan (de)	Tian Shan (m)	['tjaːn 'ʃaːn]
Pamir (de)	Pamir (m)	[pa'miːɐ]
Himalaya (de)	Himalaja (m)	[hima'laːja]
Everest (de)	Everest (m)	['ɛvəʀɛst]
Andes (de)	Anden (pl)	['andən]
Kilimanjaro (de)	Kilimandscharo (m)	[kiliman'dʒaːʀo]

202. Rivieren

rivier (de)	Fluss (m)	[flʊs]
bron (~ van een rivier)	Quelle (f)	['kvɛlə]
rivierbedding (de)	Flussbett (n)	['flʊsˌbɛt]
rivierbekken (het)	Stromgebiet (n)	['ʃtʀoːmˌɡə'biːt]
uitmonden in ...	einmünden in ...	['aɪnˌmʏndən ɪn]
zijrivier (de)	Nebenfluss (m)	['neːbənˌflʊs]
oever (de)	Ufer (n)	['uːfɐ]
stroming (de)	Strom (m)	[ʃtʀoːm]
stroomafwaarts (bw)	stromabwärts	['ʃtʀoːmˌapvɛʀts]
stroomopwaarts (bw)	stromaufwärts	['ʃtʀoːmˌaʊfvɛʀts]
overstroming (de)	Überschwemmung (f)	[yːbə'ʃvɛmʊŋ]
overstroming (de)	Hochwasser (n)	['hoːxˌvasɐ]
buiten zijn oevers treden	aus den Ufern treten	['aʊs den 'uːfɐn 'tʀeːtən]
overstromen (ww)	überfluten (vt)	[ˌyːbə'fluːtən]
zandbank (de)	Sandbank (f)	['zantˌbaŋk]
stroomversnelling (de)	Stromschnelle (f)	['ʃtʀoːmˌʃnɛlə]
dam (de)	Damm (m)	[dam]
kanaal (het)	Kanal (m)	[ka'naːl]
spaarbekken (het)	Stausee (m)	['ʃtaʊzeː]
sluis (de)	Schleuse (f)	['ʃlɔɪzə]
waterlichaam (het)	Gewässer (n)	[ɡə'vɛsɐ]
moeras (het)	Sumpf (m), Moor (n)	[zʊmpf], [moːɐ]

| broek (het) | Marsch (f) | [maʁʃ] |
| draaikolk (de) | Strudel (m) | [ˈʃtʀuːdəl] |

stroom (de)	Bach (m)	[baχ]
drink- (abn)	Trink-	[ˈtʀɪŋk]
zoet (~ water)	Süß-	[zyːs]

| ijs (het) | Eis (n) | [aɪs] |
| bevriezen (rivier, enz.) | zufrieren (vi) | [ˈtsuːˌfʀiːʀən] |

203. Namen van rivieren

| Seine (de) | Seine (f) | [ˈzɛːnə] |
| Loire (de) | Loire (f) | [luˈaːʀ] |

Theems (de)	Themse (f)	[ˈtɛmzə]
Rijn (de)	Rhein (m)	[ʀaɪn]
Donau (de)	Donau (f)	[ˈdoːnaʊ]

Wolga (de)	Wolga (f)	[ˈvoːlga]
Don (de)	Don (m)	[dɔn]
Lena (de)	Lena (f)	[ˈleːna]

Gele Rivier (de)	Gelber Fluss (m)	[ˈgɛlbɐ ˈflʊs]
Blauwe Rivier (de)	Jangtse (m)	[ˈjangtsɛ]
Mekong (de)	Mekong (m)	[ˈmeːkɔŋ]
Ganges (de)	Ganges (m)	[ˈgaŋgɛs], [ˈgaŋəs]

Nijl (de)	Nil (m)	[niːl]
Kongo (de)	Kongo (m)	[ˈkɔŋgo]
Okavango (de)	Okavango (m)	[ɔkaˈvaŋgo]
Zambezi (de)	Sambesi (m)	[zamˈbeːzi]
Limpopo (de)	Limpopo (m)	[limpɔˈpo]
Mississippi (de)	Mississippi (m)	[mɪsɪˈsɪpi]

204. Bos

| bos (het) | Wald (m) | [valt] |
| bos- (abn) | Wald- | [ˈvalt] |

oerwoud (dicht bos)	Dickicht (n)	[ˈdɪkɪçt]
bosje (klein bos)	Gehölz (n)	[gəˈhœlts]
open plek (de)	Lichtung (f)	[ˈlɪçtʊŋ]

| struikgewas (het) | Dickicht (n) | [ˈdɪkɪçt] |
| struiken (mv.) | Gebüsch (n) | [gəˈbyʃ] |

| paadje (het) | Fußweg (m) | [ˈfuːsˌveːk] |
| ravijn (het) | Erosionsrinne (f) | [eʀoˈzɪoːnsˈʀɪnə] |

| boom (de) | Baum (m) | [baʊm] |
| blad (het) | Blatt (n) | [blat] |

gebladerte (het)	Laub (n)	[laʊp]
vallende bladeren (mv.)	Laubfall (m)	['laʊpˌfal]
vallen (ov. de bladeren)	fallen (vi)	['falən]
boomtop (de)	Wipfel (m)	['vɪpfəl]

tak (de)	Zweig (m)	[tsvaɪk]
ent (de)	Ast (m)	[ast]
knop (de)	Knospe (f)	['knɔspə]
naald (de)	Nadel (f)	['naːdəl]
dennenappel (de)	Zapfen (m)	['tsapfən]

boom holte (de)	Höhlung (f)	['høːˌlʊŋ]
nest (het)	Nest (n)	[nɛst]
hol (het)	Höhle (f)	['høːlə]

stam (de)	Stamm (m)	[ʃtam]
wortel (bijv. boom~s)	Wurzel (f)	['vʊʁtsəl]
schors (de)	Rinde (f)	['ʁɪndə]
mos (het)	Moos (n)	['moːs]

ontwortelen (een boom)	entwurzeln (vt)	[ɛnt'vʊʁtsəln]
kappen (een boom ~)	fällen (vt)	['fɛlən]
ontbossen (ww)	abholzen (vt)	['apˌhɔltsən]
stronk (de)	Baumstumpf (m)	['baʊmˌʃtʊmpf]

kampvuur (het)	Lagerfeuer (n)	['laːgɐˌfɔɪɐ]
bosbrand (de)	Waldbrand (m)	['valtˌbʁant]
blussen (ww)	löschen (vt)	['lœʃən]

boswachter (de)	Förster (m)	['fœʁstɐ]
bescherming (de)	Schutz (m)	[ʃʊts]
beschermen (bijv. de natuur ~)	beschützen (vt)	[bə'ʃʏtsən]
stroper (de)	Wilddieb (m)	['vɪltˌdiːp]
val (de)	Falle (f)	['falə]

plukken (paddestoelen ~)	sammeln (vt)	['zaməln]
plukken (bessen ~)	pflücken (vt)	['pflʏkən]
verdwalen (de weg kwijt zijn)	sich verirren	[zɪç fɛɐ'ʔɪʁən]

205. Natuurlijke hulpbronnen

natuurlijke rijkdommen (mv.)	Naturressourcen (pl)	[na'tuːɐˌʁɛ'sʊʁsən]
delfstoffen (mv.)	Bodenschätze (pl)	['boːdənˌʃɛtsə]
lagen (mv.)	Vorkommen (n)	['foːɐˌkɔmən]
veld (bijv. olie~)	Feld (n)	[fɛlt]

winnen (uit erts ~)	gewinnen (vt)	[gə'vɪnən]
winning (de)	Gewinnung (f)	[gə'vɪnʊŋ]
erts (het)	Erz (n)	[eːɐts]
mijn (bijv. kolenmijn)	Bergwerk (n)	['bɛʁkˌvɛʁk]
mijnschacht (de)	Schacht (m)	[ʃaxt]
mijnwerker (de)	Bergarbeiter (m)	['bɛʁk?aʁˌbaɪtɐ]
gas (het)	Erdgas (n)	['eːɐtˌgaːs]

gasleiding (de)	**Gasleitung** (f)	['ga:s͵laɪtʊŋ]
olie (aardolie)	**Erdöl** (n)	['e:ɐt͵ʔø:l]
olieleiding (de)	**Erdölleitung** (f)	['e:ɐt ʔø:l͵laɪtʊŋ]
oliebron (de)	**Ölquelle** (f)	['ø:l͵kvɛlə]
boortoren (de)	**Bohrturm** (m)	['bo:ɐ͵tʊʁm]
tanker (de)	**Tanker** (m)	['taŋkɐ]

zand (het)	**Sand** (m)	[zant]
kalksteen (de)	**Kalkstein** (m)	['kalkʃtaɪn]
grind (het)	**Kies** (m)	[ki:s]
veen (het)	**Torf** (m)	[tɔʁf]
klei (de)	**Ton** (m)	[to:n]
steenkool (de)	**Kohle** (f)	['ko:lə]

ijzer (het)	**Eisen** (n)	['aɪzən]
goud (het)	**Gold** (n)	[gɔlt]
zilver (het)	**Silber** (n)	['zɪlbə]
nikkel (het)	**Nickel** (n)	['nɪkəl]
koper (het)	**Kupfer** (n)	['kʊpfɐ]

zink (het)	**Zink** (n)	[tsɪŋk]
mangaan (het)	**Mangan** (n)	[maŋ'ga:n]
kwik (het)	**Quecksilber** (n)	['kvɛk͵zɪlbɐ]
lood (het)	**Blei** (n)	[blaɪ]

mineraal (het)	**Mineral** (n)	[mɪne'ʁa:l]
kristal (het)	**Kristall** (m)	[kʁɪs'tal]
marmer (het)	**Marmor** (m)	['maʁmo:ɐ]
uraan (het)	**Uran** (n)	[u'ʁa:n]

De Aarde. Deel 2

206. Weer

weer (het)	**Wetter** (n)	['vɛtɐ]
weersvoorspelling (de)	**Wetterbericht** (m)	['vɛtɐbəˌʀɪçt]
temperatuur (de)	**Temperatur** (f)	[tɛmpəʀa'tu:ɐ]
thermometer (de)	**Thermometer** (n)	[tɛʁmo'me:tɐ]
barometer (de)	**Barometer** (n)	[baʀo'me:tɐ]
vochtig (bn)	**feucht**	[fɔɪçt]
vochtigheid (de)	**Feuchtigkeit** (f)	['fɔɪçtɪçkaɪt]
hitte (de)	**Hitze** (f)	['hɪtsə]
heet (bn)	**glutheiß**	['glu:tˌhaɪs]
het is heet	**ist heiß**	[ist haɪs]
het is warm	**ist warm**	[ist vaʁm]
warm (bn)	**warm**	[vaʁm]
het is koud	**ist kalt**	[ist kalt]
koud (bn)	**kalt**	[kalt]
zon (de)	**Sonne** (f)	['zɔnə]
schijnen (de zon)	**scheinen** (vi)	['ʃaɪnən]
zonnig (~e dag)	**sonnig**	['zɔnɪç]
opgaan (ov. de zon)	**aufgehen** (vi)	['aufˌge:ən]
ondergaan (ww)	**untergehen** (vi)	['ʊntɐˌge:ən]
wolk (de)	**Wolke** (f)	['vɔlkə]
bewolkt (bn)	**bewölkt**	[bə'vœlkt]
regenwolk (de)	**Regenwolke** (f)	['ʀe:gənˌvɔlkə]
somber (bn)	**trüb**	[tʀy:p]
regen (de)	**Regen** (m)	['ʀe:gən]
het regent	**Es regnet**	[ɛs 'ʀe:gnət]
regenachtig (bn)	**regnerisch**	['ʀe:gnəʀɪʃ]
motregenen (ww)	**nieseln** (vi)	['ni:zəln]
plensbui (de)	**strömender Regen** (m)	['ʃtʀø:məntdə 'ʀe:gən]
stortbui (de)	**Regenschauer** (m)	['ʀe:gənˌʃauɐ]
hard (bn)	**stark**	[ʃtaʁk]
plas (de)	**Pfütze** (f)	['pfʏtsə]
nat worden (ww)	**nass werden** (vi)	[nas 've:ɐdən]
mist (de)	**Nebel** (m)	['ne:bəl]
mistig (bn)	**neblig**	['ne:blɪç]
sneeuw (de)	**Schnee** (m)	[ʃne:]
het sneeuwt	**Es schneit**	[ɛs 'ʃnaɪt]

207. Zwaar weer. Natuurrampen

noodweer (storm)	Gewitter (n)	[gə'vɪtə]
bliksem (de)	Blitz (m)	[blɪts]
flitsen (ww)	blitzen (vi)	['blɪtsən]
donder (de)	Donner (m)	['dɔnɐ]
donderen (ww)	donnern (vi)	['dɔnɐn]
het dondert	Es donnert	[ɛs 'dɔnɐt]
hagel (de)	Hagel (m)	['ha:gəl]
het hagelt	Es hagelt	[ɛs 'ha:gəlt]
overstromen (ww)	überfluten (vt)	[ˌy:bɐ'flu:tən]
overstroming (de)	Überschwemmung (f)	[y:bɐ'ʃvɛmʊŋ]
aardbeving (de)	Erdbeben (n)	['e:ɐtˌbe:bən]
aardschok (de)	Erschütterung (f)	[ɛɐ'ʃʏtəRʊŋ]
epicentrum (het)	Epizentrum (n)	[ˌepi'tsɛntRʊm]
uitbarsting (de)	Ausbruch (m)	['aʊsˌbRʊx]
lava (de)	Lava (f)	['la:va]
wervelwind (de)	Wirbelsturm (m)	['vɪʁbəlˌʃtʊʁm]
windhoos (de)	Tornado (m)	[tɔʁ'na:do]
tyfoon (de)	Taifun (m)	[taɪ'fu:n]
orkaan (de)	Orkan (m)	[ɔʁ'ka:n]
storm (de)	Sturm (m)	[ʃtʊʁm]
tsunami (de)	Tsunami (m)	[tsu'na:mi]
cycloon (de)	Zyklon (m)	[tsy'klo:n]
onweer (het)	Unwetter (n)	['ʊnˌvɛtə]
brand (de)	Brand (m)	[bRant]
ramp (de)	Katastrophe (f)	[ˌkatas'tRo:fə]
meteoriet (de)	Meteorit (m)	[meteo'Ri:t]
lawine (de)	Lawine (f)	[la'vi:nə]
sneeuwverschuiving (de)	Schneelawine (f)	['ʃne:laˌvi:nə]
sneeuwjacht (de)	Schneegestöber (n)	['ʃne:gəˌʃtø:bɐ]
sneeuwstorm (de)	Schneesturm (m)	['ʃne:ˌʃtʊʁm]

208. Geluiden. Geluiden

stilte (de)	Stille (f)	['ʃtɪlə]
geluid (het)	Laut (m)	[laʊt]
lawaai (het)	Lärm (m)	[lɛʁm]
lawaai maken (ww)	lärmen (vi)	['lɛʁmən]
lawaaierig (bn)	lärmend	['lɛʁmənt]
luid (~ spreken)	laut	[laʊt]
luid (bijv. ~e stem)	laut	[laʊt]
aanhoudend (voortdurend)	ständig	['ʃtɛndɪç]

schreeuw (de)	Schrei (m)	[ʃʀaɪ]
schreeuwen (ww)	schreien (vi)	[ˈʃʀaɪən]
gefluister (het)	Flüstern (n)	[ˈflʏstən]
fluisteren (ww)	flüstern (vt)	[ˈflʏstən]

geblaf (het)	Gebell (n)	[gəˈbɛl]
blaffen (ww)	bellen (vi)	[ˈbɛlən]

gekreun (het)	Stöhnen (n)	[ˈʃtøːnən]
kreunen (ww)	stöhnen (vi)	[ˈʃtøːnən]
hoest (de)	Husten (m)	[ˈhuːstən]
hoesten (ww)	husten (vi)	[ˈhuːstən]

gefluit (het)	Pfiff (m)	[pfɪf]
fluiten (op het fluitje blazen)	pfeifen (vi)	[ˈpfaɪfən]
geklop (het)	Klopfen (n)	[ˈklɔpfən]
kloppen (aan een deur)	klopfen (vi)	[ˈklɔpfən]

kraken (hout, ijs)	krachen (vi)	[ˈkʀaχən]
gekraak (het)	Krachen (n)	[ˈkʀaχən]

sirene (de)	Sirene (f)	[ˌziˈʀeːnə]
fluit (stoom ~)	Pfeife (f)	[ˈpfaɪfə]
fluiten (schip, trein)	pfeifen (vi)	[ˈpfaɪfən]
toeter (de)	Hupe (f)	[ˈhuːpə]
toeteren (ww)	hupen (vi)	[ˈhuːpən]

209. Winter

winter (de)	Winter (m)	[ˈvɪntɐ]
winter- (abn)	Winter-	[ˈvɪntɐ]
in de winter (bw)	im Winter	[ɪm ˈvɪntɐ]

sneeuw (de)	Schnee (m)	[ʃneː]
het sneeuwt	Es schneit	[ɛs ˈʃnaɪt]
sneeuwval (de)	Schneefall (m)	[ˈʃneːˌfal]
sneeuwhoop (de)	Schneewehe (f)	[ˈʃneːˌveːə]

sneeuwvlok (de)	Schneeflocke (f)	[ˈʃneːˌflɔkə]
sneeuwbal (de)	Schneeball (m)	[ˈʃneːˌbal]
sneeuwman (de)	Schneemann (m)	[ˈʃneːˌman]
ijspegel (de)	Eiszapfen (m)	[ˈaɪsˌtsapfən]

december (de)	Dezember (m)	[deˈtsɛmbɐ]
januari (de)	Januar (m)	[ˈjanuaːɐ]
februari (de)	Februar (m)	[ˈfeːbʀuaːɐ]

vorst (de)	Frost (m)	[fʀɔst]
vries- (abn)	frostig, Frost-	[ˈfʀɔstɪç], [fʀɔst]

onder nul (bw)	unter Null	[ˈʊntɐ ˈnʊl]
eerste vorst (de)	leichter Frost (m)	[ˈlaɪçtɐ fʀɔst]
rijp (de)	Reif (m)	[ʀaɪf]
koude (de)	Kälte (f)	[ˈkɛltə]

het is koud	**Es ist kalt**	[ɛs ist kalt]
bontjas (de)	**Pelzmantel** (m)	['pɛlts‚mantəl]
wanten (mv.)	**Fausthandschuhe** (pl)	['faʊst·hant ʃuːə]
ziek worden (ww)	**erkranken** (vi)	[ɛɐ'kʀaŋkən]
verkoudheid (de)	**Erkältung** (f)	[ɛɐ'kɛltʊŋ]
verkouden raken (ww)	**sich erkälten**	[zɪç ɛɐ'kɛltən]
ijs (het)	**Eis** (n)	[aɪs]
ijzel (de)	**Glatteis** (n)	['glat‚ʔaɪs]
bevriezen (rivier, enz.)	**zufrieren** (vi)	['tsuː‚fʀiːʀən]
ijsschol (de)	**Eisscholle** (f)	['aɪs ʃɔlə]
ski's (mv.)	**Ski** (pl)	[ʃiː]
skiër (de)	**Skiläufer** (m)	['ʃiː‚lɔɪfɐ]
skiën (ww)	**Ski laufen**	['ʃiː 'laʊfən]
schaatsen (ww)	**Schlittschuh laufen**	['ʃlɪt ʃuː 'laʊfən]

Fauna

210. Zoogdieren. Roofdieren

roofdier (het)	Raubtier (n)	['ʀaʊptiːɐ]
tijger (de)	Tiger (m)	['tiːgɐ]
leeuw (de)	Löwe (m)	['løːvə]
wolf (de)	Wolf (m)	[vɔlf]
vos (de)	Fuchs (m)	[fʊks]
jaguar (de)	Jaguar (m)	['jaːguaːɐ]
luipaard (de)	Leopard (m)	[leo'paʁt]
jachtluipaard (de)	Gepard (m)	[ge'paʁt]
panter (de)	Panther (m)	['pantɐ]
poema (de)	Puma (m)	['puːma]
sneeuwluipaard (de)	Schneeleopard (m)	['ʃneːleo,paʁt]
lynx (de)	Luchs (m)	[lʊks]
coyote (de)	Kojote (m)	[kɔ'joːtə]
jakhals (de)	Schakal (m)	[ʃa'kaːl]
hyena (de)	Hyäne (f)	['hyɛːnə]

211. Wilde dieren

dier (het)	Tier (n)	[tiːɐ]
beest (het)	Bestie (f)	['bɛstɪə]
eekhoorn (de)	Eichhörnchen (n)	['aɪç,hœʁnçən]
egel (de)	Igel (m)	['iːgəl]
haas (de)	Hase (m)	['haːzə]
konijn (het)	Kaninchen (n)	[ka'niːnçən]
das (de)	Dachs (m)	[daks]
wasbeer (de)	Waschbär (m)	['vaʃ,bɛːɐ]
hamster (de)	Hamster (m)	['hamstɐ]
marmot (de)	Murmeltier (n)	['mʊʁməl,tiːɐ]
mol (de)	Maulwurf (m)	['maʊl,vʊʁf]
muis (de)	Maus (f)	[maʊs]
rat (de)	Ratte (f)	['ʀatə]
vleermuis (de)	Fledermaus (f)	['fleːdɐ,maʊs]
hermelijn (de)	Hermelin (n)	[hɛʁmə'liːn]
sabeldier (het)	Zobel (m)	['tsoːbəl]
marter (de)	Marder (m)	['maʁdɐ]
wezel (de)	Wiesel (n)	['viːzəl]
nerts (de)	Nerz (m)	[nɛʁts]

bever (de)	Biber (m)	['biːbɐ]
otter (de)	Fischotter (m)	['fɪʃˌʔɔtɐ]

paard (het)	Pferd (n)	[pfeːɐt]
eland (de)	Elch (m)	[ɛlç]
hert (het)	Hirsch (m)	[hɪʁʃ]
kameel (de)	Kamel (n)	[kaˈmeːl]

bizon (de)	Bison (m)	['biːzɔn]
wisent (de)	Wisent (m)	['viːzɛnt]
buffel (de)	Büffel (m)	['bʏfəl]

zebra (de)	Zebra (n)	['tseːbʁa]
antilope (de)	Antilope (f)	[antiˈloːpə]
ree (de)	Reh (n)	[ʁeː]
damhert (het)	Damhirsch (m)	['damhɪʁʃ]
gems (de)	Gämse (f)	['gɛmzə]
everzwijn (het)	Wildschwein (n)	['vɪltʃvaɪn]

walvis (de)	Wal (m)	[vaːl]
rob (de)	Seehund (m)	['zeːˌhʊnt]
walrus (de)	Walroß (n)	['vaːlˌʁɔs]
zeebeer (de)	Seebär (m)	['zeːˌbɛːɐ]
dolfijn (de)	Delfin (m)	[dɛlˈfiːn]

beer (de)	Bär (m)	[bɛːɐ]
ijsbeer (de)	Eisbär (m)	['aɪsˌbɛːɐ]
panda (de)	Panda (m)	['panda]

aap (de)	Affe (m)	['afə]
chimpansee (de)	Schimpanse (m)	[ʃɪmˈpanzə]
orang-oetan (de)	Orang-Utan (m)	['oːʁaŋˌʔuːtan]
gorilla (de)	Gorilla (m)	[goˈʁɪla]
makaak (de)	Makak (m)	[maˈkak]
gibbon (de)	Gibbon (m)	['gɪbɔn]

olifant (de)	Elefant (m)	[eleˈfant]
neushoorn (de)	Nashorn (n)	['naːsˌhɔʁn]
giraffe (de)	Giraffe (f)	[ˌgiˈʁafə]
nijlpaard (het)	Flusspferd (n)	['flʊsˌpfeːɐt]

kangoeroe (de)	Känguru (n)	['kɛŋguʁu]
koala (de)	Koala (m)	[koˈaːla]

mangoest (de)	Manguste (f)	[maŋˈgʊstə]
chinchilla (de)	Chinchilla (n)	[tʃɪnˈtʃɪla]
stinkdier (het)	Stinktier (n)	['ʃtɪŋkˌtiːɐ]
stekelvarken (het)	Stachelschwein (n)	['ʃtaxəlʃvaɪn]

212. Huisdieren

poes (de)	Katze (f)	['katsə]
kater (de)	Kater (m)	['kaːtɐ]
hond (de)	Hund (m)	[hʊnt]

paard (het)	Pferd (n)	[pfeːɐt]
hengst (de)	Hengst (m)	['hɛŋst]
merrie (de)	Stute (f)	['ʃtuːtə]
koe (de)	Kuh (f)	[kuː]
bul, stier (de)	Stier (m)	[ʃtiːɐ]
os (de)	Ochse (m)	['ɔksə]
schaap (het)	Schaf (n)	[ʃaːf]
ram (de)	Widder (m)	['vɪdɐ]
geit (de)	Ziege (f)	['tsiːgə]
bok (de)	Ziegenbock (m)	['tsiːgən‚bɔk]
ezel (de)	Esel (m)	['eːzəl]
muilezel (de)	Maultier (n)	['maʊl‚tiːɐ]
varken (het)	Schwein (n)	[ʃvaɪn]
biggetje (het)	Ferkel (n)	['fɛʁkəl]
konijn (het)	Kaninchen (n)	[ka'niːnçən]
kip (de)	Huhn (n)	[huːn]
haan (de)	Hahn (m)	[haːn]
eend (de)	Ente (f)	['ɛntə]
woerd (de)	Enterich (m)	['ɛntəʁɪç]
gans (de)	Gans (f)	[gans]
kalkoen haan (de)	Puter (m)	['puːtɐ]
kalkoen (de)	Pute (f)	['puːtə]
huisdieren (mv.)	Haustiere (pl)	['haʊs‚tiːʁə]
tam (bijv. hamster)	zahm	[tsaːm]
temmen (tam maken)	zähmen (vt)	['tsɛːmən]
fokken (bijv. paarden ~)	züchten (vt)	['tsʏçtən]
boerderij (de)	Farm (f)	[faʁm]
gevogelte (het)	Geflügel (n)	[gə'flyːgəl]
rundvee (het)	Vieh (n)	[fiː]
kudde (de)	Herde (f)	['heːɐdə]
paardenstal (de)	Pferdestall (m)	['pfeːɐdəʃtal]
zwijnenstal (de)	Schweinestall (m)	['ʃvaɪnəʃtal]
koeienstal (de)	Kuhstall (m)	['kuːʃtal]
konijnenhok (het)	Kaninchenstall (m)	[ka'niːnçənʃtal]
kippenhok (het)	Hühnerstall (m)	['hyːnɐʃtal]

213. Honden. Hondenrassen

hond (de)	Hund (m)	[hʊnt]
herdershond (de)	Schäferhund (m)	['ʃɛːfɐˌhʊnt]
Duitse herdershond (de)	Deutsche Schäferhund (m)	['dɔɪtʃə 'ʃɛːfɐˌhʊnt]
poedel (de)	Pudel (m)	['puːdəl]
teckel (de)	Dachshund (m)	['daksˌhʊnt]
buldog (de)	Bulldogge (f)	['bʊlˌdɔgə]

boxer (de)	Boxer (m)	['bɔksɐ]
mastiff (de)	Mastiff (m)	['mastɪf]
rottweiler (de)	Rottweiler (m)	['ʀɔtvaɪlɐ]
doberman (de)	Dobermann (m)	['do:bɐˌman]

basset (de)	Basset (m)	[ba'se:]
bobtail (de)	Bobtail (m)	['bɔpte:l]
dalmatiër (de)	Dalmatiner (m)	[ˌdalma'ti:nɐ]
cockerspaniël (de)	Cocker-Spaniel (m)	['kɔkɐ 'ʃpanɪəl]

Newfoundlander (de)	Neufundländer (m)	[nɔɪ'fʊntˌlɛndɐ]
sint-bernard (de)	Bernhardiner (m)	[bɛʀnhaʁ'di:nɐ]

husky (de)	Eskimohund (m)	['ɛskimoˌhʊnt]
chowchow (de)	Chow-Chow (m)	['tʃau'tʃau]
spits (de)	Spitz (m)	[ʃpɪts]
mopshond (de)	Mops (m)	[mɔps]

214. Dierengeluiden

geblaf (het)	Gebell (n)	[gə'bɛl]
blaffen (ww)	bellen (vi)	['bɛlən]
miauwen (ww)	miauen (vi)	[mi'auən]
spinnen (katten)	schnurren (vi)	['ʃnʊʀən]

loeien (ov. een koe)	muhen (vi)	['mu:ən]
brullen (stier)	brüllen (vi)	['bʀʏlən]
grommen (ov. de honden)	knurren (vi)	['knʊʀən]

gehuil (het)	Heulen (n)	['hɔɪlən]
huilen (wolf, enz.)	heulen (vi)	['hɔɪlən]
janken (ov. een hond)	winseln (vi)	['vɪnzəln]

mekkeren (schapen)	meckern (vi)	['mɛkɐn]
knorren (varkens)	grunzen (vi)	['gʀʊntsən]
gillen (bijv. varken)	kreischen (vi)	['kʀaɪʃən]

kwaken (kikvorsen)	quaken (vi)	['kva:kən]
zoemen (hommel, enz.)	summen (vi)	['zʊmən]
tjirpen (sprinkhanen)	zirpen (vi)	['tsɪʁpən]

215. Jonge dieren

jong (het)	Tierkind (n)	['ti:ɐˌkɪnt]
poesje (het)	Kätzchen (n)	['kɛtsçən]
muisje (het)	Mausjunge (n)	['mausˌjʊŋə]
puppy (de)	Hündchen (n), Welpe (m)	['hʏntçən], ['vɛlpə]

jonge haas (de)	Häschen (n)	['hɛ:sçən]
konijntje (het)	Kaninchenjunge (n)	[ka'ni:nçənˌjʊŋə]
wolfje (het)	Wolfsjunge (n)	['vɔlfsˌjʊŋə]
vosje (het)	Fuchsjunge (n)	['fʊksˌjʊŋə]

beertje (het)	Bärenjunge (n)	['bɛːʀənˌjʊŋə]
leeuwenjong (het)	Löwenjunge (n)	['løːvənˌjʊŋə]
tijgertje (het)	junger Tiger (m)	['jʏŋə 'tiːgə]
olifantenjong (het)	Elefantenjunge (n)	[eleˈfantənˌjʊŋə]

biggetje (het)	Ferkel (n)	['fɛʁkəl]
kalf (het)	Kalb (n)	[kalp]
geitje (het)	Ziegenkitz (n)	['tsiːgənˌkɪts]
lam (het)	Lamm (n)	[lam]
reekalf (het)	Hirschkalb (n)	['hɪʁʃˌkalp]
jonge kameel (de)	Kamelfohlen (n)	[ka'meːlˌfoːlən]

| slangenjong (het) | junge Schlange (f) | ['jʊŋə 'ʃlaŋə] |
| kikkertje (het) | Fröschlein (n) | ['fʀœʃlain] |

vogeltje (het)	junger Vogel (m)	['jʏŋə 'foːgəl]
kuiken (het)	Küken (n)	['kyːkən]
eendje (het)	Entlein (n)	['ɛntlaɪn]

216. Vogels

vogel (de)	Vogel (m)	['foːgəl]
duif (de)	Taube (f)	['taʊbə]
mus (de)	Spatz (m)	[ʃpats]
koolmees (de)	Meise (f)	['maɪzə]
ekster (de)	Elster (f)	['ɛlstə]

raaf (de)	Rabe (m)	['ʀaːbə]
kraai (de)	Krähe (f)	['kʀɛːə]
kauw (de)	Dohle (f)	['doːlə]
roek (de)	Saatkrähe (f)	['zaːtˌkʀɛːə]

eend (de)	Ente (f)	['ɛntə]
gans (de)	Gans (f)	[gans]
fazant (de)	Fasan (m)	[faˈzaːn]

arend (de)	Adler (m)	['aːdlɐ]
havik (de)	Habicht (m)	['haːbɪçt]
valk (de)	Falke (m)	['falkə]
gier (de)	Greif (m)	[gʀaɪf]
condor (de)	Kondor (m)	['kɔndoːɐ]

zwaan (de)	Schwan (m)	[ʃvaːn]
kraanvogel (de)	Kranich (m)	['kʀaːnɪç]
ooievaar (de)	Storch (m)	[ʃtɔʁç]

papegaai (de)	Papagei (m)	[papaˈgaɪ]
kolibrie (de)	Kolibri (m)	['koːlibʀi]
pauw (de)	Pfau (m)	[pfaʊ]

struisvogel (de)	Strauß (m)	[ʃtʀaʊs]
reiger (de)	Reiher (m)	['ʀaɪɐ]
flamingo (de)	Flamingo (m)	[flaˈmɪŋgo]
pelikaan (de)	Pelikan (m)	['peːlikaːn]

| nachtegaal (de) | Nachtigall (f) | ['naxtɪgal] |
| zwaluw (de) | Schwalbe (f) | ['ʃvalbə] |

lijster (de)	Drossel (f)	['dʀɔsəl]
zanglijster (de)	Singdrossel (f)	['zɪŋˌdʀɔsəl]
merel (de)	Amsel (f)	['amzəl]

gierzwaluw (de)	Segler (m)	['zeːglɐ]
leeuwerik (de)	Lerche (f)	['lɛʀçə]
kwartel (de)	Wachtel (f)	['vaxtəl]

specht (de)	Specht (m)	[ʃpɛçt]
koekoek (de)	Kuckuck (m)	['kʊkʊk]
uil (de)	Eule (f)	['ɔɪlə]
oehoe (de)	Uhu (m)	['uːhu]
auerhoen (het)	Auerhahn (m)	['aʊɐˌhaːn]
korhoen (het)	Birkhahn (m)	['bɪʀkˌhaːn]
patrijs (de)	Rebhuhn (n)	['ʀeːpˌhuːn]

spreeuw (de)	Star (m)	[ʃtaːɐ]
kanarie (de)	Kanarienvogel (m)	[ka'naːʀɪənˌfoːgəl]
hazelhoen (het)	Haselhuhn (n)	['haːzəlˌhuːn]
vink (de)	Buchfink (m)	['buːxfɪŋk]
goudvink (de)	Gimpel (m)	['gɪmpəl]

meeuw (de)	Möwe (f)	['møːvə]
albatros (de)	Albatros (m)	['albatʀɔs]
pinguïn (de)	Pinguin (m)	['pɪŋguiːn]

217. Vogels. Zingen en geluiden

fluiten, zingen (ww)	singen (vt)	['zɪŋən]
schreeuwen (dieren, vogels)	schreien (vi)	['ʃʀaɪən]
kraaien (ov. een haan)	kikeriki schreien	[ˌkikəʀi'ki: 'ʃʀaɪən]
kukeleku	kikeriki	[ˌkikəʀi'ki:]

klokken (hen)	gackern (vi)	['gakɐn]
krassen (kraai)	krächzen (vi)	['kʀɛçtsən]
kwaken (eend)	schnattern (vi)	['ʃnatɐn]
piepen (kuiken)	piepsen (vi)	['piːpsən]
tjilpen (bijv. een mus)	zwitschern (vi)	['tsvɪtʃɐn]

218. Vis. Zeedieren

brasem (de)	Brachse (f)	['bʀaksə]
karper (de)	Karpfen (m)	['kaʀpfən]
baars (de)	Barsch (m)	[baʀʃ]
meerval (de)	Wels (m)	[vɛls]
snoek (de)	Hecht (m)	[hɛçt]

| zalm (de) | Lachs (m) | [laks] |
| steur (de) | Stör (m) | [ʃtøːɐ] |

haring (de)	Hering (m)	['heːʀɪŋ]
atlantische zalm (de)	atlantische Lachs (m)	[at'lantɪʃə laks]
makreel (de)	Makrele (f)	[ma'kʀeːlə]
platvis (de)	Scholle (f)	['ʃɔlə]

snoekbaars (de)	Zander (m)	['tsandɐ]
kabeljauw (de)	Dorsch (m)	[dɔʁʃ]
tonijn (de)	Tunfisch (m)	['tuːnfɪʃ]
forel (de)	Forelle (f)	[ˌfo'ʀɛlə]

paling (de)	Aal (m)	[aːl]
sidderrog (de)	Zitterrochen (m)	['tsɪtɐˌʀɔχən]
murene (de)	Muräne (f)	[mu'ʀɛːnə]
piranha (de)	Piranha (m)	[pi'ʀanja]

haai (de)	Hai (m)	[haɪ]
dolfijn (de)	Delfin (m)	[dɛl'fiːn]
walvis (de)	Wal (m)	[vaːl]

krab (de)	Krabbe (f)	['kʀabə]
kwal (de)	Meduse (f)	[me'duːzə]
octopus (de)	Krake (m)	['kʀaːkə]

zeester (de)	Seestern (m)	['zeːˌʃtɛʁn]
zee-egel (de)	Seeigel (m)	['zeːˌʔiːgəl]
zeepaardje (het)	Seepferdchen (n)	['zeːˌpfeːɐtçən]

oester (de)	Auster (f)	['aʊstɐ]
garnaal (de)	Garnele (f)	[gaʁ'neːlə]
kreeft (de)	Hummer (m)	['hʊmɐ]
langoest (de)	Languste (f)	[laŋ'gʊstə]

219. Amfibieën. Reptielen

| slang (de) | Schlange (f) | ['ʃlaŋə] |
| giftig (slang) | Gift-, giftig | [gɪft], ['gɪftɪç] |

adder (de)	Viper (f)	['viːpɐ]
cobra (de)	Kobra (f)	['koːbʀa]
python (de)	Python (m)	['pyːtɔn]
boa (de)	Boa (f)	['boːa]

ringslang (de)	Ringelnatter (f)	['ʀɪŋəlˌnatɐ]
ratelslang (de)	Klapperschlange (f)	['klapɐˌʃlaŋə]
anaconda (de)	Anakonda (f)	[ana'kɔnda]

hagedis (de)	Eidechse (f)	['aɪdɛksə]
leguaan (de)	Leguan (m)	['leːguaːn]
varaan (de)	Waran (m)	[va'ʀaːn]
salamander (de)	Salamander (m)	[zala'mandɐ]
kameleon (de)	Chamäleon (n)	[ka'mɛːleˌɔn]
schorpioen (de)	Skorpion (m)	[skɔʁ'pjoːn]
schildpad (de)	Schildkröte (f)	['ʃɪltˌkʀøːtə]
kikker (de)	Frosch (m)	[fʀɔʃ]

| pad (de) | **Kröte** (f) | ['kʀø:tə] |
| krokodil (de) | **Krokodil** (n) | [kʀoko'di:l] |

220. Insecten

insect (het)	**Insekt** (n)	[ɪn'zɛkt]
vlinder (de)	**Schmetterling** (m)	['ʃmɛtelɪŋ]
mier (de)	**Ameise** (f)	['a:maɪzə]
vlieg (de)	**Fliege** (f)	['fli:gə]
mug (de)	**Mücke** (f)	['mʏkə]
kever (de)	**Käfer** (m)	['kɛ:fɐ]

wesp (de)	**Wespe** (f)	['vɛspə]
bij (de)	**Biene** (f)	['bi:nə]
hommel (de)	**Hummel** (f)	['hʊməl]
horzel (de)	**Bremse** (f)	['bʀɛmzə]

| spin (de) | **Spinne** (f) | ['ʃpɪnə] |
| spinnenweb (het) | **Spinnennetz** (n) | ['ʃpɪnən͵nɛts] |

libel (de)	**Libelle** (f)	[li'bɛlə]
sprinkhaan (de)	**Grashüpfer** (m)	['gʀa:s͵hʏpfɐ]
nachtvlinder (de)	**Schmetterling** (m)	['ʃmɛtelɪŋ]

kakkerlak (de)	**Schabe** (f)	['ʃa:bə]
teek (de)	**Zecke** (f)	['tsɛkə]
vlo (de)	**Floh** (m)	[flo:]
kriebelmug (de)	**Kriebelmücke** (f)	['kʀi:bəl͵mʏkə]

treksprinkhaan (de)	**Heuschrecke** (f)	['hɔɪʃʀɛkə]
slak (de)	**Schnecke** (f)	['ʃnɛkə]
krekel (de)	**Heimchen** (n)	['haɪmçən]
glimworm (de)	**Leuchtkäfer** (m)	['lɔɪçt͵kɛ:fɐ]
lieveheersbeestje (het)	**Marienkäfer** (m)	[ma'ʀi:ən͵kɛ:fɐ]
meikever (de)	**Maikäfer** (m)	['maɪ͵kɛ:fɐ]

bloedzuiger (de)	**Blutegel** (m)	['blu:t͵ʔe:gəl]
rups (de)	**Raupe** (f)	['ʀaʊpə]
aardworm (de)	**Wurm** (m)	[vʊʀm]
larve (de)	**Larve** (f)	['laʀfə]

221. Dieren. Lichaamsdelen

snavel (de)	**Schnabel** (m)	['ʃna:bəl]
vleugels (mv.)	**Flügel** (pl)	['fly:gəl]
poot (ov. een vogel)	**Fuß** (m)	[fu:s]
verenkleed (het)	**Gefieder** (n)	[gə'fi:dɐ]
veer (de)	**Feder** (f)	['fe:dɐ]
kuifje (het)	**Haube** (f)	['haʊbə]

| kieuwen (mv.) | **Kiemen** (pl) | ['ki:mən] |
| kuit, dril (de) | **Laich** (m) | [laɪç] |

larve (de)	Larve (f)	['laʁfə]
vin (de)	Flosse (f)	['flɔsə]
schubben (mv.)	Schuppe (f)	['ʃʊpə]

slagtand (de)	Stoßzahn (m)	['ʃtoːsˌtsaːn]
poot (bijv. ~ van een kat)	Pfote (f)	['pfoːtə]
muil (de)	Schnauze (f)	['ʃnaʊtsə]
bek (mond van dieren)	Rachen (m)	['ʀaχən]
staart (de)	Schwanz (m)	[ʃvants]
snorharen (mv.)	Barthaar (n)	['baːɐtˌhaːɐ]

| hoef (de) | Huf (m) | [huːf] |
| hoorn (de) | Horn (n) | [hɔʁn] |

schild (schildpad, enz.)	Panzer (m)	['pantsɐ]
schelp (de)	Muschel (f)	['mʊʃl]
eierschaal (de)	Schale (f)	['ʃaːlə]

| vacht (de) | Fell (n) | [fɛl] |
| huid (de) | Haut (f) | [haʊt] |

222. Acties van de dieren

| vliegen (ww) | fliegen (vi) | ['fliːɡən] |
| cirkelen (vogel) | herumfliegen (vi) | [hɛ'ʀʊmˌfliːɡən] |

| wegvliegen (ww) | wegfliegen (vi) | ['vɛkˌfliːɡən] |
| klapwieken (ww) | schlagen (vi) | ['ʃlaːɡən] |

| pikken (vogels) | picken (vt) | ['pɪkən] |
| broeden (de eend zit te ~) | bebrüten (vt) | [bə'bʀyːtən] |

| uitbroeden (ww) | ausschlüpfen (vi) | ['aʊsˌʃlʏpfən] |
| een nest bouwen | ein Nest bauen | [aɪn nɛst 'baʊən] |

kruipen (ww)	kriechen (vi)	['kʀiːçən]
steken (bij)	stechen (vt)	['ʃtɛçən]
bijten (de hond, enz.)	beißen (vt)	['baɪsən]

snuffelen (ov. de dieren)	schnüffeln (vt)	['ʃnʏfəln]
blaffen (ww)	bellen (vi)	['bɛlən]
sissen (slang)	zischen (vi)	['tsɪʃən]

| doen schrikken (ww) | erschrecken (vt) | [ɛɐ'ʃʀɛkən] |
| aanvallen (ww) | angreifen (vt) | ['anˌɡʀaɪfən] |

knagen (ww)	nagen (vi)	['naːɡən]
schrammen (ww)	kratzen (vt)	['kʀatsən]
zich verbergen (ww)	sich verstecken	[zɪç fɛɐ'ʃtɛkən]

spelen (ww)	spielen (vi)	['ʃpiːlən]
jagen (ww)	jagen (vi)	['jaːɡən]
winterslapen	Winterschlaf halten	['vɪntɐˌʃlaːf 'haltən]
uitsterven (dinosauriërs, enz.)	aussterben (vi)	['aʊsˌʃtɛʁbən]

223. Dieren. Leefomgevingen

leefgebied (het)	Lebensraum (f)	['le:bəns‚ʀaʊm]
migratie (de)	Wanderung (f)	['vandəʀʊŋ]
berg (de)	Berg (m)	[bɛʁk]
rif (het)	Riff (n)	[ʀɪf]
klip (de)	Fels (m)	[fɛls]
bos (het)	Wald (m)	[valt]
jungle (de)	Dschungel (m, n)	['dʒʊŋəl]
savanne (de)	Savanne (f)	[za'vanə]
toendra (de)	Tundra (f)	['tʊndʀa]
steppe (de)	Steppe (f)	['ʃtɛpə]
woestijn (de)	Wüste (f)	['vy:stə]
oase (de)	Oase (f)	[o'a:zə]
zee (de)	Meer (n), See (f)	[me:ɐ], [ze:]
meer (het)	See (m)	[ze:]
oceaan (de)	Ozean (m)	['o:tsea:n]
moeras (het)	Sumpf (m)	[zʊmpf]
zoetwater- (abn)	Süßwasser-	['zy:s‚vasɐ]
vijver (de)	Teich (m)	[taɪç]
rivier (de)	Fluss (m)	[flʊs]
berenhol (het)	Höhle (f), Bau (m)	['hø:lə], [baʊ]
nest (het)	Nest (n)	[nɛst]
boom holte (de)	Höhlung (f)	['hø:‚lʊŋ]
hol (het)	Loch (n)	[lɔχ]
mierenhoop (de)	Ameisenhaufen (m)	['a:maɪzən·haʊfən]

224. Dierverzorging

dierentuin (de)	Zoo (m)	['tso:]
natuurreservaat (het)	Schutzgebiet (n)	['ʃʊtsgə‚bi:t]
fokkerij (de)	Zucht (f)	[tsʊχt]
openluchtkooi (de)	Freigehege (n)	['fʀaɪ·gə'he:gə]
kooi (de)	Käfig (m)	['kɛ:fɪç]
hondenhok (het)	Hundehütte (f)	['hʊndə'hytə]
duiventil (de)	Taubenschlag (m)	['taʊbənʃla:k]
aquarium (het)	Aquarium (n)	[a'kva:ʀiʊm]
dolfinarium (het)	Delphinarium (n)	[dɛlfi'na:ʀɪʊm]
fokken (bijv. honden ~)	züchten (vt)	['tsʏçtən]
nakomelingen (mv.)	Wurf (m)	[vʊʁf]
temmen (tam maken)	zähmen (vt)	['tsɛ:mən]
dresseren (ww)	dressieren (vt)	[dʀɛ'si:ʀən]
voeding (de)	Futter (n)	['fʊtɐ]
voederen (ww)	füttern (vt)	['fʏtɐn]

dierenwinkel (de)	Zoohandlung (f)	[tsoo'handlʊŋ]
muilkorf (de)	Maulkorb (m)	['maʊl‚kɔʁp]
halsband (de)	Halsband (n)	['hals‚bant]
naam (ov. een dier)	Rufname (m)	['ʁu:f‚na:mə]
stamboom (honden met ~)	Stammbaum (m)	['ʃtam‚baʊm]

225. Dieren. Diversen

meute (wolven)	Rudel (n)	['ʁu:dəl]
zwerm (vogels)	Vogelschwarm (m)	['fo:gəlʃvaʁm]
school (vissen)	Schwarm (m)	[ʃvaʁm]
kudde (wilde paarden)	Pferdeherde (f)	['pfe:ədə‚he:ədə]

| mannetje (het) | Männchen (n) | ['mɛnçən] |
| vrouwtje (het) | Weibchen (n) | ['vaɪpçən] |

hongerig (bn)	hungrig	['hʊŋʁɪç]
wild (bn)	wild	[vɪlt]
gevaarlijk (bn)	gefährlich	[gə'fɛ:ɐlɪç]

226. Paarden

| paard (het) | Pferd (n) | [pfe:ɐt] |
| ras (het) | Rasse (f) | ['ʁasə] |

| veulen (het) | Fohlen (n) | ['fo:lən] |
| merrie (de) | Stute (f) | ['ʃtu:tə] |

mustang (de)	Mustang (m)	['mʊstaŋ]
pony (de)	Pony (n)	['pɔni]
koudbloed (de)	schweres Zugpferd (n)	['ʃve:ʁəs 'tsu:k‚pfe:ɐt]

| manen (mv.) | Mähne (f) | ['mɛnə] |
| staart (de) | Schwanz (m) | [ʃvants] |

hoef (de)	Huf (m)	[hu:f]
hoefijzer (het)	Hufeisen (n)	['hu:f‚ʔaɪzən]
beslaan (ww)	beschlagen (vt)	[bə'ʃla:gən]
paardensmid (de)	Schmied (m)	[ʃmi:t]

zadel (het)	Sattel (m)	['zatəl]
stijgbeugel (de)	Steigbügel (m)	['ʃtaɪk‚by:gəl]
breidel (de)	Zaum (m)	[tsaʊm]
leidsels (mv.)	Zügel (pl)	['tsy:gəl]
zweep (de)	Peitsche (f)	['paɪtʃə]

ruiter (de)	Reiter (m)	['ʁaɪtɐ]
zadelen (ww)	satteln (vt)	['zatəln]
een paard bestijgen	besteigen (vt)	[bə'ʃtaɪgən]

| galop (de) | Galopp (m) | [ga'lɔp] |
| galopperen (ww) | galoppieren (vi) | [galɔ'pi:ʁən] |

draf (de)	**Trab** (m)	[tʀɑ:p]
in draf (bw)	**im Trab**	[ɪm tʀɑ:p]
draven (ww)	**traben** (vi)	['tʀɑ:bən]
renpaard (het)	**Rennpferd** (n)	['ʀɛn,pfe:ɐt]
paardenrace (de)	**Rennen** (n)	['ʀɛnən]
paardenstal (de)	**Pferdestall** (m)	['pfe:ɐdəʃtal]
voederen (ww)	**füttern** (vt)	['fʏtɐn]
hooi (het)	**Heu** (n)	[hɔɪ]
water geven (ww)	**tränken** (vt)	['tʀɛŋkən]
wassen (paard ~)	**striegeln** (vt)	['ʃtʀi:gəln]
paardenkar (de)	**Pferdewagen** (m)	['pfe:ɐdə,va:gən]
grazen (gras eten)	**weiden** (vi)	['vaɪdən]
hinniken (ww)	**wiehern** (vi)	['vi:ɐn]
een trap geven	**ausschlagen** (vi)	['aʊsʃla:gən]

Flora

227. Bomen

boom (de)	**Baum** (m)	[baʊm]
loof- (abn)	**Laub-**	[laʊp]
dennen- (abn)	**Nadel-**	['na:dəl]
groenblijvend (bn)	**immergrün**	['ɪmɐˌgʀy:n]
appelboom (de)	**Apfelbaum** (m)	['apfəlˌbaum]
perenboom (de)	**Birnbaum** (m)	['bɪʀnˌbaʊm]
zoete kers (de)	**Süßkirschbaum** (m)	['zy:skɪʀʃˌbaʊm]
zure kers (de)	**Sauerkirschbaum** (m)	[zauə'kɪʀʃˌbaʊm]
pruimelaar (de)	**Pflaumenbaum** (m)	['pflaʊmənˌbaum]
berk (de)	**Birke** (f)	['bɪʀkə]
eik (de)	**Eiche** (f)	['aɪçə]
linde (de)	**Linde** (f)	['lɪndə]
esp (de)	**Espe** (f)	['ɛspə]
esdoorn (de)	**Ahorn** (m)	['a:hoʀn]
spar (de)	**Fichte** (f)	['fɪçtə]
den (de)	**Kiefer** (f)	['ki:fe]
lariks (de)	**Lärche** (f)	['lɛʀçə]
zilverspar (de)	**Tanne** (f)	['tanə]
ceder (de)	**Zeder** (f)	['tse:dɐ]
populier (de)	**Pappel** (f)	['papəl]
lijsterbes (de)	**Vogelbeerbaum** (m)	['fo:gəlbe:ɐˌbaʊm]
wilg (de)	**Weide** (f)	['vaɪdə]
els (de)	**Erle** (f)	['ɛʀlə]
beuk (de)	**Buche** (f)	['bu:xə]
iep (de)	**Ulme** (f)	['ʊlmə]
es (de)	**Esche** (f)	['ɛʃə]
kastanje (de)	**Kastanie** (f)	[kas'ta:niə]
magnolia (de)	**Magnolie** (f)	[mag'no:lɪə]
palm (de)	**Palme** (f)	['palmə]
cipres (de)	**Zypresse** (f)	[tsy'pʀɛsə]
mangrove (de)	**Mangrovenbaum** (m)	[maŋ'gʀo:vənˌbaum]
baobab (apenbroodboom)	**Baobab** (m)	['ba:obap]
eucalyptus (de)	**Eukalyptus** (m)	[ɔɪka'lʏptʊs]
mammoetboom (de)	**Mammutbaum** (m)	['mamʊtˌbaʊm]

228. Heesters

struik (de)	**Strauch** (m)	[ʃtʀaʊх]
heester (de)	**Gebüsch** (n)	[gə'bʏʃ]

| wijnstok (de) | Weinstock (m) | ['vaɪnˌʃtɔk] |
| wijngaard (de) | Weinberg (m) | ['vaɪnˌbɛʁk] |

frambozenstruik (de)	Himbeerstrauch (m)	['hɪmbeːɐˌʃtʁaʊχ]
zwarte bes (de)	schwarze Johannisbeere (f)	['ʃvaʁtsə joːˈhanɪsbeːʁə]
rode bessenstruik (de)	rote Johannisbeere (f)	['ʁoːtə joːˈhanɪsbeːʁə]
kruisbessenstruik (de)	Stachelbeerstrauch (m)	['ʃtaχəlbeːɐˌʃtʁaʊχ]

acacia (de)	Akazie (f)	[aˈkaːtsiə]
zuurbes (de)	Berberitze (f)	[bɛʁbəˈʁɪtsə]
jasmijn (de)	Jasmin (m)	[jasˈmiːn]

jeneverbes (de)	Wacholder (m)	[vaˈχɔldə]
rozenstruik (de)	Rosenstrauch (m)	['ʁoːzənˌʃtʁaʊχ]
hondsroos (de)	Heckenrose (f)	['hɛkənˌʁoːzə]

229. Champignons

paddenstoel (de)	Pilz (m)	[pɪlts]
eetbare paddenstoel (de)	essbarer Pilz (m)	['ɛsbaːʁɐ pɪlts]
giftige paddenstoel (de)	Giftpilz (m)	['gɪftˌpɪlts]
hoed (de)	Hut (m)	[huːt]
steel (de)	Stiel (m)	[ʃtiːl]

eekhoorntjesbrood (het)	Steinpilz (m)	['ʃtaɪnˌpɪlts]
rosse populierboleet (de)	Rotkappe (f)	['ʁoːtˌkapə]
berkenboleet (de)	Birkenpilz (m)	['bɪʁkənˌpɪlts]
cantharel (de)	Pfifferling (m)	['pfɪfelɪŋ]
russula (de)	Täubling (m)	['tɔyplɪŋ]

morielje (de)	Morchel (f)	['mɔʁçəl]
vliegenzwam (de)	Fliegenpilz (m)	['fliːgənˌpɪlts]
groene knolamaniet (de)	Grüner Knollenblätterpilz (m)	['gʁyːnɐ ˌknɔlənˈblɛtəˌpɪlts]

230. Vruchten. Bessen

vrucht (de)	Frucht (f)	[fʁʊχt]
vruchten (mv.)	Früchte (pl)	['fʁYçtə]
appel (de)	Apfel (m)	['apfəl]
peer (de)	Birne (f)	['bɪʁnə]
pruim (de)	Pflaume (f)	['pflaʊmə]

aardbei (de)	Erdbeere (f)	['eːɐtˌbeːʁə]
zure kers (de)	Sauerkirsche (f)	['zaʊɐˌkɪʁʃə]
zoete kers (de)	Süßkirsche (f)	['zyːsˌkɪʁʃə]
druif (de)	Weintrauben (pl)	['vaɪnˌtʁaʊbən]

framboos (de)	Himbeere (f)	['hɪmˌbeːʁə]
zwarte bes (de)	schwarze Johannisbeere (f)	['ʃvaʁtsə joːˈhanɪsbeːʁə]
rode bes (de)	rote Johannisbeere (f)	['ʁoːtə joːˈhanɪsbeːʁə]
kruisbes (de)	Stachelbeere (f)	['ʃtaχəlˌbeːʁə]

veenbes (de)	Moosbeere (f)	['moːsˌbeːʀə]
sinaasappel (de)	Apfelsine (f)	[apfəl'ziːnə]
mandarijn (de)	Mandarine (f)	[ˌmanda'ʀiːnə]
ananas (de)	Ananas (f)	['ananas]
banaan (de)	Banane (f)	[ba'naːnə]
dadel (de)	Dattel (f)	['datəl]
citroen (de)	Zitrone (f)	[tsi'tʀoːnə]
abrikoos (de)	Aprikose (f)	[ˌapʀi'koːzə]
perzik (de)	Pfirsich (m)	['pfɪʁzɪç]
kiwi (de)	Kiwi, Kiwifrucht (f)	['kiːvi], ['kiːviˌfʀʊχt]
grapefruit (de)	Grapefruit (f)	['gʀɛɪpˌfʀuːt]
bes (de)	Beere (f)	['beːʀə]
bessen (mv.)	Beeren (pl)	['beːʀən]
vossenbes (de)	Preiselbeere (f)	['pʀaɪzəlˌbeːʀə]
bosaardbei (de)	Walderdbeere (f)	['valtʔeːɐtˌbeːʀə]
blauwe bosbes (de)	Heidelbeere (f)	['haɪdəlˌbeːʀə]

231. Bloemen. Planten

bloem (de)	Blume (f)	['bluːmə]
boeket (het)	Blumenstrauß (m)	['bluːmənˌʃtʀaʊs]
roos (de)	Rose (f)	['ʀoːzə]
tulp (de)	Tulpe (f)	['tʊlpə]
anjer (de)	Nelke (f)	['nɛlkə]
gladiool (de)	Gladiole (f)	[ˌgla'dɪoːlə]
korenbloem (de)	Kornblume (f)	['kɔʁnˌbluːmə]
klokje (het)	Glockenblume (f)	['glɔkənˌbluːmə]
paardenbloem (de)	Löwenzahn (m)	['løːvənˌtsaːn]
kamille (de)	Kamille (f)	[ka'mɪlə]
aloë (de)	Aloe (f)	['aːloe]
cactus (de)	Kaktus (m)	['kaktʊs]
ficus (de)	Gummibaum (m)	['gʊmiˌbaʊm]
lelie (de)	Lilie (f)	['liːliə]
geranium (de)	Geranie (f)	[ge'ʀaːnɪə]
hyacint (de)	Hyazinthe (f)	[hya'tsɪntə]
mimosa (de)	Mimose (f)	[mi'moːzə]
narcis (de)	Narzisse (f)	[naʁ'tsɪsə]
Oost-Indische kers (de)	Kapuzinerkresse (f)	[ˌkapu'tsiːnɐˌkʀɛsə]
orchidee (de)	Orchidee (f)	[ˌɔʁçi'deːə]
pioenroos (de)	Pfingstrose (f)	['pfɪŋstˌʀoːzə]
viooltje (het)	Veilchen (n)	['faɪlçən]
driekleurig viooltje (het)	Stiefmütterchen (n)	['ʃtiːfˌmʏtɐçən]
vergeet-mij-nietje (het)	Vergissmeinnicht (n)	[ˌfɛɐ'gɪs·maɪn·nɪçt]
madeliefje (het)	Gänseblümchen (n)	['gɛnzəˌblyːmçən]
papaver (de)	Mohn (m)	[moːn]

| hennep (de) | Hanf (m) | [hanf] |
| munt (de) | Minze (f) | ['mɪntsə] |

| lelietje-van-dalen (het) | Maiglöckchen (n) | ['maɪˌglœkçən] |
| sneeuwklokje (het) | Schneeglöckchen (n) | ['ʃne:glœkçən] |

brandnetel (de)	Brennnessel (f)	['bʀɛnˌnɛsəl]
veldzuring (de)	Sauerampfer (m)	['zaʊɐˌʔampfɐ]
waterlelie (de)	Seerose (f)	['ze:ˌʀo:zə]
varen (de)	Farn (m)	[faʀn]
korstmos (het)	Flechte (f)	['flɛçtə]

oranjerie (de)	Gewächshaus (n)	[gə'vɛksˌhaʊs]
gazon (het)	Rasen (m)	['ʀa:zən]
bloemperk (het)	Blumenbeet (n)	['blu:məən·be:t]

plant (de)	Pflanze (f)	['pflantsə]
gras (het)	Gras (n)	[gʀa:s]
grasspriet (de)	Grashalm (m)	['gʀa:sˌhalm]

blad (het)	Blatt (n)	[blat]
bloemblad (het)	Blütenblatt (n)	['bly:tənˌblat]
stengel (de)	Stiel (m)	[ʃti:l]
knol (de)	Knolle (f)	['knɔlə]

| scheut (de) | Jungpflanze (f) | ['jʊŋˌpflantsə] |
| doorn (de) | Dorn (m) | [dɔʀn] |

bloeien (ww)	blühen (vi)	['bly:ən]
verwelken (ww)	welken (vi)	['vɛlkən]
geur (de)	Geruch (m)	[gə'ʀʊx]
snijden (bijv. bloemen ~)	abschneiden (vt)	['apˌʃnaɪdən]
plukken (bloemen ~)	pflücken (vt)	['pflʏkən]

232. Granen, graankorrels

graan (het)	Getreide (n)	[gə'tʀaɪdə]
graangewassen (mv.)	Getreidepflanzen (pl)	[gə'tʀaɪdəˌpflantsən]
aar (de)	Ähre (f)	['ɛ:ʀə]

tarwe (de)	Weizen (m)	['vaɪtsən]
rogge (de)	Roggen (m)	['ʀɔgən]
haver (de)	Hafer (m)	['ha:fɐ]
gierst (de)	Hirse (f)	['hɪʀzə]
gerst (de)	Gerste (f)	['gɛʀstə]
maïs (de)	Mais (m)	['maɪs]
rijst (de)	Reis (m)	[ʀaɪs]
boekweit (de)	Buchweizen (m)	['bu:xˌvaɪtsən]

erwt (de)	Erbse (f)	['ɛʀpsə]
nierboon (de)	weiße Bohne (f)	['vaɪsə 'bo:nə]
soja (de)	Sojabohne (f)	['zo:jaˌbo:nə]
linze (de)	Linse (f)	['lɪnzə]
bonen (mv.)	Bohnen (pl)	['bo:nən]

207

233. Groenten. Groene groenten

groenten (mv.)	**Gemüse** (n)	[gə'my:zə]
verse kruiden (mv.)	**grünes Gemüse** (pl)	['gʁy:nəs gə'my:zə]
tomaat (de)	**Tomate** (f)	[to'ma:tə]
augurk (de)	**Gurke** (f)	['gʊʁkə]
wortel (de)	**Karotte** (f)	[ka'ʁɔtə]
aardappel (de)	**Kartoffel** (f)	[kaʁ'tɔfəl]
ui (de)	**Zwiebel** (f)	['tsvi:bəl]
knoflook (de)	**Knoblauch** (m)	['kno:p,laʊχ]
kool (de)	**Kohl** (m)	[ko:l]
bloemkool (de)	**Blumenkohl** (m)	['blu:mən,ko:l]
spruitkool (de)	**Rosenkohl** (m)	['ʁo:zən,ko:l]
broccoli (de)	**Brokkoli** (m)	['bʁɔkoli]
rode biet (de)	**Rote Bete** (f)	[,ʁo:tə'be:tə]
aubergine (de)	**Aubergine** (f)	[,obɛʁ'ʒi:nə]
courgette (de)	**Zucchini** (f)	[tsʊ'ki:ni]
pompoen (de)	**Kürbis** (m)	['kʏʁbɪs]
knolraap (de)	**Rübe** (f)	['ʁy:bə]
peterselie (de)	**Petersilie** (f)	[petə'zi:lɪə]
dille (de)	**Dill** (m)	[dɪl]
sla (de)	**Kopf Salat** (m)	[kɔpf za'la:t]
selderij (de)	**Sellerie** (m)	['zɛləʁi]
asperge (de)	**Spargel** (m)	['ʃpaʁgəl]
spinazie (de)	**Spinat** (m)	[ʃpi'na:t]
erwt (de)	**Erbse** (f)	['ɛʁpsə]
bonen (mv.)	**Bohnen** (pl)	['bo:nən]
maïs (de)	**Mais** (m)	['maɪs]
nierboon (de)	**weiße Bohne** (f)	['vaɪsə 'bo:nə]
peper (de)	**Pfeffer** (m)	['pfɛfə]
radijs (de)	**Radieschen** (n)	[ʁa'di:sçən]
artisjok (de)	**Artischocke** (f)	[aʁti'ʃɔkə]

REGIONALE AARDRIJKSKUNDE

Landen. Nationaliteiten

234. West-Europa

Europa (het)	Europa (n)	[ɔɪ'ʀoːpa]
Europese Unie (de)	Europäische Union (f)	[ˌɔɪʀo'pɛːɪʃə ʔu'njoːn]
Europeaan (de)	Europäer (m)	[ˌɔɪʀo'pɛːɐ]
Europees (bn)	europäisch	[ˌɔɪʀo'pɛːɪʃ]
Oostenrijk (het)	Österreich (n)	['øːstəʀaɪç]
Oostenrijker (de)	Österreicher (m)	['øːstɐʀaɪçɐ]
Oostenrijkse (de)	Österreicherin (f)	['øːstɐˌʀaɪçəʀɪn]
Oostenrijks (bn)	österreichisch	['øːstɐʀaɪçɪʃ]
Groot-Brittannië (het)	Großbritannien (n)	[ɡʀoːs·bʀi'tanɪən]
Engeland (het)	England (n)	['ɛŋlant]
Engelsman (de)	Brite (m)	['bʀɪtə]
Engelse (de)	Britin (f)	['bʀɪtɪn]
Engels (bn)	englisch	['ɛŋlɪʃ]
België (het)	Belgien (n)	['bɛlɡɪən]
Belg (de)	Belgier (m)	['bɛlɡɪɐ]
Belgische (de)	Belgierin (f)	['bɛlɡɪəʀɪn]
Belgisch (bn)	belgisch	['bɛlɡɪʃ]
Duitsland (het)	Deutschland (n)	['dɔɪtʃlant]
Duitser (de)	Deutsche (m)	['dɔɪtʃə]
Duitse (de)	Deutsche (f)	['dɔɪtʃə]
Duits (bn)	deutsch	[dɔɪtʃ]
Nederland (het)	Niederlande (f)	['niːdeˌlandə]
Holland (het)	Holland (n)	['holant]
Nederlander (de)	Holländer (m)	['holɛndə]
Nederlandse (de)	Holländerin (f)	['holɛndəʀɪn]
Nederlands (bn)	holländisch	['holɛndɪʃ]
Griekenland (het)	Griechenland (n)	['ɡʀiːçənˌlant]
Griek (de)	Grieche (m)	['ɡʀiːçə]
Griekse (de)	Griechin (f)	['ɡʀiːçɪn]
Grieks (bn)	griechisch	['ɡʀiːçɪʃ]
Denemarken (het)	Dänemark (n)	['dɛːnəˌmaʁk]
Deen (de)	Däne (m)	['dɛːnə]
Deense (de)	Dänin (f)	['dɛːnɪn]
Deens (bn)	dänisch	['dɛːnɪʃ]
Ierland (het)	Irland (n)	['ɪʁlant]
Ier (de)	Ire (m)	['iːʀə]

| Ierse (de) | Irin (f) | ['iːʀɪn] |
| Iers (bn) | irisch | ['iːʀɪʃ] |

IJsland (het)	Island (n)	['iːslant]
IJslander (de)	Isländer (m)	['iːsˌlɛndɐ]
IJslandse (de)	Isländerin (f)	['iːsˌlɛndəʀɪn]
IJslands (bn)	isländisch	['iːsˌlɛndɪʃ]

Spanje (het)	Spanien (n)	['ʃpaːnɪən]
Spanjaard (de)	Spanier (m)	['ʃpaːnɪe]
Spaanse (de)	Spanierin (f)	['ʃpaːnɪəʀɪn]
Spaans (bn)	spanisch	['ʃpaːnɪʃ]

Italië (het)	Italien (n)	[i'taːlɪən]
Italiaan (de)	Italiener (m)	[ˌital'ɪeːne]
Italiaanse (de)	Italienerin (f)	[ˌital'ɪeːnəʀɪn]
Italiaans (bn)	italienisch	[ˌita'lɪeːnɪʃ]

Cyprus (het)	Zypern (n)	['tsyːpen]
Cyprioot (de)	Zypriot (m)	[tsypʀi'oːt]
Cypriotische (de)	Zypriotin (f)	[tsypʀi'oːtɪn]
Cypriotisch (bn)	zyprisch	['tsyːpʀɪʃ]

Malta (het)	Malta (n)	['malta]
Maltees (de)	Malteser (m)	[mal'teːze]
Maltese (de)	Malteserin (f)	[mal'teːzəʀɪn]
Maltees (bn)	maltesisch	[mal'teːzɪʃ]

Noorwegen (het)	Norwegen (n)	['nɔʁˌveːgən]
Noor (de)	Norweger (m)	['nɔʁˌveːge]
Noorse (de)	Norwegerin (f)	['nɔʁˌveːgəʀɪn]
Noors (bn)	norwegisch	['nɔʁveːgɪʃ]

Portugal (het)	Portugal (n)	['pɔʁtugal]
Portugees (de)	Portugiese (m)	[pɔʁtu'giːzə]
Portugese (de)	Portugiesin (f)	[pɔʁtu'giːzɪn]
Portugees (bn)	portugiesisch	[pɔʁtu'giːzɪʃ]

Finland (het)	Finnland (n)	['fɪnlant]
Fin (de)	Finne (m)	['fɪnə]
Finse (de)	Finnin (f)	['fɪnɪn]
Fins (bn)	finnisch	['fɪnɪʃ]

Frankrijk (het)	Frankreich (n)	['fʀaŋkʀaɪç]
Fransman (de)	Franzose (m)	[fʀan'tsoːzə]
Française (de)	Französin (f)	[fʀan'tsøːzɪn]
Frans (bn)	französisch	[fʀan'tsøːzɪʃ]

Zweden (het)	Schweden (n)	['ʃveːdən]
Zweed (de)	Schwede (m)	['ʃveːdə]
Zweedse (de)	Schwedin (f)	['ʃveːdɪn]
Zweeds (bn)	schwedisch	['ʃveːdɪʃ]

Zwitserland (het)	Schweiz (f)	[ʃvaɪts]
Zwitser (de)	Schweizer (m)	['ʃvaɪtse]
Zwitserse (de)	Schweizerin (f)	['ʃvaɪtsəʀɪn]

Zwitsers (bn)	schweizerisch	[ˈʃvaɪtsəʀɪʃ]
Schotland (het)	Schottland (n)	[ˈʃɔtlant]
Schot (de)	Schotte (m)	[ˈʃɔtə]
Schotse (de)	Schottin (f)	[ˈʃɔtɪn]
Schots (bn)	schottisch	[ˈʃɔtɪʃ]

Vaticaanstad (de)	Vatikan (m)	[vatiˈkaːn]
Liechtenstein (het)	Liechtenstein (n)	[ˈlɪçtənʃtaɪn]
Luxemburg (het)	Luxemburg (n)	[ˈlʊksəmˌbʊʁk]
Monaco (het)	Monaco (n)	[moˈnako]

235. Centraal- en Oost-Europa

Albanië (het)	Albanien (n)	[alˈbaːniən]
Albanees (de)	Albaner (m)	[alˈbaːnɐ]
Albanese (de)	Albanerin (f)	[alˈbaːnəʀɪn]
Albanees (bn)	albanisch	[alˈbaːnɪʃ]

Bulgarije (het)	Bulgarien (n)	[bʊlˈgaːʀiən]
Bulgaar (de)	Bulgare (m)	[bʊlˈgaːʀə]
Bulgaarse (de)	Bulgarin (f)	[bʊlˈgaːʀɪn]
Bulgaars (bn)	bulgarisch	[bʊlˈgaːʀɪʃ]

Hongarije (het)	Ungarn (n)	[ˈʊŋgaʁn]
Hongaar (de)	Ungar (m)	[ˈʊŋgaʁ]
Hongaarse (de)	Ungarin (f)	[ˈʊŋgaʀɪn]
Hongaars (bn)	ungarisch	[ˈʊŋgaʀɪʃ]

Letland (het)	Lettland (n)	[ˈlɛtlant]
Let (de)	Lette (m)	[ˈlɛtə]
Letse (de)	Lettin (f)	[ˈlɛtɪn]
Lets (bn)	lettisch	[ˈlɛtɪʃ]

Litouwen (het)	Litauen (n)	[ˈlɪtaʊən]
Litouwer (de)	Litauer (m)	[ˈliːtaʊɐ]
Litouwse (de)	Litauerin (f)	[ˈliːtaʊəʀɪn]
Litouws (bn)	litauisch	[ˈlɪtaʊɪʃ]

Polen (het)	Polen (n)	[ˈpoːlən]
Pool (de)	Pole (m)	[ˈpoːlə]
Poolse (de)	Polin (f)	[ˈpoːlɪn]
Pools (bn)	polnisch	[ˈpɔlnɪʃ]

Roemenië (het)	Rumänien (n)	[ʀuˈmɛːniən]
Roemeen (de)	Rumäne (m)	[ʀuˈmɛːnə]
Roemeense (de)	Rumänin (f)	[ʀuˈmɛːnɪn]
Roemeens (bn)	rumänisch	[ʀuˈmɛːnɪʃ]

Servië (het)	Serbien (n)	[ˈzɛʁbiən]
Serviër (de)	Serbe (m)	[ˈzɛʁbə]
Servische (de)	Serbin (f)	[ˈzɛʁbɪn]
Servisch (bn)	serbisch	[ˈzɛʁbɪʃ]
Slowakije (het)	Slowakei (f)	[slovaˈkaɪ]
Slowaak (de)	Slowake (m)	[sloˈvaːkə]

| Slowaakse (de) | Slowakin (f) | [slo'va:kɪn] |
| Slowaakse (bn) | slowakisch | [slo'va:kɪʃ] |

Kroatië (het)	Kroatien (n)	[kʀo'a:tsɪən]
Kroaat (de)	Kroate (m)	[kʀo'a:tə]
Kroatische (de)	Kroatin (f)	[kʀo'a:tɪn]
Kroatisch (bn)	kroatisch	[kʀo'a:tɪʃ]

Tsjechië (het)	Tschechien (n)	['tʃɛçɪən]
Tsjech (de)	Tscheche (m)	['tʃɛçə]
Tsjechische (de)	Tschechin (f)	['tʃɛçɪn]
Tsjechisch (bn)	tschechisch	['tʃɛçɪʃ]

Estland (het)	Estland (n)	['ɛstlant]
Est (de)	Este (m)	['ɛstə]
Estse (de)	Estin (f)	['ɛstɪn]
Ests (bn)	estnisch	['ɛstnɪʃ]

Bosnië en Herzegovina (het)	Bosnien und Herzegowina (n)	['bɔsnɪən ʊnt ˌhɛʁtsə'gɔvina:]
Macedonië (het)	Makedonien (n)	[make'do:nɪən]
Slovenië (het)	Slowenien (n)	[slo've:nɪən]
Montenegro (het)	Montenegro (n)	[mɔnte'ne:gʀo]

236. Voormalige USSR landen

Azerbeidzjan (het)	Aserbaidschan (n)	[ˌazɛʁbaɪ'dʒa:n]
Azerbeidzjaan (de)	Aserbaidschaner (m)	[azɛʁbaɪ'dʒa:nɐ]
Azerbeidjaanse (de)	Aserbaidschanerin (f)	[azɛʁbaɪ'dʒa:nəʀɪn]
Azerbeidjaans (bn)	aserbaidschanisch	[ˌazɛʁbaɪ'dʒa:nɪʃ]

Armenië (het)	Armenien (n)	[aʁ'me:nɪən]
Armeen (de)	Armenier (m)	[aʁ'me:nɪɐ]
Armeense (de)	Armenierin (f)	[aʁ'me:nɪəʀɪn]
Armeens (bn)	armenisch	[aʁ'me:nɪʃ]

Wit-Rusland (het)	Weißrussland (n)	['vaɪsˌʀʊslant]
Wit-Rus (de)	Weißrusse (m)	['vaɪsˌʀʊsə]
Wit-Russische (de)	Weißrussin (f)	['vaɪsˌʀʊsɪn]
Wit-Russisch (bn)	weißrussisch	['vaɪsˌʀʊsɪʃ]

Georgië (het)	Georgien (n)	[ge'ɔʁgɪən]
Georgiër (de)	Georgier (m)	[ge'ɔʁgɪɐ]
Georgische (de)	Georgierin (f)	[ge'ɔʁgɪəʀɪn]
Georgisch (bn)	georgisch	[ge'ɔʁgɪʃ]

Kazakstan (het)	Kasachstan (n)	['ka:zaχˌsta:n]
Kazak (de)	Kasache (m)	[ka'zaχə]
Kazakse (de)	Kasachin (f)	[ka'zaχɪn]
Kazakse (bn)	kasachisch	[ˌka'zaχɪʃ]

Kirgizië (het)	Kirgisien (n)	['kɪʁgi:zɪən]
Kirgiziër (de)	Kirgise (m)	[kɪʁ'gi:zə]
Kirgizische (de)	Kirgisin (f)	[kɪʁ'gi:zɪn]

Kirgizische (bn)	kirgisisch	[kɪʁ'gi:zɪʃ]
Moldavië (het)	Moldawien (n)	[mɔl'da:vɪən]
Moldaviër (de)	Moldauer (m)	['mɔldaʊɐ]
Moldavische (de)	Moldauerin (f)	['mɔldaʊəˌʀɪn]
Moldavisch (bn)	moldauisch	['mɔldaʊɪʃ]

Rusland (het)	Russland (n)	['ʀʊslant]
Rus (de)	Russe (m)	['ʀʊsə]
Russin (de)	Russin (f)	['ʀʊsɪn]
Russisch (bn)	russisch	['ʀʊsɪʃ]

Tadzjikistan (het)	Tadschikistan (n)	[ta'dʒi:kɪsta:n]
Tadzjiek (de)	Tadschike (m)	[ta'dʒi:kə]
Tadzjiekse (de)	Tadschikin (f)	[ta'dʒi:kɪn]
Tadzjieks (bn)	tadschikisch	[ta'dʒi:kɪʃ]

Turkmenistan (het)	Turkmenistan (n)	[tʊʁk'me:nɪsta:n]
Turkmeen (de)	Turkmene (m)	[tʊʁk'me:nə]
Turkmeense (de)	Turkmenin (f)	[tʊʁk'me:nɪn]
Turkmeens (bn)	turkmenisch	[tʊʁk'me:nɪʃ]

Oezbekistan (het)	Usbekistan (n)	[ʊs'be:kɪsta:n]
Oezbeek (de)	Usbeke (m)	[ʊs'be:kə]
Oezbeekse (de)	Usbekin (f)	[ʊs'be:kɪn]
Oezbeeks (bn)	usbekisch	[us'be:kɪʃ]

Oekraïne (het)	Ukraine (f)	[ˌukʀa'i:nə]
Oekraïner (de)	Ukrainer (m)	[ukʀa'i:nɐ]
Oekraïense (de)	Ukrainerin (f)	[ukʀa'i:nəʀɪn]
Oekraïens (bn)	ukrainisch	[ukʀa'i:nɪʃ]

237. Azië

Azië (het)	Asien (n)	['a:zɪən]
Aziatisch (bn)	asiatisch	[a'zia:tɪʃ]

Vietnam (het)	Vietnam (n)	[vɪɛt'nam]
Vietnamees (de)	Vietnamese (m)	[vɪɛtna'me:zə]
Vietnamese (de)	Vietnamesin (f)	[vɪɛtna'me:zɪn]
Vietnamees (bn)	vietnamesisch	[ˌvɪɛtna'me:zɪʃ]

India (het)	Indien (n)	['ɪndɪən]
Indiër (de)	Inder (m)	['ɪndɐ]
Indische (de)	Inderin (f)	['ɪndəʀɪn]
Indisch (bn)	indisch	['ɪndɪʃ]

Israël (het)	Israel (n)	['ɪsʀae:l]
Israëliër (de)	Israeli (m)	[ˌɪsʀa'e:li]
Israëlische (de)	Israeli (f)	[ˌɪsʀa'e:li]
Israëlisch (bn)	israelisch	[ɪsʀa'e:lɪʃ]

Jood (etniciteit)	Jude (m)	['ju:də]
Jodin (de)	Jüdin (f)	['jy:dɪn]
Joods (bn)	jüdisch	['jy:dɪʃ]

213

China (het)	China (n)	['çi:na]
Chinees (de)	Chinese (m)	[çi'ne:zə]
Chinese (de)	Chinesin (f)	[çi'ne:zɪn]
Chinees (bn)	chinesisch	[çi'ne:zɪʃ]
Koreaan (de)	Koreaner (m)	[koʀe'a:nɐ]
Koreaanse (de)	Koreanerin (f)	[koʀe'a:nəʀɪn]
Koreaans (bn)	koreanisch	[koʀe'a:nɪʃ]
Libanon (het)	Libanon (m, n)	['li:banɔn]
Libanees (de)	Libanese (m)	[liba'ne:zə]
Libanese (de)	Libanesin (f)	[liba'ne:zɪn]
Libanees (bn)	libanesisch	[liba'ne:zɪʃ]
Mongolië (het)	Mongolei (f)	[ˌmɔŋgo'laɪ]
Mongool (de)	Mongole (m)	[mɔŋ'go:lə]
Mongoolse (de)	Mongolin (f)	[mɔŋ'go:lɪn]
Mongools (bn)	mongolisch	[mɔŋ'go:lɪʃ]
Maleisië (het)	Malaysia (n)	[ma'laɪzɪa]
Maleisiër (de)	Malaie (m)	[ma'laɪə]
Maleisische (de)	Malaiin (f)	[ma'lajɪn]
Maleisisch (bn)	malaiisch	[ma'laɪɪʃ]
Pakistan (het)	Pakistan (n)	['pa:kɪsta:n]
Pakistaan (de)	Pakistaner (m)	[pakɪs'ta:nɐ]
Pakistaanse (de)	Pakistanerin (f)	[pakɪs'ta:nəʀɪn]
Pakistaans (bn)	pakistanisch	[pakɪs'ta:nɪʃ]
Saoedi-Arabië (het)	Saudi-Arabien (n)	[ˌzaʊdiʔa'ʀa:bɪən]
Arabier (de)	Araber (m)	['a:ʀabɐ]
Arabische (de)	Araberin (f)	['a:ʀabəʀɪn]
Arabisch (bn)	arabisch	[a'ʀa:bɪʃ]
Thailand (het)	Thailand (n)	['taɪlant]
Thai (de)	Thailänder (m)	['taɪˌlɛndɐ]
Thaise (de)	Thailänderin (f)	['taɪˌlɛndəʀɪn]
Thai (bn)	thailändisch	['taɪlɛndɪʃ]
Taiwan (het)	Taiwan (n)	[taɪ'va:n]
Taiwanees (de)	Taiwaner (m)	[taɪ'va:nɐ]
Taiwanese (de)	Taiwanerin (f)	[taɪ'va:nəʀɪn]
Taiwanees (bn)	taiwanisch	[taɪ'va:nɪʃ]
Turkije (het)	Türkei (f)	[tʏʁ'kaɪ]
Turk (de)	Türke (m)	['tʏʁkə]
Turkse (de)	Türkin (f)	['tʏʁkɪn]
Turks (bn)	türkisch	['tʏʁkɪʃ]
Japan (het)	Japan (n)	['ja:pan]
Japanner (de)	Japaner (m)	[ja'pa:nɐ]
Japanse (de)	Japanerin (f)	[ja'pa:nəʀɪn]
Japans (bn)	japanisch	[ja'pa:nɪʃ]
Afghanistan (het)	Afghanistan (n)	[af'ga:nɪsta:n]
Bangladesh (het)	Bangladesch (n)	[ˌbaŋgla'dɛʃ]

| Indonesië (het) | Indonesien (n) | [ɪndo'ne:zɪən] |
| Jordanië (het) | Jordanien (n) | [jɔʁ'da:nɪən] |

Irak (het)	Irak (m, n)	[i'ʀa:k]
Iran (het)	Iran (m, n)	[i'ʀa:n]
Cambodja (het)	Kambodscha (n)	[kam'bɔdʒa]
Koeweit (het)	Kuwait (n)	[ku'vaɪt]

Laos (het)	Laos (n)	['la:ɔs]
Myanmar (het)	Myanmar (n)	['mɪanma:ɐ]
Nepal (het)	Nepal (n)	['ne:pal]
Verenigde Arabische Emiraten	Vereinigten Arabischen Emirate (pl)	[fɛɐ'?aɪnɪgən a'ʀa:bɪʃən əmi'ʀa:tə]

Syrië (het)	Syrien (n)	['zy:ʀɪən]
Palestijnse autonomie (de)	Palästina (n)	[palɛs'ti:na]
Zuid-Korea (het)	Südkorea (n)	['zy:tko'ʀe:a]
Noord-Korea (het)	Nordkorea (n)	['nɔʁt·ko'ʀe:a]

238. Noord-Amerika

Verenigde Staten van Amerika	Die Vereinigten Staaten	[di fɛɐ'?aɪnɪçtən 'ʃta:tən]
Amerikaan (de)	Amerikaner (m)	[ameʀi'ka:nɐ]
Amerikaanse (de)	Amerikanerin (f)	[ameʀi'ka:nəʀɪn]
Amerikaans (bn)	amerikanisch	[ameʀi'ka:nɪʃ]

Canada (het)	Kanada (n)	['kanada]
Canadees (de)	Kanadier (m)	[ka'na:dɪɐ]
Canadese (de)	Kanadierin (f)	[ka'na:diəʀɪn]
Canadees (bn)	kanadisch	[ka'na:dɪʃ]

Mexico (het)	Mexiko (n)	['mɛksiko:]
Mexicaan (de)	Mexikaner (m)	[mɛksi'ka:nɐ]
Mexicaanse (de)	Mexikanerin (f)	[mɛksi'ka:nəʀɪn]
Mexicaans (bn)	mexikanisch	[mɛksi'ka:nɪʃ]

239. Midden- en Zuid-Amerika

Argentinië (het)	Argentinien (n)	[ˌaʁgɛn'ti:nɪən]
Argentijn (de)	Argentinier (m)	[aʁgɛn'ti:nɪɐ]
Argentijnse (de)	Argentinierin (f)	[aʁgɛn'ti:niəʀɪn]
Argentijns (bn)	argentinisch	[aʁgɛn'ti:nɪʃ]

Brazilië (het)	Brasilien (n)	[bʀa'zi:lɪən]
Braziliaan (de)	Brasilianer (m)	[bʀazi'lɪa:nɐ]
Braziliaanse (de)	Brasilianerin (f)	[bʀazi'lɪa:nəʀɪn]
Braziliaans (bn)	brasilianisch	[bʀazi'lɪanɪʃ]

Colombia (het)	Kolumbien (n)	[ko'lʊmbɪən]
Colombiaan (de)	Kolumbianer (m)	[kolʊm'bɪa:nɐ]
Colombiaanse (de)	Kolumbianerin (f)	[kolʊm'bɪa:nəʀɪn]

Colombiaans (bn)	kolumbianisch	[kolʊm'bɪa:nɪʃ]
Cuba (het)	Kuba (n)	['ku:ba]
Cubaan (de)	Kubaner (m)	[ku'ba:nɐ]
Cubaanse (de)	Kubanerin (f)	[ku'ba:nɐRɪn]
Cubaans (bn)	kubanisch	[ku'ba:nɪʃ]

Chili (het)	Chile (n)	['tʃi:lə]
Chileen (de)	Chilene (m)	[tʃi'le:nə]
Chileense (de)	Chilenin (f)	[tʃi'le:nɪn]
Chileens (bn)	chilenisch	[tʃi'le:nɪʃ]

Bolivia (het)	Bolivien (n)	[bo'li:vɪən]
Venezuela (het)	Venezuela (n)	[ˌvene'tsue:la]
Paraguay (het)	Paraguay (n)	['pa:Ragvaɪ]
Peru (het)	Peru (n)	[pe'Ru:]

Suriname (het)	Suriname (n)	[syRi'na:mə]
Uruguay (het)	Uruguay (n)	['u:Rugvaɪ]
Ecuador (het)	Ecuador (n)	[ˌekua'do:ɐ]

Bahama's (mv.)	Die Bahamas	[di ba'ha:ma:s]
Haïti (het)	Haiti (n)	[ha'i:ti]
Dominicaanse Republiek (de)	Dominikanische Republik (f)	[dominiˌka:nɪʃə Repu'blik]
Panama (het)	Panama (n)	['panama:]
Jamaica (het)	Jamaika (n)	[ja'maɪka]

240. Afrika

Egypte (het)	Ägypten (n)	[ɛ'gʏptən]
Egyptenaar (de)	Ägypter (m)	[ɛ'gʏptɐ]
Egyptische (de)	Ägypterin (f)	[ɛ'gʏptəRɪn]
Egyptisch (bn)	ägyptisch	[ɛ'gʏptɪʃ]

Marokko (het)	Marokko (n)	[ˌma'Rɔko]
Marokkaan (de)	Marokkaner (m)	[maRɔ'ka:nɐ]
Marokkaanse (de)	Marokkanerin (f)	[maRɔ'ka:nɐRɪn]
Marokkaans (bn)	marokkanisch	[maRɔ'ka:nɪʃ]

Tunesië (het)	Tunesien (n)	[tu'ne:zɪən]
Tunesiër (de)	Tunesier (m)	[tu'ne:zɪɐ]
Tunesische (de)	Tunesierin (f)	[tu'ne:zɪəRɪn]
Tunesisch (bn)	tunesisch	[tu'ne:zɪʃ]

Ghana (het)	Ghana (n)	['ga:na]
Zanzibar (het)	Sansibar (n)	['zanziba:ɐ]
Kenia (het)	Kenia (n)	['ke:nia]
Libië (het)	Libyen (n)	['li:byən]
Madagaskar (het)	Madagaskar (n)	[ˌmada'gaskaɐ]

Namibië (het)	Namibia (n)	[na'mi:bia]
Senegal (het)	Senegal (m)	['ze:negal]
Tanzania (het)	Tansania (n)	[tan'za:nɪa]
Zuid-Afrika (het)	Republik Südafrika (f)	[Repu'bli:k zy:tˌʔa:fRika]
Afrikaan (de)	Afrikaner (m)	[afRi'ka:nɐ]

| Afrikaanse (de) | Afrikanerin (f) | [afʁi'ka:nəʁɪn] |
| Afrikaans (bn) | afrikanisch | [afʁi'ka:nɪʃ] |

241. Australië. Oceanië

Australië (het)	Australien (n)	[aʊs'tʁa:lɪən]
Australiër (de)	Australier (m)	[aʊs'tʁa:lɪɐ]
Australische (de)	Australierin (f)	[aʊs'tʁa:lɪəʁɪn]
Australisch (bn)	australisch	[aʊs'tʁa:lɪʃ]

Nieuw-Zeeland (het)	Neuseeland (n)	[nɔɪ'ze:lant]
Nieuw-Zeelander (de)	Neuseeländer (m)	[nɔɪ'ze:ˌlɛndɐ]
Nieuw-Zeelandse (de)	Neuseeländerin (f)	[nɔɪ'ze:ˌlɛndəʁɪn]
Nieuw-Zeelands (bn)	neuseeländisch	[nɔɪ'ze:ˌlɛndɪʃ]

| Tasmanië (het) | Tasmanien (n) | [tas'ma:nɪən] |
| Frans-Polynesië | Französisch-Polynesien (n) | [fʁan'tsø:zɪʃ poly'ne:zɪən] |

242. Steden

Amsterdam	Amsterdam (n)	[ˌamstɐ'dam]
Ankara	Ankara (n)	['aŋkaʁa]
Athene	Athen (n)	[a'te:n]
Bagdad	Bagdad (n)	['bakdat]
Bangkok	Bangkok (n)	['baŋkɔk]

Barcelona	Barcelona (n)	[ˌbaʁsə'lo:na:]
Beiroet	Beirut (n)	[baɪ'ʁu:t]
Berlijn	Berlin (n)	[bɛʁ'li:n]
Boedapest	Budapest (n)	['bu:daˌpɛst]
Boekarest	Bukarest (n)	['bukaʁɛst]

Bombay, Mumbai	Bombay (n)	['bɔmbeɪ]
Bonn	Bonn (n)	[bɔn]
Bordeaux	Bordeaux (n)	[bɔʁ'do:]
Bratislava	Bratislava (n)	[bʁatɪs'la:va]
Brussel	Brüssel (n)	['bʁʏsəl]

Caïro	Kairo (n)	['kaɪʁo]
Calcutta	Kalkutta (n)	[kal'kʊta]
Chicago	Chicago (n)	[ʃɪ'ka:go]
Dar Es Salaam	Daressalam (n)	[daʁɛsa'la:m]
Delhi	Delhi (n)	['dɛli]

Den Haag	Den Haag (n)	[den 'ha:k]
Dubai	Dubai (n)	['du:baɪ]
Dublin	Dublin (n)	['dablɪn]
Düsseldorf	Düsseldorf (n)	['dʏsəlˌdɔʁf]
Florence	Florenz (n)	[flo'ʁɛnts]

| Frankfort | Frankfurt (n) | ['fʁaŋkfuʁt] |
| Genève | Genf (n) | [gɛnf] |

Hamburg	Hamburg (n)	['hambuʁk]
Hanoi	Hanoi (n)	[ha'nɔɪ]
Havana	Havanna (n)	[ha'vana]
Helsinki	Helsinki (n)	['helsiŋki]
Hiroshima	Hiroshima (n)	[hiʁo'ʃiːma]
Hongkong	Hongkong (n)	['hɔŋkɔŋ]
Istanbul	Istanbul (n)	['ɪstambuːl]
Jeruzalem	Jerusalem (n)	[je'ʁuːzalɛm]
Kiev	Kiew (n)	['kiːɛf]
Kopenhagen	Kopenhagen (n)	[ˌkopən'haːgən]
Kuala Lumpur	Kuala Lumpur (n)	[ku'ala 'lʊmpuʁ]
Lissabon	Lissabon (n)	['lɪsabɔn]
Londen	London (n)	['lɔndɔn]
Los Angeles	Los Angeles (n)	[lɔs'ændʒəlɪs]
Lyon	Lyon (n)	[li'ɔn]
Madrid	Madrid (n)	[ma'dʁɪt]
Marseille	Marseille (n)	[maʁ'sɛːj]
Mexico-Stad	Mexiko-Stadt (n)	['mɛksiko 'ʃtat]
Miami	Miami (n)	[maj'ɛmɪ]
Montreal	Montreal (n)	[mɔntʁe'al]
Moskou	Moskau (n)	['mɔskau]
München	München (n)	['mʏnçən]
Nairobi	Nairobi (n)	[naɪ'ʁoːbi]
Napels	Neapel (n)	[ne'apəl]
New York	New York (n)	[nju: 'jɔːk]
Nice	Nizza (n)	['nɪtsaː]
Oslo	Oslo (n)	['ɔsloː]
Ottawa	Ottawa (n)	[ɔ'tava]
Parijs	Paris (n)	[pa'ʁiːs]
Peking	Peking (n)	['peːkɪŋ]
Praag	Prag (n)	[pʁaːk]
Rio de Janeiro	Rio de Janeiro (n)	['ʁiːo de: ʒa'neːʁo]
Rome	Rom (n)	[ʁoːm]
Seoel	Seoul (n)	[ze'uːl]
Singapore	Singapur (n)	['zɪŋgapuːɐ]
Sint-Petersburg	Sankt Petersburg (n)	['sankt 'peːtɐsbuʁk]
Sjanghai	Schanghai (n)	[ʃaŋ'haɪ]
Stockholm	Stockholm (n)	['ʃtɔkhɔlm]
Sydney	Sydney (n)	['sɪdnɪ]
Taipei	Taipeh (n)	[taɪ'peː]
Tokio	Tokio (n)	['toːkɪoː]
Toronto	Toronto (n)	[to'ʁɔnto]
Venetië	Venedig (n)	[ve'neːdɪç]
Warschau	Warschau (n)	['vaʁʃau]
Washington	Washington (n)	['vɔʃɪŋtən]
Wenen	Wien (n)	[viːn]

243. Politiek. Overheid. Deel 1

politiek (de)	Politik (f)	[poli'tɪk]
politiek (bn)	politisch	[po'li:tɪʃ]
politicus (de)	Politiker (m)	[po'li:tikɐ]

staat (land)	Staat (m)	[ʃta:t]
burger (de)	Bürger (m)	['bʏʁgɐ]
staatsburgerschap (het)	Staatsbürgerschaft (f)	['ʃta:tsbʏʁgɐʃaft]

| nationaal wapen (het) | Staatswappen (n) | ['ʃta:ts͵vapən] |
| volkslied (het) | Nationalhymne (f) | [natsjo'na:l͵hʏmnə] |

regering (de)	Regierung (f)	[ʀe'gi:ʀʊŋ]
staatshoofd (het)	Staatschef (m)	['ʃta:tsʃɛf]
parlement (het)	Parlament (n)	[paʁla'mɛnt]
partij (de)	Partei (f)	[paʁ'taɪ]

| kapitalisme (het) | Kapitalismus (m) | [kapita'lɪsmʊs] |
| kapitalistisch (bn) | kapitalistisch | [kapita'lɪstɪʃ] |

| socialisme (het) | Sozialismus (m) | [zotsɪa'lɪsmʊs] |
| socialistisch (bn) | sozialistisch | [zotsɪa'lɪstɪʃ] |

communisme (het)	Kommunismus (m)	[͵kɔmu'nɪsmʊs]
communistisch (bn)	kommunistisch	[kɔmu'nɪstɪʃ]
communist (de)	Kommunist (m)	[kɔmu'nɪst]

democratie (de)	Demokratie (f)	[demokʀa'ti:]
democraat (de)	Demokrat (m)	[demo'kʀa:t]
democratisch (bn)	demokratisch	[demo'kʀa:tɪʃ]
democratische partij (de)	demokratische Partei (f)	[demo'kʀa:tɪʃə paʁ'taɪ]

| liberaal (de) | Liberale (m) | [libe'ʀa:lə] |
| liberaal (bn) | liberal | [libe'ʀa:l] |

| conservator (de) | Konservative (m) | [͵kɔnzɛʁva'ti:və] |
| conservatief (bn) | konservativ | [͵kɔnzɛʁva'ti:f] |

republiek (de)	Republik (f)	[ʀepu'bli:k]
republikein (de)	Republikaner (m)	[ʀepubli'ka:nɐ]
Republikeinse Partij (de)	Republikanische Partei (f)	[ʀepubli'ka:nɪʃə paʁ'taɪ]

verkiezing (de)	Wahlen (pl)	['va:lən]
kiezen (ww)	wählen (vt)	['vɛ:lən]
kiezer (de)	Wähler (m)	['vɛ:lɐ]
verkiezingscampagne (de)	Wahlkampagne (f)	['va:l·kam͵panjə]

stemming (de)	Abstimmung (f)	['apʃtɪmʊŋ]
stemmen (ww)	abstimmen (vi)	['apʃtɪmən]
stemrecht (het)	Abstimmungsrecht (n)	['apʃtɪmʊŋs·ʀɛçt]

kandidaat (de)	Kandidat (m)	[kandi'da:t]
zich kandideren	kandidieren (vi)	[kandi'di:ʀən]
campagne (de)	Kampagne (f)	[kam'panjə]

| oppositie- (abn) | Oppositions- | [ɔpozi'tsjo:ns] |
| oppositie (de) | Opposition (f) | [ɔpozi'tsjo:n] |

bezoek (het)	Besuch (m)	[bə'zu:χ]
officieel bezoek (het)	Staatsbesuch (m)	['ʃta:tsbə‚zu:χ]
internationaal (bn)	international	[‚ɪntɛnatsjo'na:l]

| onderhandelingen (mv.) | Verhandlungen (pl) | [fɛɛ'handlʊŋən] |
| onderhandelen (ww) | verhandeln (vi) | [fɛɛ'handəln] |

244. Politiek. Overheid. Deel 2

maatschappij (de)	Gesellschaft (f)	[gə'zɛlʃaft]
grondwet (de)	Verfassung (f)	[fɛɛ'fasʊŋ]
macht (politieke ~)	Macht (f)	[maχt]
corruptie (de)	Korruption (f)	[kɔʀʊp'tsjo:n]

| wet (de) | Gesetz (n) | [gə'zɛts] |
| wettelijk (bn) | gesetzlich | [gə'zɛtslɪç] |

| rechtvaardigheid (de) | Gerechtigkeit (f) | [gə'ʀɛçtɪç·kaɪt] |
| rechtvaardig (bn) | gerecht | [gə'ʀɛçt] |

comité (het)	Komitee (n)	[komi'te:]
wetsvoorstel (het)	Gesetzentwurf (m)	[gə'zɛts?ɛnt‚vʊʁf]
begroting (de)	Budget (n)	[by'dʒe:]
beleid (het)	Politik (f)	[poli'tɪk]
hervorming (de)	Reform (f)	[ʀe'fɔʁm]
radicaal (bn)	radikal	[ʀadi'ka:l]

macht (vermogen)	Macht (f)	[maχt]
machtig (bn)	mächtig	['mɛçtɪç]
aanhanger (de)	Anhänger (m)	['an‚hɛŋə]
invloed (de)	Einfluss (m)	['aɪn‚flʊs]

regime (het)	Regime (n)	[ʀe'ʒi:m]
conflict (het)	Konflikt (m)	[kɔn'flɪkt]
samenzwering (de)	Verschwörung (f)	[fɛɛ'ʃvø:ʀʊŋ]
provocatie (de)	Provokation (f)	[pʀovoka'tsjo:n]

omverwerpen (ww)	stürzen (vt)	['ʃtʏʁtsən]
omverwerping (de)	Sturz (m)	[ʃtʊʁts]
revolutie (de)	Revolution (f)	[ʀevolu'tsjo:n]

| staatsgreep (de) | Staatsstreich (m) | ['ʃta:ts‚ʃtʀaɪç] |
| militaire coup (de) | Militärputsch (m) | [mili'tɛ:ɐ‚pʊtʃ] |

crisis (de)	Krise (f)	['kʀi:zə]
economische recessie (de)	Rezession (f)	[ʀetsɛ'sjo:n]
betoger (de)	Demonstrant (m)	[demɔn'stʀant]
betoging (de)	Demonstration (f)	[demɔnstʀa'tsjo:n]
krijgswet (de)	Ausnahmezustand (m)	['aʊsna:mə‚tsu:ʃtant]
militaire basis (de)	Militärbasis (f)	[mili'tɛ:ɐ‚ba:zɪs]
stabiliteit (de)	Stabilität (f)	[ʃtabili'tɛ:t]

stabiel (bn)	stabil	[ʃta'bi:l]
uitbuiting (de)	Ausbeutung (f)	['aʊs,bɔɪtʊŋ]
uitbuiten (ww)	ausbeuten (vt)	['aʊs,bɔɪtən]

racisme (het)	Rassismus (m)	[ʀa'sɪsmʊs]
racist (de)	Rassist (m)	[ʀa'sɪst]
fascisme (het)	Faschismus (m)	[fa'ʃɪsmʊs]
fascist (de)	Faschist (m)	[fa'ʃɪst]

245. Landen. Diversen

vreemdeling (de)	Ausländer (m)	['aʊs,lɛndɐ]
buitenlands (bn)	ausländisch	['aʊs,lɛndɪʃ]
in het buitenland (bw)	im Ausland	[ɪm 'aʊslant]

emigrant (de)	Auswanderer (m)	['aʊs,vandɐʀɐ]
emigratie (de)	Auswanderung (f)	['aʊs,vandɐʀʊŋ]
emigreren (ww)	auswandern (vi)	['aʊs,vandɛn]

Westen (het)	Westen (m)	['vɛstən]
Oosten (het)	Osten (m)	['ɔstən]
Verre Oosten (het)	Ferner Osten (m)	['fɛʀnɐ 'ɔstən]

beschaving (de)	Zivilisation (f)	[tsiviliza'tsjo:n]
mensheid (de)	Menschheit (f)	['mɛnʃhaɪt]
wereld (de)	Welt (f)	[vɛlt]
vrede (de)	Frieden (m)	['fʀi:dən]
wereld- (abn)	Welt-	[vɛlt]

vaderland (het)	Heimat (f)	['haɪma:t]
volk (het)	Volk (n)	[fɔlk]
bevolking (de)	Bevölkerung (f)	[bə'fœlkəʀʊŋ]
mensen (mv.)	Leute (pl)	['lɔɪtə]
natie (de)	Nation (f)	[na'tsjo:n]
generatie (de)	Generation (f)	[genɐʀa'tsjo:n]

gebied (bijv. bezette ~en)	Territorium (n)	[tɛʀi'to:ʀiʊm]
regio, streek (de)	Region (f)	[ʀe'gjo:n]
deelstaat (de)	Staat (m)	[ʃta:t]

traditie (de)	Tradition (f)	[tʀadi'tsjo:n]
gewoonte (de)	Brauch (m)	[bʀaʊx]
ecologie (de)	Ökologie (f)	[,økolo'gi:]

Indiaan (de)	Indianer (m)	[ɪn'dɪa:nɐ]
zigeuner (de)	Zigeuner (m)	[tsi'gɔɪnɐ]
zigeunerin (de)	Zigeunerin (f)	[tsi'gɔɪnəʀɪn]
zigeuner- (abn)	Zigeuner-	[tsi'gɔɪnɐ]

rijk (het)	Reich (n)	['ʀaɪç]
kolonie (de)	Kolonie (f)	[kolo'ni:]
slavernij (de)	Sklaverei (f)	[sklavə'ʀaɪ]
invasie (de)	Einfall (m)	['aɪn,fal]
hongersnood (de)	Hunger (m)	['hʊŋɐ]

246. Grote religieuze groepen. Bekentenissen

religie (de)	**Religion** (f)	[ʀeli'gjoːn]
religieus (bn)	**religiös**	[ʀeli'gɪøːs]
geloof (het)	**Glaube** (m)	['glaʊbə]
geloven (ww)	**glauben** (vt)	['glaʊbən]
gelovige (de)	**Gläubige** (m)	['glɔɪbɪgə]
atheïsme (het)	**Atheismus** (m)	[ate'ʔɪsmʊs]
atheïst (de)	**Atheist** (m)	[ate'ɪst]
christendom (het)	**Christentum** (n)	['kʀɪstəntuːm]
christen (de)	**Christ** (m)	[kʀɪst]
christelijk (bn)	**christlich**	['kʀɪstlɪç]
katholicisme (het)	**Katholizismus** (m)	['katolizɪsmus]
katholiek (de)	**Katholik** (m)	[kato'liːk]
katholiek (bn)	**katholisch**	[ka'toːlɪʃ]
protestantisme (het)	**Protestantismus** (m)	[pʀotɛs'tantɪsmʊs]
Protestante Kerk (de)	**Protestantische Kirche** (f)	[pʀotɛs'tantɪʃə 'kɪʀçə]
protestant (de)	**Protestant** (m)	[pʀotɛs'tant]
orthodoxie (de)	**Orthodoxes Christentum** (n)	[ɔʀto'dɔksəs 'kʀɪstəntuːm]
Orthodoxe Kerk (de)	**Orthodoxe Kirche** (f)	[ɔʀto'dɔksə 'kɪʀçə]
orthodox	**orthodoxer Christ** (m)	[ɔʀto'dɔks]
presbyterianisme (het)	**Presbyterianismus** (m)	[pʀɛsbyte'ʀiaːnɪsmʊs]
Presbyteriaanse Kerk (de)	**Presbyterianische Kirche** (f)	[pʀɛsbyte'ʀiaːnɪʃə 'kɪʀçə]
presbyteriaan (de)	**Presbyterianer** (m)	[pʀɛsbyte'ʀiaːne]
lutheranisme (het)	**Lutherische Kirche** (f)	['lʊtəʀɪʃə 'kɪʀçə]
lutheraan (de)	**Lutheraner** (m)	[lʊtə'ʀaːne]
baptisme (het)	**Baptismus** (m)	[bap'tɪsmʊs]
baptist (de)	**Baptist** (m)	[bap'tɪst]
Anglicaanse Kerk (de)	**Anglikanische Kirche** (f)	[aŋgli'kaːnɪʃə 'kɪʀçə]
anglicaan (de)	**Anglikaner** (m)	[aŋgli'kane]
mormonisme (het)	**Mormonismus** (m)	[mɔʀmoː'nɪsmʊs]
mormoon (de)	**Mormone** (m)	[mɔʀ'moːnə]
Jodendom (het)	**Judentum** (n)	['juːdəntuːm]
jood (aanhanger van het Jodendom)	**Jude** (m)	['juːdə]
boeddhisme (het)	**Buddhismus** (m)	[bʊ'dɪsmus]
boeddhist (de)	**Buddhist** (m)	[bʊ'dɪst]
hindoeïsme (het)	**Hinduismus** (m)	[hɪndu'ʔɪsmʊs]
hindoe (de)	**Hindu** (m)	['hɪndu]
islam (de)	**Islam** (m)	[ɪs'laːm]
islamiet (de)	**Moslem** (m)	['mɔslɛm]

islamitisch (bn)	moslemisch	[mɔs'le:mɪʃ]
sjiisme (het)	Schiismus (m)	[ʃi'ɪsmʊs]
sjiiet (de)	Schiit (m)	[ʃi'i:t]

| soennisme (het) | Sunnismus (m) | [zʊ'nɪsmʊs] |
| soenniet (de) | Sunnit (m) | [zʊ'ni:t] |

247. Religies. Priesters

| priester (de) | Priester (m) | ['pʀi:stɐ] |
| paus (de) | Papst (m) | [papst] |

monnik (de)	Mönch (m)	[mœnç]
non (de)	Nonne (f)	['nɔnə]
pastoor (de)	Pfarrer (m)	['pfaʀɐ]

abt (de)	Abt (m)	[apt]
vicaris (de)	Vikar (m)	[vi'ka:ɐ]
bisschop (de)	Bischof (m)	['bɪʃɔf]
kardinaal (de)	Kardinal (m)	[ˌkaʀdi'na:l]

predikant (de)	Prediger (m)	['pʀe:dɪgɐ]
preek (de)	Predigt (f)	['pʀe:dɪçt]
kerkgangers (mv.)	Gemeinde (f)	[gə'maɪndə]

| gelovige (de) | Gläubige (m) | ['glɔɪbɪgə] |
| atheïst (de) | Atheist (m) | [ate'ɪst] |

248. Geloof. Christendom. Islam

| Adam | Adam | ['a:dam] |
| Eva | Eva | ['e:va] |

God (de)	Gott (m)	[gɔt]
Heer (de)	Herr (m)	[hɛʀ]
Almachtige (de)	Der Allmächtige	[de:ɐ al'mɛçtɪgə]

zonde (de)	Sünde (f)	['zʏndə]
zondigen (ww)	sündigen (vi)	['zʏndɪgən]
zondaar (de)	Sünder (m)	['zʏndɐ]
zondares (de)	Sünderin (f)	['zʏndəʀɪn]

| hel (de) | Hölle (f) | ['hœlə] |
| paradijs (het) | Paradies (n) | [paʀa'di:s] |

| Jezus | Jesus (m) | ['je:zʊs] |
| Jezus Christus | Jesus Christus (m) | ['je:zʊs 'kʀɪstʊs] |

Heilige Geest (de)	der Heiliger Geist	[de:ɐ 'haɪlɪgə 'gaɪst]
Verlosser (de)	der Erlöser	[de:ɐ ɛɐ'lø:zɐ]
Maagd Maria (de)	die Jungfrau Maria	[di 'jʊŋfʀaʊ ma'ʀi:a]
duivel (de)	Teufel (m)	['tɔɪfl]

duivels (bn)	teuflisch	['tɔɪflɪʃ]
Satan	Satan (m)	['za:tan]
satanisch (bn)	satanisch	[za'ta:nɪʃ]

engel (de)	Engel (m)	['ɛŋəl]
beschermengel (de)	Schutzengel (m)	['ʃʊts,ʔɛŋəl]
engelachtig (bn)	Engel(s)-	['ɛŋəls]

apostel (de)	Apostel (m)	[a'pɔstəl]
aartsengel (de)	Erzengel (m)	['e:ɐts,ʔɛŋəl]
antichrist (de)	Antichrist (m)	['anti,kʀɪst]

Kerk (de)	Kirche (f)	['kɪʁçə]
bijbel (de)	Bibel (f)	['bi:bl]
bijbels (bn)	biblisch	['bi:blɪʃ]

Oude Testament (het)	Altes Testament (n)	['altəs tɛsta'mɛnt]
Nieuwe Testament (het)	Neues Testament (n)	['nɔɪəs tɛsta'mɛnt]
evangelie (het)	Evangelium (n)	[evaŋ'ge:lɪʊm]
Heilige Schrift (de)	Heilige Schrift (f)	['haɪlɪgə ʃʀɪft]
Hemel, Hemelrijk (de)	Himmelreich (n)	['hɪməl,ʀaɪç]

gebod (het)	Gebot (n)	[gə'bo:t]
profeet (de)	Prophet (m)	[pʀo'fe:t]
profetie (de)	Prophezeiung (f)	[pʀofe'tsaɪʊŋ]

Allah	Allah	['ala]
Mohammed	Mohammed (m)	['mo:hamɛt]
Koran (de)	Koran (m)	[ko'ʀa:n]

moskee (de)	Moschee (f)	[mɔ'ʃe:]
moellah (de)	Mullah (m)	['mʊla]
gebed (het)	Gebet (n)	[gə'be:t]
bidden (ww)	beten (vi)	['be:tən]

pelgrimstocht (de)	Wallfahrt (f)	['val,fa:ɐt]
pelgrim (de)	Pilger (m)	['pɪlgɐ]
Mekka	Mekka (n)	['mɛka]

kerk (de)	Kirche (f)	['kɪʁçə]
tempel (de)	Tempel (m)	['tɛmpəl]
kathedraal (de)	Kathedrale (f)	[kate'dʀa:lə]
gotisch (bn)	gotisch	['go:tɪʃ]
synagoge (de)	Synagoge (f)	[zyna'go:gə]
moskee (de)	Moschee (f)	[mɔ'ʃe:]

kapel (de)	Kapelle (f)	[ka'pɛlə]
abdij (de)	Abtei (f)	[ap'taɪ]
nonnenklooster (het)	Nonnenkloster (n)	['nɔnən,klo:stɐ]
mannenklooster (het)	Frauenkloster (n)	['fʀaʊən,klo:stɐ]
klooster (het)	Kloster (n), Konvent (m)	['klo:stɐ], [kɔn'vɛnt]

klok (de)	Glocke (f)	['glɔkə]
klokkentoren (de)	Glockenturm (m)	['glɔkən,tʊʁm]
luiden (klokken)	läuten (vi)	['lɔɪtən]
kruis (het)	Kreuz (n)	[kʀɔɪts]

koepel (de)	**Kuppel** (f)	['kʊpl]
icoon (de)	**Ikone** (f)	[i'ko:nə]

ziel (de)	**Seele** (f)	['ze:lə]
lot, noodlot (het)	**Schicksal** (n)	['ʃɪkˌza:l]
kwaad (het)	**das Böse**	['bø:zə]
goed (het)	**Gute** (n)	['gu:tə]

vampier (de)	**Vampir** (m)	[vam'pi:ɐ]
heks (de)	**Hexe** (f)	['hɛksə]
demoon (de)	**Dämon** (m)	['dɛ:mɔn]
geest (de)	**Geist** (m)	[gaɪst]

verzoeningsleer (de)	**Sühne** (f)	['zy:nə]
vrijkopen (ww)	**sühnen** (vt)	['zy:nən]

mis (de)	**Gottesdienst** (m)	['gɔtəsˌdi:nst]
de mis opdragen	**die Messe lesen**	[di 'mɛsə 'le:zən]
biecht (de)	**Beichte** (f)	['baɪçtə]
biechten (ww)	**beichten** (vi)	['baɪçtən]

heilige (de)	**Heilige** (m)	['haɪlɪgə]
heilig (bn)	**heilig**	['haɪlɪç]
wijwater (het)	**Weihwasser** (n)	['vaɪˌvasɐ]

ritueel (het)	**Ritual** (n)	[ʀi'tua:l]
ritueel (bn)	**rituell**	[ʀi'tuɛl]
offerande (de)	**Opfer** (n)	['ɔpfɐ]

bijgeloof (het)	**Aberglaube** (m)	['a:bɐˌglaʊbə]
bijgelovig (bn)	**abergläubisch**	['a:bɐˌglɔɪbɪʃ]
hiernamaals (het)	**Nachleben** (n)	['na:χˌle:bən]
eeuwige leven (het)	**ewiges Leben** (n)	['e:vɪgəs 'le:bn]

DIVERSEN

249. Diverse nuttige woorden

achtergrond (de)	Hintergrund (m)	['hɪntə‚gʀʊnt]
balans (de)	Bilanz (f)	[bi'lants]
basis (de)	Basis (f)	['ba:zɪs]
begin (het)	Anfang (m)	['anfaŋ]
beurt (wie is aan de ~?)	Reihe (f)	['ʀaɪə]
categorie (de)	Kategorie (f)	[‚katego'ʀi:]
comfortabel (~ bed, enz.)	bequem	[bə'kve:m]
compensatie (de)	Kompensation (f)	[kɔmpɛnza'tsjo:n]
deel (gedeelte)	Anteil (m)	['an‚taɪl]
deeltje (het)	Teilchen (n)	['taɪlçən]
ding (object, voorwerp)	Ding (n)	[dɪŋ]
dringend (bn, urgent)	dringend	['dʀɪŋənt]
dringend (bw, met spoed)	dringend	['dʀɪŋənt]
effect (het)	Effekt (m)	[ɛ'fɛkt]
eigenschap (kwaliteit)	Eigenschaft (f)	['aɪgənʃaft]
einde (het)	Ende (n)	['ɛndə]
element (het)	Element (n)	[ele'mɛnt]
feit (het)	Tatsache (f)	['ta:t‚zaxə]
fout (de)	Fehler (m)	['fe:lɐ]
geheim (het)	Geheimnis (n)	[gə'haɪmnɪs]
graad (mate)	Grad (m)	[gʀa:t]
groei (ontwikkeling)	Wachstum (n)	['vakstu:m]
hindernis (de)	Barriere (f)	[ba'ʀie:ʀə]
hinderpaal (de)	Hindernis (n)	['hɪndɐnɪs]
hulp (de)	Hilfe (f)	['hɪlfə]
ideaal (het)	Ideal (n)	[ide'a:l]
inspanning (de)	Anstrengung (f)	['anʃtʀɛŋʊŋ]
keuze (een grote ~)	Auswahl (f)	['aʊsva:l]
labyrint (het)	Labyrinth (n)	[laby'ʀɪnt]
manier (de)	Weise (f)	['vaɪzə]
moment (het)	Moment (m)	[mo'mɛnt]
nut (bruikbaarheid)	Nutzen (m)	['nʊtsən]
onderscheid (het)	Unterschied (m)	['ʊntəʃi:t]
ontwikkeling (de)	Entwicklung (f)	[ɛnt'vɪklʊŋ]
oplossing (de)	Lösung (f)	['lø:zʊŋ]
origineel (het)	Original (n)	[oʀigi'na:l]
pauze (de)	Pause (f)	['paʊzə]
positie (de)	Position (f)	[pozi'tsjo:n]
principe (het)	Prinzip (n)	[pʀɪn'tsi:p]

226

probleem (het)	Problem (n)	[pʀoˈbleːm]
proces (het)	Prozess (m)	[pʀoˈtsɛs]
reactie (de)	Reaktion (f)	[ˌʀeakˈtsjoːn]

reden (om ~ van)	Ursache (f)	[ˈuːɐˌzaχə]
risico (het)	Risiko (n)	[ˈʀiːziko]
samenvallen (het)	Zufall (m)	[ˈtsuːˌfal]
serie (de)	Serie (f)	[ˈzeːʀiə]

situatie (de)	Situation (f)	[zituaˈtsjoːn]
soort (bijv. ~ sport)	Art (f)	[aːɐt]
standaard (bn)	Standard-	[ˈstandaɐt]
standaard (de)	Standard (m)	[ˈstandaɐt]
stijl (de)	Stil (m)	[ʃtiːl]

stop (korte onderbreking)	Halt (m)	[halt]
systeem (het)	System (n)	[zʏsˈteːm]
tabel (bijv. ~ van Mendelejev)	Tabelle (f)	[taˈbɛlə]
tempo (langzaam ~)	Tempo (n)	[ˈtɛmpo]
term (medische ~en)	Fachwort (n)	[ˈfaχˌvɔɐt]

type (soort)	Typ (m)	[tyːp]
variant (de)	Variante (f)	[vaˈʀiantə]
veelvuldig (bn)	häufig	[ˈhɔɪfɪç]
vergelijking (de)	Vergleich (m)	[fɛɐˈglaɪç]
voorbeeld (het goede ~)	Beispiel (n)	[ˈbaɪʃpiːl]

voortgang (de)	Fortschritt (m)	[ˈfɔɐtˌʃʀɪt]
voorwerp (ding)	Gegenstand (m)	[ˈgeːgənʃtant]
vorm (uiterlijke ~)	Form (f)	[fɔɐm]
waarheid (de)	Wahrheit (f)	[ˈvaːɐhaɪt]
zone (de)	Zone (f)	[ˈtsoːnə]

250. Beperkende bijwoorden. Bijvoeglijke naamwoorden. Deel 1

accuraat (uurwerk, enz.)	sorgfältig	[ˈzɔɐkfɛltɪç]
achter- (abn)	Hinter-	[ˈhɪntə]
additioneel (bn)	ergänzend	[ɛɐˈgɛntsənt]
anders (bn)	unterschiedlich	[ˈʊntəʃiːtlɪç]

arm (bijv. ~e landen)	arm	[aɐm]
begrijpelijk (bn)	klar	[klaːɐ]
belangrijk (bn)	wichtig	[ˈvɪçtɪç]
belangrijkst (bn)	das wichtigste	[das ˈvɪçtɪçstə]

beleefd (bn)	höflich	[ˈhøːflɪç]
beperkt (bn)	begrenzt	[bəˈgʀɛntst]
betekenisvol (bn)	bedeutend	[bəˈdɔɪtənt]
bijziend (bn)	kurzsichtig	[ˈkʊɐtsˌzɪçtɪç]
binnen- (abn)	innen-	[ˈɪnən]

bitter (bn)	bitter	[ˈbɪtə]
blind (bn)	blind	[blɪnt]
breed (een ~e straat)	breit	[bʀaɪt]

| breekbaar (porselein, glas) | zerbrechlich | [tsɛɐ'bʀɛçlɪç] |
| buiten- (abn) | Außen-, äußer | ['aʊsən], ['ɔɪsɐ] |

buitenlands (bn)	ausländisch, Fremd-	['aʊslɛndɪʃ], [fʀɛmt]
burgerlijk (bn)	bürgerlich	['bʏʀɡəlɪç]
centraal (bn)	zentral	[tsɛn'tʀaːl]
dankbaar (bn)	dankbar	['daŋkbaːɐ]
dicht (~e mist)	dicht	[dɪçt]

dicht (bijv. ~e mist)	dick	[dɪk]
dicht (in de ruimte)	nah	[naː]
dicht (bn)	nah	[naː]
dichtstbijzijnd (bn)	nächst	[nɛːçst]

diepvries (~product)	tiefgekühlt	['tiːfɡəˌkyːlt]
dik (bijv. muur)	dick	[dɪk]
dof (~ licht)	gedämpft	[ɡə'dɛmpft]
dom (dwaas)	dumm	[dʊm]

donker (bijv. ~e kamer)	dunkel	['dʊŋkəl]
dood (bn)	tot	[toːt]
doorzichtig (bn)	durchsichtig	['dʊʀçˌzɪçtɪç]
droevig (~ blik)	traurig, unglücklich	['tʀaʊʀɪç], ['ʊnˌɡlʏklɪç]
droog (bn)	trocken	['tʀɔkən]

dun (persoon)	dünn	[dʏn]
duur (bn)	teuer	['tɔɪɐ]
eender (bn)	gleich	[ɡlaɪç]
eenvoudig (bn)	einfach	['aɪnfax]
eenvoudig (bn)	einfach	['aɪnfax]

eeuwenoude (~ beschaving)	alt	[alt]
enorm (bn)	riesig	['ʀiːzɪç]
geboorte- (stad, land)	Heimat-	['haɪmaːt]
gebruind (bn)	gebräunt	[ɡə'bʀɔɪnt]

gelijkend (bn)	ähnlich	['ɛːnlɪç]
gelukkig (bn)	glücklich	['ɡlʏklɪç]
gesloten (bn)	geschlossen	[ɡə'ʃlɔsən]
getaand (bn)	dunkelhäutig	['dʊŋkəlˌhɔɪtɪç]

gevaarlijk (bn)	gefährlich	[ɡə'fɛːɐlɪç]
gewoon (bn)	gewöhnlich	[ɡə'vøːnlɪç]
gezamenlijk (~ besluit)	gemeinsam	[ɡə'maɪnzaːm]
glad (~ oppervlak)	glatt	[ɡlat]
glad (~ oppervlak)	glatt	[ɡlat]

goed (bn)	gut	[ɡuːt]
goedkoop (bn)	billig	['bɪlɪç]
gratis (bn)	kostenlos, gratis	['kɔstənloːs], ['ɡʀaːtɪs]
groot (bn)	groß	[ɡʀoːs]

hard (niet zacht)	hart	[haɐt]
heel (volledig)	ganz	[ɡants]
heet (bn)	heiß	[haɪs]
hongerig (bn)	hungrig	['hʊŋʀɪç]

hoofd- (abn)	Haupt-	[haʊpt]
hoogste (bn)	höchst	[hø:çst]
huidig (courant)	gegenwärtig	['ge:gən͵vɛʁtɪç]
jong (bn)	jung	[jʊŋ]

juist, correct (bn)	richtig	['ʀɪçtɪç]
kalm (bn)	ruhig	['ʀu:ɪç]
kinder- (abn)	Kinder-	['kɪndɐ]
klein (bn)	klein	[klaɪn]
koel (~ weer)	kühl	[ky:l]

kort (kortstondig)	kurz	[kʊʁts]
kort (niet lang)	kurz	[kʊʁts]
koud (~ water, weer)	kalt	[kalt]
kunstmatig (bn)	künstlich	['kʏnstlɪç]

laatst (bn)	der letzte	[de:ɐ 'lɛtstə]
lang (een ~ verhaal)	lang	[laŋ]
langdurig (bn)	andauernd	['an͵daʊɐnt]
lastig (~ probleem)	schwierig	['ʃvi:ʀɪç]

leeg (glas, kamer)	leer	[le:ɐ]
lekker (bn)	lecker	['lɛkɐ]
licht (kleur)	licht	[lɪçt]
licht (niet veel weegt)	leicht	[laɪçt]

linker (bn)	link	[lɪŋk]
luid (bijv. ~e stem)	laut	[laʊt]
mager (bn)	abgemagert	['apgə͵ma:gɐt]
mat (bijv. ~ verf)	matt	[mat]
moe (bn)	müde	['my:də]

moeilijk (~ besluit)	schwierig	['ʃvi:ʀɪç]
mogelijk (bn)	möglich	['mø:klɪç]
mooi (bn)	schön	[ʃø:n]
mysterieus (bn)	rätselhaft	['ʀɛ:tsəl͵haft]

naburig (bn)	Nachbar-	['naχ͵ba:ɐ]
nalatig (bn)	nachlässig	['na:χ͵lɛsɪç]
nat (~te kleding)	nass	[nas]
nerveus (bn)	nervös	[nɛʁ'vø:s]
niet groot (bn)	nicht groß	[nɪçt gʀo:s]

niet moeilijk (bn)	nicht schwierig	[nɪçt 'ʃvi:ʀɪç]
nieuw (bn)	neu	[nɔɪ]
nodig (bn)	nötig	['nø:tɪç]
normaal (bn)	normal	[nɔʁ'ma:l]

251. Beperkende bijwoorden. Bijvoeglijke naamwoorden. Deel 2

onbegrijpelijk (bn)	unverständlich	['ʊnfɛɐ͵ʃtɛntlɪç]
onbelangrijk (bn)	unbedeutend	['ʊnbə͵dɔɪtənt]
onbeweeglijk (bn)	unbeweglich	['ʊnbə͵ve:klɪç]
onbewolkt (bn)	wolkenlos	['vɔlkən͵lo:s]

ondergronds (geheim)	Untergrund-	['ʊntɐˌgʀʊnt]
ondiep (bn)	seicht	[zaɪçt]
onduidelijk (bn)	undeutlich	['ʊnˌdɔɪtlɪç]
onervaren (bn)	unerfahren	['ʊnʔɛɐˌfaːʀən]
onmogelijk (bn)	unmöglich	['ʊnmøːklɪç]
onontbeerlijk (bn)	notwendig	['noːtvɛndɪç]

onophoudelijk (bn)	ununterbrochen	['ʊnʔʊntɐˌbʀɔxən]
ontkennend (bn)	negativ	['neːgatiːf]
open (bn)	offen	['ɔfən]
openbaar (bn)	öffentlich	['œfəntlɪç]
origineel (ongewoon)	original	[oʀigi'naːl]

oud (~ huis)	alt	[alt]
overdreven (bn)	übermäßig	['yːbɐˌmɛːsɪç]
passend (bn)	brauchbar	['bʀaʊxbaːɐ]
permanent (bn)	beständig	[bə'ʃtɛndɪç]
persoonlijk (bn)	persönlich	[pɛʀ'zøːnlɪç]

plat (bijv. ~ scherm)	platt	[plat]
prachtig (~ paleis, enz.)	schön	[ʃøːn]
precies (bn)	genau	[gə'naʊ]
prettig (bn)	angenehm	['angəˌneːm]
privé (bn)	privat	[pʀi'vaːt]

punctueel (bn)	pünktlich	['pʏŋktlɪç]
rauw (niet gekookt)	roh	[ʀoː]
recht (weg, straat)	gerade	[gə'ʀaːdə]
rechter (bn)	recht	[ʀɛçt]
rijp (fruit)	reif	[ʀaɪf]

riskant (bn)	riskant	[ʀɪs'kant]
ruim (een ~ huis)	geräumig	[gə'ʀɔɪmɪç]
rustig (bn)	still	[ʃtɪl]
scherp (bijv. ~ mes)	scharf	[ʃaʀf]
schoon (niet vies)	sauber	['zaʊbɐ]

slecht (bn)	schlecht	[ʃlɛçt]
slim (verstandig)	klug	[kluːk]
smal (~le weg)	eng, schmal	[ɛŋ], [ʃmaːl]
snel (vlug)	schnell	[ʃnɛl]
somber (bn)	düster	['dyːstɐ]
speciaal (bn)	speziell, Spezial-	[ʃpe'tsɪɛl], [ʃpe'tsiaːl]

sterk (bn)	stark	[ʃtaʀk]
stevig (bn)	fest, stark	[fɛst], [ʃtaʀk]
straatarm (bn)	in Armut lebend	[ɪn 'aʀmuːt 'leːbənt]
strak (schoenen, enz.)	knapp	[knap]
teder (liefderijk)	zärtlich	['tsɛːɐtlɪç]

tegenovergesteld (bn)	gegensätzlich	['geːgənˌzɛtslɪç]
tevreden (bn)	zufrieden	[tsu'fʀiːdən]
tevreden (klant, enz.)	zufrieden	[tsu'fʀiːdən]
treurig (bn)	traurig	['tʀaʊʀɪç]
tweedehands (bn)	gebraucht	[gə'bʀaʊxt]
uitstekend (bn)	ausgezeichnet	['aʊsgəˌtsaɪçnət]

uitstekend (bn)	ausgezeichnet	['ausgə‚tsaɪçnət]
uniek (bn)	einzigartig	['aɪntsɪç‚ʔaːɐtɪç]
veilig (niet gevaarlijk)	sicher	['zɪçɐ]
ver (in de ruimte)	fern	[fɛʁn]

verenigbaar (bn)	kompatibel	[kɔmpa'tiːbəl]
vermoeiend (bn)	ermüdend	[ɛɐ'myːdənt]
verplicht (bn)	obligatorisch, Pflicht-	[ɔbliga'toːʁɪʃ], [pflɪçt]
vers (~ brood)	frisch	[fʁɪʃ]
verschillende (bn)	verschieden	[fɛɐ'ʃiːdən]

verst (meest afgelegen)	fern	[fɛʁn]
vettig (voedsel)	fett	[fɛt]
vijandig (bn)	feindlich	['faɪntlɪç]
vloeibaar (bn)	flüssig	['flʏsɪç]
vochtig (bn)	feucht	[fɔɪçt]
vol (helemaal gevuld)	voll	[fɔl]

volgend (~ jaar)	nächst	[nɛːçst]
vorig (bn)	vergangen	[fɛɐ'gaŋən]
voornaamste (bn)	hauptsächlich	['haupt‚zɛçlɪç]
vorig (~ jaar)	vorig	['foːʁɪç]
vorig (bijv. ~e baas)	früher	['fʁyːɐ]

vriendelijk (aardig)	nett	[nɛt]
vriendelijk (goedhartig)	gut	[guːt]
vrij (bn)	frei	[fʁaɪ]
vrolijk (bn)	froh	[fʁoː]
vruchtbaar (~ land)	fruchtbar	['fʁʊxtbaːɐ]

vuil (niet schoon)	schmutzig	['ʃmʊtsɪç]
waarschijnlijk (bn)	wahrscheinlich	[vaːɐ'ʃaɪnlɪç]
warm (bn)	warm	[vaʁm]
wettelijk (bn)	gesetzlich	[gə'zɛtslɪç]
zacht (bijv. ~ kussen)	weich	[vaɪç]

zacht (bn)	leise	['laɪzə]
zeldzaam (bn)	selten	['zɛltən]
ziek (bn)	krank	[kʁaŋk]
zoet (~ water)	Süß-	[zyːs]
zoet (bn)	süß	[zyːs]

zonnig (~e dag)	sonnig	['zɔnɪç]
zorgzaam (bn)	sorgsam	['zɔʁkzaːm]
zout (de soep is ~)	salzig	['zaltsɪç]
zuur (smaak)	sauer	['zauɐ]
zwaar (~ voorwerp)	schwer	[ʃveːɐ]

DE 500 BELANGRIJKSTE WERKWOORDEN

252. Werkwoorden A-C

aaien (bijv. een konijn ~)	streicheln (vt)	['ʃtʀaɪçəln]
aanbevelen (ww)	empfehlen (vt)	[ɛm'pfeːlən]
aandringen (ww)	bestehen auf	[bə'ʃteːən aʊf]
aankomen (ov. de treinen)	ankommen (vi)	['anˌkɔmən]
aanleggen (bijv. bij de pier)	anlegen (vi)	['anˌleːgən]
aanraken (met de hand)	berühren (vt)	[bə'ʀyːʀən]
aansteken (kampvuur, enz.)	anzünden (vt)	['anˌtsʏndən]
aanstellen	ernennen (vt)	[ɛɐ'nɛnən]
(in functie plaatsen)		
aanvallen (mil.)	attackieren (vt)	[ata'kiːʀən]
aanvoelen (gevaar ~)	fühlen (vt)	['fyːlən]
aanvoeren (leiden)	führen (vt)	['fyːʀən]
aanwijzen (de weg ~)	zeigen (vt)	['tsaɪgən]
aanzetten (computer, enz.)	einschalten (vt)	['aɪnʃaltən]
ademen (ww)	atmen (vi)	['aːtmən]
adverteren (ww)	werben (vt)	['vɛʀbən]
adviseren (ww)	raten (vt)	['ʀaːtən]
afdalen (on.ww.)	herabsteigen (vi)	[hɛ'ʀapʃtaɪgən]
afgunstig zijn (ww)	beneiden (vt)	[bə'naɪdən]
afhakken (ww)	abhacken (vt)	['aphakən]
afhangen van ...	abhängen von ...	['apˌhɛŋən fɔn]
afluisteren (ww)	belauschen (vt)	[bə'laʊʃən]
afnemen (verwijderen)	abnehmen (vt)	['apˌneːmən]
afrukken (ww)	abreißen (vt)	['apˌʀaɪsən]
afslaan (naar rechts ~)	abbiegen (vi)	['apˌbiːgən]
afsnijden (ww)	abschneiden (vt)	['apʃnaɪdən]
afzeggen (ww)	zurückziehen (vt)	[tsu'ʀʏkˌtsiːən]
amputeren (ww)	amputieren (vt)	[ampu'tiːʀən]
amuseren (ww)	amüsieren (vt)	[amy'ziːʀən]
antwoorden (ww)	antworten (vi)	['antˌvɔʀtən]
applaudisseren (ww)	applaudieren (vi)	[aplaʊ'diːʀən]
aspireren (iets willen worden)	anstreben (vt)	['anʃtʀeːbən]
assisteren (ww)	assistieren (vi)	[asɪs'tiːʀən]
bang zijn (ww)	Angst haben	['aŋst 'haːbən]
barsten (plafond, enz.)	bersten (vi)	['bɛʀstən]
bedienen (in restaurant)	bedienen (vt)	[bə'diːnən]
bedreigen	drohen (vi)	['dʀoːən]
(bijv. met een pistool)		

bedriegen (ww)	täuschen (vt)	['tɔɪʃən]
beduiden (betekenen)	bezeichnen (vt)	[bə'tsaɪçnən]
bedwingen (ww)	zurückhalten (vt)	[tsu'ʀʏkˌhaltən]
beëindigen (ww)	beenden (vt)	[bə'ʔɛndən]
begeleiden (vergezellen)	begleiten (vt)	[bə'glaɪtən]
begieten (water geven)	begießen (vt)	[bə'giːsən]
beginnen (ww)	beginnen (vt)	[bə'gɪnən]
begrijpen (ww)	verstehen (vt)	[fɛɐ'ʃteːən]
behandelen (patiënt, ziekte)	behandeln (vt)	[bə'handəln]
beheren (managen)	managen (vt)	['mɛnɪdʒən]
beïnvloeden (ww)	beeinflussen (vt)	[bə'ʔaɪnˌflʊsən]
bekennen (misdadiger)	gestehen (vi)	[gə'ʃteːən]
beledigen (met scheldwoorden)	kränken (vt)	['kʀɛŋkən]
beledigen (ww)	beleidigen (vt)	[bə'laɪdɪgən]
beloven (ww)	versprechen (vt)	[fɛɐ'ʃpʀɛçən]
beperken (de uitgaven ~)	begrenzen (vt)	[bə'gʀɛntsən]
bereiken (doel ~, enz.)	erzielen (vt)	[ɛɐ'tsiːlən]
bereiken (plaats van bestemming ~)	erreichen (vt)	[ɛɐ'ʀaɪçən]
beschermen (bijv. de natuur ~)	bewachen (vt)	[bə'vaxən]
beschuldigen (ww)	anklagen (vt)	['anˌklaːgən]
beslissen (~ iets te doen)	entscheiden (vt)	[ɛnt'ʃaɪdən]
besmet worden (met ...)	sich anstecken	[zɪç 'anˌʃtɛkən]
besmetten (ziekte overbrengen)	anstecken (vt)	['anˌʃtɛkən]
bespreken (spreken over)	besprechen (vt)	[bə'ʃpʀɛçən]
bestaan (een ~ voeren)	leben (vi)	['leːbən]
bestellen (eten ~)	bestellen (vt)	[bə'ʃtɛlən]
bestraffen (een stout kind ~)	bestrafen (vt)	[bə'ʃtʀaːfən]
betalen (ww)	zahlen (vt)	['tsaːlən]
betekenen (beduiden)	bedeuten (vt)	[bə'dɔɪtən]
betreuren (ww)	bedauern (vt)	[bə'daʊən]
bevallen (prettig vinden)	gefallen (vi)	[gə'falən]
bevelen (mil.)	befehlen (vt)	[ˌbə'feːlən]
bevredigen (ww)	befriedigen (vt)	[bə'fʀiːdɪgən]
bevrijden (stad, enz.)	befreien (vt)	[bə'fʀaɪən]
bewaren (oude brieven, enz.)	behalten (vt)	[bə'haltən]
bewaren (vrede, leven)	bewahren (vt)	[bə'vaːʀən]
bewijzen (ww)	beweisen (vt)	[bə'vaɪzən]
bewonderen (ww)	bewundern (vt)	[bə'vʊndən]
bezitten (ww)	besitzen (vt)	[bə'zɪtsən]
bezorgd zijn (ww)	sich Sorgen machen	[zɪç 'zɔʀgən 'maxən]
bezorgd zijn (ww)	sich aufregen	[zɪç 'aʊfˌʀeːgən]
bidden (praten met God)	beten (vi)	['beːtən]
bijvoegen (ww)	hinzufügen (vt)	[hɪn'tsuːˌfyːgən]

binden (ww)	binden (vt)	['bɪndən]
binnengaan (een kamer ~)	hereinkommen (vi)	[hɛ'ʀaɪn‚kɔmən]

blazen (ww)	wehen (vi)	['veːən]
blozen (zich schamen)	erröten (vi)	[ɛɐ'ʀøːtən]
blussen (brand ~)	löschen (vt)	['lœʃən]
boos maken (ww)	ärgern (vt)	['ɛʁgɐn]

boos zijn (ww)	verärgert sein	[fɛɐ'ɛʁgɐt zaɪn]
breken	zerreißen (vi)	[tsɛɐ'ʀaɪsən]
(on.ww., van een touw)		
breken (speelgoed, enz.)	brechen (vt)	['bʀɛçən]
brengen (iets ergens ~)	mitbringen (vt)	['mɪt‚bʀɪŋən]

charmeren (ww)	entzücken (vt)	[ɛnt'tsʏkən]
citeren (ww)	zitieren (vt)	[‚tsi'tiːʀən]
compenseren (ww)	kompensieren (vt)	[kɔmpɛn'ziːʀən]
compliceren (ww)	erschweren (vt)	[ɛɐ'ʃveːʀən]

componeren (muziek ~)	komponieren (vt)	[kɔmpo'niːʀən]
compromitteren (ww)	kompromittieren (vt)	[kɔmpʀɔmɪ'tiːʀən]
concurreren (ww)	konkurrieren (vi)	[kɔŋkʊ'ʀiːʀən]
controleren (ww)	kontrollieren (vt)	[kɔntʀɔ'liːʀən]

coöpereren (samenwerken)	zusammenarbeiten (vi)	[tsu'zamən‚ʔaʁbaɪtən]
coördineren (ww)	koordinieren (vt)	[ko'ʔɔʁdi'niːʀən]
corrigeren (fouten ~)	korrigieren (vt)	[kɔʀi'giːʀən]
creëren (ww)	schaffen (vt)	['ʃafən]

253. Werkwoorden D-K

danken (ww)	danken (vi)	['daŋkən]
de was doen	waschen (vt)	['vaʃən]
de weg wijzen	richten (vt)	['ʀɪçtən]
deelnemen (ww)	teilnehmen (vi)	['taɪl‚neːmən]
delen (wisk.)	dividieren (vt)	[divi'diːʀən]

denken (ww)	denken (vi, vt)	['dɛŋkən]
doden (ww)	ermorden (vt)	[ɛɐ'mɔʁdən]
doen (ww)	machen (vt)	['maχən]
dresseren (ww)	dressieren (vt)	[dʀɛ'siːʀən]

drinken (ww)	trinken (vt)	['tʀɪŋkən]
drogen (klederen, haar)	trocknen (vt)	['tʀɔknən]
dromen (in de slaap)	träumen (vi, vt)	['tʀɔɪmən]
dromen (over vakantie ~)	träumen (vi, vt)	['tʀɔɪmən]
duiken (ww)	tauchen (vi)	['tauχən]

durven (ww)	wagen (vt)	['vaːgən]
duwen (ww)	schieben (vt)	['ʃiːbən]
een auto besturen	lenken (vt)	['lɛŋkən]
een bad geven	baden (vt)	['baːdən]
een bad nemen	sich waschen	[zɪç 'vaʃən]
een conclusie trekken	einen Schluss ziehen	['aɪnən ʃlʊs 'tsiːən]

foto's maken	fotografieren (vt)	[fotoɢʀaˈfiːʀən]
eisen (met klem vragen)	verlangen (vt)	[fɛɐ̯ˈlaŋən]
erkennen (schuld)	zugeben (vt)	[ˈtsuːˌɡeːbən]
erven (ww)	erben (vt)	[ˈɛʁbən]

eten (ww)	essen (vi, vt)	[ˈɛsən]
excuseren (vergeven)	entschuldigen (vt)	[ɛntˈʃʊldɪɡən]
existeren (bestaan)	existieren (vi)	[ˌɛksɪsˈtiːʀən]
feliciteren (ww)	gratulieren (vi)	[ɡʀatuˈliːʀən]
gaan (te voet)	gehen (vi)	[ˈɡeːən]

gaan slapen	schlafen gehen	[ˈʃlaːfən ˈɡeːən]
gaan zitten (ww)	sich setzen	[zɪç ˈzɛtsən]
gaan zwemmen	schwimmen gehen	[ˈʃvɪmən ˈɡeːən]
garanderen (garantie geven)	garantieren (vt)	[ɡaʀanˈtiːʀən]

gebruiken (bijv. een potlood ~)	benutzen (vt)	[bəˈnʊtsən]
gebruiken (woord, uitdrukking)	gebrauchen (vt)	[ɡəˈbʀaʊ̯xən]
geconserveerd zijn (ww)	sich erhalten	[zɪç ɛɐ̯ˈhaltən]
gedateerd zijn (ww)	sich datieren	[zɪç daˈtiːʀən]
gehoorzamen (ww)	gehorchen (vi)	[ɡəˈhɔʁçən]

gelijken (op elkaar lijken)	ähnlich sein	[ˈɛːnlɪç zaɪn]
geloven (vinden)	meinen (vt)	[ˈmaɪnən]
genoeg zijn (ww)	ausreichen (vi)	[ˈaʊ̯sˌʀaɪçən]
geven (ww)	geben (vt)	[ˈɡeːbən]
gieten (in een beker ~)	gießen (vt)	[ˈɡiːsən]

glimlachen (ww)	lächeln (vi)	[ˈlɛçəln]
glimmen (glanzen)	glänzen (vi)	[ˈɡlɛntsən]
gluren (ww)	gucken (vi)	[ˈɡʊkən]
goed raden (ww)	erraten (vt)	[ɛɐ̯ˈʀaːtən]
gooien (een steen, enz.)	werfen (vt)	[ˈvɛʁfən]

grappen maken (ww)	Witz machen	[vɪts ˈmaxən]
graven (tunnel, enz.)	graben (vt)	[ˈɡʀaːbən]
haasten (iemand ~)	zur Eile antreiben	[tsuːɐ̯ ˈaɪlə ˈanˌtʀaɪbən]
hebben (ww)	haben (vt)	[ˈhaːbən]
helpen (hulp geven)	helfen (vi)	[ˈhɛlfən]

herhalen (opnieuw zeggen)	noch einmal sagen	[nɔx ˈaɪnmaːl ˈzaːɡən]
herinneren (ww)	sich erinnern	[zɪç ɛɐ̯ˈʔɪnɐn]
herinneren aan ... (afspraak, opdracht)	erinnern (vt)	[ɛɐ̯ˈʔɪnɐn]
herkennen (identificeren)	anerkennen (vt)	[ˈanɛʁˌkɛnən]
herstellen (repareren)	reparieren (vt)	[ʀepaˈʀiːʀən]

het haar kammen	sich kämmen	[zɪç ˈkɛmən]
hopen (ww)	hoffen (vi)	[ˈhɔfən]
horen (waarnemen met het oor)	hören (vt)	[ˈhøːʀən]
houden van (muziek, enz.)	gernhaben (vt)	[ˈɡɛʁnˌhaːbən]
huilen (wenen)	weinen (vi)	[ˈvaɪnən]
huiveren (ww)	zusammenzucken (vi)	[tsuˈzamənˌtsʊkən]

huren (een boot ~)	mieten (vt)	['mi:tən]
huren (huis, kamer)	mieten (vt)	['mi:tən]
huren (personeel)	einstellen (vt)	['aɪnˌʃtɛlən]
imiteren (ww)	imitieren (vt)	[imi'ti:ʀən]

importeren (ww)	importieren (vt)	[ɪmpɔʁ'ti:ʀən]
inenten (vaccineren)	impfen (vt)	['ɪmpfən]
informeren (informatie geven)	informieren (vt)	[ɪnfɔʁ'mi:ʀən]
informeren naar ... (navraag doen)	sich nach ... erkundigen	[zɪç na:χ ... ɛʁ'kʊndɪgən]
inlassen (invoegen)	einsetzen (vt)	['aɪnzɛtsən]

inpakken (in papier)	einpacken (vt)	['aɪnˌpakən]
inspireren (ww)	ermutigen (vt)	[ɛʁ'mu:tɪgən]
instemmen (akkoord gaan)	zustimmen (vi)	['tsu:ˌʃtɪmən]
interesseren (ww)	interessieren (vt)	[ɪntəʀɛ'si:ʀən]

irriteren (ww)	ärgern (vt)	['ɛʁgɐn]
isoleren (ww)	isolieren (vt)	[izo'li:ʀən]
jagen (ww)	jagen (vi)	['jagən]
kalmeren (kalm maken)	beruhigen (vt)	[bə'ʀu:ɪgən]

kennen (kennis hebben van iemand)	kennen (vt)	['kɛnən]
kennismaken (met ...)	kennenlernen (vt)	['kɛnənˌlɛʁnən]
kiezen (ww)	wählen (vt)	['vɛ:lən]
kijken (ww)	sehen (vt)	['ze:ən]

klaarmaken (een plan ~)	vorbereiten (vt)	['fo:ɐbəˌʀaɪtən]
klaarmaken (het eten ~)	zubereiten (vt)	['tsu:bəˌʀaɪtən]
klagen (ww)	klagen (vi)	['kla:gən]
kloppen (aan een deur)	anklopfen (vi)	['anˌklɔpfən]

kopen (ww)	kaufen (vt)	['kaufən]
kopieën maken	vervielfältigen (vt)	[fɛɐ'fi:lˌfɛltɪgən]
kosten (ww)	kosten (vt)	['kɔstən]
kunnen (ww)	können (v mod)	['kœnən]
kweken (planten ~)	züchten (vt)	['tsʏçtən]

254. Werkwoorden L-R

lachen (ww)	lachen (vi)	['laχən]
laden (geweer, kanon)	laden (vt)	['la:dən]
laden (vrachtwagen)	laden (vt)	['la:dən]
laten vallen (ww)	fallen lassen	['falən 'lasən]

lenen (geld ~)	leihen (vt)	['laɪən]
leren (lesgeven)	lehren (vt)	['le:ʀən]
leven (bijv. in Frankrijk ~)	wohnen (vi)	['vo:nən]
lezen (een boek ~)	lesen (vi, vt)	['le:zən]

lid worden (ww)	sich anschließen	[zɪç 'anˌʃli:sən]
liefhebben (ww)	lieben (vt)	['li:bən]
liegen (ww)	lügen (vi)	['ly:gən]

liggen (op de tafel ~)	gelegen sein	[gə'le:gən zaɪn]
liggen (persoon)	liegen (vi)	['li:gən]
lijden (pijn voelen)	leiden (vi)	['laɪdən]
losbinden (ww)	losbinden (vt)	['lo:sˌbɪndən]
luisteren (ww)	hören (vt)	['hø:ʀən]
lunchen (ww)	zu Mittag essen	[tsu 'mɪta:k 'ɛsən]
markeren (op de kaart, enz.)	markieren (vt)	[maʁ'ki:ʀən]
melden (nieuws ~)	mitteilen (vt)	['mɪtˌtaɪlən]
memoriseren (ww)	memorieren (vt)	[memo'ʀi:ʀən]
mengen (ww)	mischen (vt)	['mɪʃən]
mikken op (ww)	zielen auf ...	['tsi:lən aʊf]
minachten (ww)	verachten (vt)	[fɛɐ'ʔaxtən]
moeten (ww)	müssen (v mod)	['mʏsən]
morsen (koffie, enz.)	vergießen (vt)	[fɛɐ'gi:sən]
naderen (dichterbij komen)	sich nähern	[zɪç 'nɛ:ɐn]
neerlaten (ww)	herunterlassen (vt)	[hɛ'ʀʊntɐˌlasən]
nemen (ww)	nehmen (vt)	['ne:mən]
nodig zijn (ww)	nötig sein	['nø:tɪç zaɪn]
noemen (ww)	benennen (vt)	[bə'nɛnən]
noteren (opschrijven)	notieren (vt)	[no'ti:ʀən]
omhelzen (ww)	umarmen (vt)	[ʊm'ʔaʁmən]
omkeren (steen, voorwerp)	umdrehen (vt)	['ʊmˌdʀe:ən]
onderhandelen (ww)	verhandeln (vi)	[fɛɐ'handəln]
ondernemen (ww)	unternehmen (vt)	[ˌʊntɐ'ne:mən]
onderschatten (ww)	unterschätzen (vt)	[ˌʊntɐ'ʃɛtsən]
onderscheiden (een ereteken geven)	auszeichnen (vt)	['aʊsˌtsaɪçnən]
onderstrepen (ww)	unterstreichen (vt)	[ˌʊntɐ'ʃtʀaɪçən]
ondertekenen (ww)	unterschreiben (vt)	[ˌʊntɐ'ʃʀaɪbən]
onderwijzen (ww)	instruieren (vt)	[ɪnstʀu'i:ʀən]
onderzoeken (alle feiten, enz.)	erörtern (vt)	[ɛɐ'ʔœʁtɐn]
bezorgd maken	beunruhigen (vt)	[bə'ʔʊnˌʀu:ɪgən]
onmisbaar zijn (ww)	notwendig sein	['no:tvɛndɪç zaɪn]
ontbijten (ww)	frühstücken (vi)	['fʀy:ʃtʏkən]
ontdekken (bijv. nieuw land)	entdecken (vt)	[ɛnt'dɛkən]
ontkennen (ww)	verneinen (vt)	[fɛɐ'naɪnən]
ontlopen (gevaar, taak)	vermeiden (vt)	[fɛɐ'maɪdən]
ontnemen (ww)	nehmen (vt)	['ne:mən]
ontwerpen (machine, enz.)	projektieren (vt)	[pʀojɛk'ti:ʀən]
oorlog voeren (ww)	Krieg führen	[kʀi:k 'fy:ʀən]
op orde brengen	in Ordnung bringen	[ɪn 'ɔʁdnʊŋ 'bʀɪŋən]
opbergen (in de kast, enz.)	weglegen (vt)	['vɛkˌle:gən]
opduiken (ov. een duikboot)	auftauchen (vi)	['aʊfˌtaʊxən]
openen (ww)	öffnen (vt)	['œfnən]
ophangen (bijv. gordijnen ~)	hängen (vt)	['hɛŋən]

ophouden (ww)	einstellen (vt)	['aɪnˌʃtɛlən]
oplossen (een probleem ~)	lösen (vt)	['løːzən]
opmerken (zien)	bemerken (vt)	[bə'mɛʁkən]

opmerken (zien)	erblicken (vt)	[ɛɐ'blɪkən]
opscheppen (ww)	prahlen (vi)	['pʀaːlən]
opschrijven (op een lijst)	einschreiben (vt)	['aɪnˌʃʀaɪbən]
opschrijven (ww)	aufschreiben (vt)	['aʊfˌʃʀaɪbən]

opstaan (uit je bed)	aufstehen (vi)	['aʊfˌʃteːən]
opstarten (project, enz.)	lancieren (vt)	[lan'siːʀən]
opstijgen (vliegtuig)	starten (vi)	['ʃtaʁtən]
optreden (resoluut ~)	handeln (vi)	['handəln]

organiseren (concert, feest)	veranstalten (vt)	[fɛɐ'ʔanʃtaltən]
overdoen (ww)	nochmals tun (vt)	['nɔxmaːls tuːn]
overheersen (dominant zijn)	überwiegen (vi)	[ˌyːbɐ'viːgən]
overschatten (ww)	überschätzen (vt)	[yːbɐ'ʃɛtsən]

overtuigd worden (ww)	sich überzeugen	[zɪç yːbɐ'tsɔɪgən]
overtuigen (ww)	überzeugen (vt)	[yːbɐ'tsɔɪgən]
passen (jurk, broek)	passen (vi)	['pasən]
passeren (~ mooie dorpjes, enz.)	vorbeifahren (vi)	[foːɐ'baɪˌfaːʀən]

peinzen (lang nadenken)	in Gedanken versinken	[ɪn gə'daŋkən fɛɐ'zɪŋkən]
penetreren (ww)	eindringen (vi)	['aɪnˌdʀɪŋən]
plaatsen (ww)	stellen (vt)	['ʃtɛlən]
plaatsen (zetten)	stellen (vt)	['ʃtɛlən]

plannen (ww)	planen (vt)	['plaːnən]
plezier hebben (ww)	sich amüsieren	[zɪç amy'ziːʀən]
plukken (bloemen ~)	pflücken (vt)	['pflʏkən]
prefereren (verkiezen)	vorziehen (vt)	['foɐˌtsiːən]

proberen (trachten)	versuchen (vt)	[fɛɐ'zuːxən]
proberen (trachten)	versuchen (vt)	[fɛɐ'zuːxən]
protesteren (ww)	protestieren (vi)	[pʀotɛs'tiːʀən]
provoceren (uitdagen)	provozieren (vt)	[pʀovo'tsiːʀən]

raadplegen (dokter, enz.)	sich konsultieren mit ...	[zɪç kɔnzʊl'tiːʀən mɪt]
rapporteren (ww)	berichten (vt)	[bə'ʀɪçtən]
redden (ww)	retten (vt)	['ʀɛtən]
regelen (conflict)	regeln (vt)	['ʀeːgəln]

reinigen (schoonmaken)	reinigen (vt)	['ʀaɪnɪgən]
rekenen op ...	auf ... zählen	[aʊf ... 'tsɛːlən]
rennen (ww)	laufen (vi)	['laʊfən]
reserveren (een hotelkamer ~)	reservieren (vt)	[ʀezɛɐ'viːʀən]

rijden (per auto, enz.)	fahren (vi)	['faːʀən]
rillen (ov. de kou)	zittern (vi)	['tsɪtən]
riskeren (ww)	riskieren (vt)	[ʀɪs'kiːʀən]
roepen (met je stem)	rufen (vt)	['ʀuːfən]
roepen (om hulp)	rufen (vi)	['ʀuːfən]

ruiken (bepaalde geur verspreiden)	riechen (vi)	[ˈʀiːçən]
ruiken (rozen)	riechen (vt)	[ˈʀiːçən]
rusten (verpozen)	sich ausruhen	[zɪç ˈaʊsˌʀuːən]

255. Verbs S-V

samenstellen, maken (een lijst ~)	erstellen (vt)	[ɛɐˈʃtɛlən]
schieten (ww)	schießen (vi)	[ˈʃiːsən]
schoonmaken (bijv. schoenen ~)	putzen (vt)	[ˈpʊtsən]
schoonmaken (ww)	aufräumen (vt)	[ˈaʊfˌʀɔɪmən]

schrammen (ww)	kratzen (vt)	[ˈkʀatsən]
schreeuwen (ww)	schreien (vi)	[ˈʃʀaɪən]
schrijven (ww)	schreiben (vi, vt)	[ˈʃʀaɪbən]
schudden (ww)	schütteln (vt)	[ˈʃʏtəln]

selecteren (ww)	auswählen (vt)	[ˈaʊsˌvɛːlən]
simplificeren (ww)	vereinfachen (vt)	[fɛɐˈʔaɪnfaχən]
slaan (een hond ~)	schlagen (vt)	[ˈʃlaːgən]
sluiten (ww)	schließen (vt)	[ˈʃliːsən]

smeken (bijv. om hulp ~)	anflehen (vt)	[ˈanˌfleːən]
souperen (ww)	zu Abend essen	[tsu ˈaːbənt ˈɛsən]
spelen (bijv. filmacteur)	spielen (vi, vt)	[ˈʃpiːlən]
spelen (kinderen, enz.)	spielen (vi, vt)	[ˈʃpiːlən]

spreken met ...	sprechen mit ...	[ˈʃpʀɛçən mɪt]
spuwen (ww)	spucken (vi)	[ˈʃpʊkən]
stelen (ww)	stehlen (vt)	[ˈʃteːlən]
stemmen (verkiezing)	stimmen (vi)	[ˈʃtɪmən]
steunen (een goed doel, enz.)	unterstützen (vt)	[ˌʊntɐˈʃtʏtsən]

stoppen (pauzeren)	stoppen (vt)	[ˈʃtɔpən]
storen (lastigvallen)	stören (vt)	[ˈʃtøːʀən]
strijden (tegen een vijand)	kämpfen (vi)	[ˈkɛmpfən]
strijden (ww)	kämpfen (vi)	[ˈkɛmpfən]

strijken (met een strijkbout)	bügeln (vt)	[ˈbyːgəln]
studeren (bijv. wiskunde ~)	lernen (vt)	[ˈlɛʀnən]
sturen (zenden)	abschicken (vt)	[ˈapʃɪkən]
tellen (bijv. geld ~)	rechnen (vt)	[ˈʀɛçnən]

terugkeren (ww)	zurückkehren (vi)	[tsuˈʀʏkˌkeːʀən]
terugsturen (ww)	zurückschicken (vt)	[tsuˈʀʏkʃɪkən]
toebehoren aan ...	gehören (vi)	[gəˈhøːʀən]
toegeven (zwichten)	nachgeben (vi)	[ˈnaːχˌgeːbən]

toenemen (on. ww)	sich vergrößern	[zɪç fɛɐˈgʀøːsən]
toespreken (zich tot iemand richten)	adressieren an ...	[adʀɛˈsiːʀən an]

toestaan (goedkeuren)	erlauben (vt)	[ɛɐ̯'laʊbən]
toestaan (ww)	erlauben (vt)	[ɛɐ̯'laʊbən]

toewijden (boek, enz.)	widmen (vt)	['vɪtmən]
tonen (uitstallen, laten zien)	zeigen (vt)	['tsaɪgən]
trainen (ww)	trainieren (vt)	[tʀɛ'niːʀən]
transformeren (ww)	transformieren (vt)	[ˌtʀansfɔɐ̯'miːʀən]

trekken (touw)	ziehen (vt)	['tsiːən]
trouwen (ww)	heiraten (vi)	['haɪʀaːtən]
tussenbeide komen (ww)	sich einmischen	[zɪç 'aɪnˌmɪʃən]
twijfelen (onzeker zijn)	zweifeln (vi)	['tsvaɪfəln]

uitdelen (pamfletten ~)	austeilen (vt)	['aʊsˌtaɪlən]
uitdoen (licht)	ausschalten (vt)	['aʊsˌʃaltən]
uitdrukken (opinie, gevoel)	ausdrücken (vt)	['aʊsˌdʀʏkən]
uitgaan (om te dineren, enz.)	ausgehen (vi)	['aʊsˌgeːən]
uitlachen (bespotten)	spotten (vi)	['ʃpɔtən]

uitnodigen (ww)	einladen (vt)	['aɪnˌlaːdən]
uitrusten (ww)	einrichten (vt)	['aɪnˌʀɪçtən]
uitsluiten (wegsturen)	ausschließen (vt)	['aʊsˌʃliːsən]
uitspreken (ww)	aussprechen (vt)	['aʊsˌʃpʀɛçən]

uittorenen (boven ...)	überragen	[ˌyːbɐ'ʀaːgən]
uitvaren tegen (ww)	schelten (vt)	['ʃɛltən]
uitvinden (machine, enz.)	erfinden (vt)	[ɛɐ̯'fɪndən]
uitwissen (ww)	ausradieren (vt)	['aʊsˌʀa'diːʀən]

vangen (ww)	fangen (vt)	['faŋən]
vastbinden aan ...	anbinden (vt)	['anˌbɪndən]
vechten (ww)	schlagen (mit ...)	['ʃlaːgən mɪt]
veranderen (bijv. mening ~)	ändern (vt)	['ɛndən]

verbaasd zijn (ww)	überrascht sein	[yːbɐ'ʀaʃt zaɪn]
verbazen (verwonderen)	erstaunen (vt)	[ɛɐ̯'ʃtaʊnən]
verbergen (ww)	verstecken (vt)	[fɛɐ̯'ʃtɛkən]
verbieden (ww)	verbieten (vt)	[fɛɐ̯'biːtən]

verblinden (andere chauffeurs)	blenden (vt)	['blɛndən]
verbouwereerd zijn (ww)	verblüfft sein	[fɛɐ̯'blʏft zaɪn]
verbranden (bijv. papieren ~)	verbrennen (vt)	[fɛɐ̯'bʀɛnən]
verdedigen (je land ~)	verteidigen (vt)	[fɛɐ̯'taɪdɪgən]

verdenken (ww)	verdächtigen (vt)	[fɛɐ̯'dɛçtɪgən]
verdienen (een complimentje, enz.)	verdienen (vt)	[fɛɐ̯'diːnən]
verdragen (tandpijn, enz.)	aushalten (vt)	['aʊsˌhaltən]
verdrinken (in het water omkomen)	ertrinken (vi)	[ɛɐ̯'tʀɪŋkən]

verdubbelen (ww)	verdoppeln (vt)	[fɛɐ̯'dɔpəln]
verdwijnen (ww)	verschwinden (vi)	[fɛɐ̯'ʃvɪndən]
verenigen (ww)	vereinigen (vt)	[fɛɐ̯'ʔaɪnɪgən]
vergelijken (ww)	vergleichen (vt)	[fɛɐ̯'glaɪçən]

vergeten (achterlaten)	verlassen (vt)	[fɛɐ'lasən]
vergeten (ww)	vergessen (vt)	[fɛɐ'gɛsən]
vergeven (ww)	verzeihen (vt)	[fɛɐ'tsaɪən]
vergroten (groter maken)	vergrößern (vt)	[fɛɐ'gʀøːsən]
verklaren (uitleggen)	erklären (vt)	[ɛɐ'klɛːʀən]

verklaren (volhouden)	behaupten (vt)	[bə'haʊptən]
verklikken (ww)	denunzieren (vt)	[denʊn'tsiːʀən]
verkopen (per stuk ~)	verkaufen (vt)	[fɛɐ'kaʊfən]
verlaten (echtgenoot, enz.)	verlassen (vt)	[fɛɐ'lasən]
verlichten (gebouw, straat)	beleuchten (vt)	[bə'lɔɪçtən]

verlichten (gemakkelijker maken)	erleichtern (vt)	[ɛɐ'laɪçtern]
verliefd worden (ww)	sich verlieben	[zɪç fɛɐ'liːbən]
verliezen (bagage, enz.)	verlieren (vt)	[fɛɐ'liːʀən]
vermelden (praten over)	erwähnen (vt)	[ɛɐ'vɛːnən]

vermenigvuldigen (wisk.)	multiplizieren (vt)	[mʊltipli'tsiːʀən]
verminderen (ww)	verringern (vt)	[fɛɐ'ʀɪŋən]
vermoeid raken (ww)	müde werden	['myːdə 've:edən]
vermoeien (ww)	ermüden (vt)	[ɛɐ'myːdən]

256. Verbs V-Z

vernietigen (documenten, enz.)	vernichten (vt)	[fɛɐ'nɪçtən]
veronderstellen (ww)	vermuten (vt)	[fɛɐ'muːtən]
verontwaardigd zijn (ww)	sich empören	[zɪç ɛm'pøːʀən]
veroordelen (in een rechtszaak)	verurteilen (vt)	[fɛɐ'ʔʊʁtaɪlən]

veroorzaken … (oorzaak zijn van …)	verursachen (vt)	[fɛɐ'ʔuːɐˌzaxən]
verplaatsen (ww)	verschieben (vt)	[fɛɐ'ʃiːbən]
verpletteren (een insect, enz.)	zertreten (vt)	[tsɛɐ'tʀeːtən]
verplichten (ww)	zwingen (vt)	['tsvɪŋən]
verschijnen (bijv. boek)	erscheinen (vi)	[ɛɐ'ʃaɪnən]

verschijnen (in zicht komen)	erscheinen (vi)	[ɛɐ'ʃaɪnən]
verschillen (~ van iets anders)	sich unterscheiden	[zɪç ˌʊnteʃaɪdən]
versieren (decoreren)	schmücken (vt)	['ʃmʏkən]
verspreiden (pamfletten, enz.)	verbreiten (vt)	[fɛɐ'bʀaɪtən]

verspreiden (reuk, enz.)	verbreiten (vt)	[fɛɐ'bʀaɪtən]
versterken (positie ~)	befestigen (vt)	[bə'fɛstɪgən]
verstommen (ww)	verstummen (vi)	[fɛɐ'ʃtʊmən]
vertalen (ww)	übersetzen (vt)	[ˌyːbe'zɛtsən]
vertellen (verhaal ~)	erzählen (vt)	[ɛɐ'tsɛːlən]
vertrekken (bijv. naar Mexico ~)	wegfahren (vi)	['vɛkˌfaːʀən]

241

vertrouwen (ww)	vertrauen (vt)	[fɛɐ'tʀaʊən]
vervolgen (ww)	fortsetzen (vt)	['fɔʁt͵zɛtsən]
verwachten (ww)	erwarten (vt)	[ɛɐ'vaʁtən]
verwarmen (ww)	wärmen (vt)	['vɛʁmən]
verwarren (met elkaar ~)	verwechseln (vt)	[fɛɐ'vɛksəln]
verwelkomen (ww)	begrüßen (vt)	[bə'gʀyːsən]
verwezenlijken (ww)	verwirklichen (vt)	[fɛɐ'vɪʁklɪçən]
verwijderen (een obstakel)	beseitigen (vt)	[bə'zaɪtɪgən]
verwijderen (een vlek ~)	entfernen (vt)	[ɛnt'fɛʁnən]
verwijten (ww)	vorwerfen (vt)	['fo:ɐ͵vɛʁfən]
verwisselen (ww)	tauschen (vt)	['taʊʃən]
verzoeken (ww)	bitten (vt)	['bɪtən]
verzuimen (school, enz.)	versäumen (vt)	[fɛɐ'zɔɪmən]
vies worden (ww)	sich beschmutzen	[zɪç bə'ʃmʊtsən]
vinden (denken)	glauben (vi)	['glaʊbən]
vinden (ww)	finden (vt)	['fɪndən]
vissen (ww)	fischen (vt)	['fɪʃən]
vleien (ww)	schmeicheln (vi)	['ʃmaɪçəln]
vliegen (vogel, vliegtuig)	fliegen (vi)	['fliːgən]
voederen (een dier voer geven)	füttern (vt)	['fʏtən]
volgen (ww)	folgen (vi)	['fɔlgən]
voorstellen (introduceren)	vorstellen (vt)	['fo:ɐ͵ʃtɛlən]
voorstellen (Mag ik jullie ~)	bekannt machen	[bə'kant 'maxən]
voorstellen (ww)	vorschlagen (vt)	['fo:ɐʃla:gən]
voorzien (verwachten)	voraussehen (vt)	[fo'ʀaʊs͵ze:ən]
vorderen (vooruitgaan)	vorankommen	[fo:'ʀan͵kɔmən]
vormen (samenstellen)	bilden (vt)	['bɪldən]
vullen (glas, fles)	füllen (vt)	['fʏlən]
waarnemen (ww)	beobachten (vt)	[bə'ʔo:baxtən]
waarschuwen (ww)	warnen (vt)	['vaʁnən]
wachten (ww)	warten (vi)	['vaʁtən]
wassen (ww)	waschen (vt)	['vaʃən]
weerspreken (ww)	einwenden (vt)	['aɪn͵vɛndən]
wegdraaien (ww)	sich abwenden	[zɪç 'ap͵vɛndən]
wegdragen (ww)	fortbringen (vt)	['fɔʁt͵bʀɪŋən]
wegen (gewicht hebben)	wiegen (vi)	['vi:gən]
wegjagen (ww)	verjagen (vt)	[fɛɐ'ja:gən]
weglaten (woord, zin)	weglassen (vt)	['vɛk͵lasən]
wegvaren (uit de haven vertrekken)	ablegen (vi)	['ap͵le:gən]
weigeren (iemand ~)	absagen (vt)	['ap͵za:gən]
wekken (ww)	wecken (vt)	['vɛkən]
wensen (ww)	wünschen (vt)	['vʏnʃən]
werken (ww)	arbeiten (vi)	['aʁbaɪtən]
weten (ww)	wissen (vt)	['vɪsən]

willen (verlangen)	wollen (vt)	['vɔlən]
wisselen (omruilen, iets ~)	wechseln (vt)	['vɛksəln]
worden (bijv. oud ~)	werden (vi)	['veːɐdən]
worstelen (sport)	ringen (vi)	['rɪŋən]
wreken (ww)	sich rächen	[zɪç 'rɛçən]

zaaien (zaad strooien)	säen (vt)	['zɛːən]
zeggen (ww)	sagen (vt)	['zaːgən]
zich baseerd op	beruhen auf ...	[bə'ruːən 'aʊf]
zich bevrijden van ...	loswerden (vt)	['loːsˌveːɐdən]
(afhelpen)		

zich concentreren (ww)	sich konzentrieren	[zɪç kɔntsɛn'triːɐən]
zich ergeren (ww)	gereizt sein	[gə'raɪtst zaɪn]
zich gedragen (ww)	sich benehmen	[zɪç bə'neːmən]
zich haasten (ww)	sich beeilen	[zɪç bə'ʔaɪlən]
zich herinneren (ww)	zurückdenken (vi)	[tsu'rʏkˌdɛŋkən]

zich herstellen (ww)	genesen (vi)	[gə'neːzən]
zich indenken (ww)	sich vorstellen	[zɪç 'foːɐˌʃtɛlən]
zich interesseren voor ...	sich interessieren	[zɪç ɪntərɛ'siːɐən]
zich scheren (ww)	sich rasieren	[zɪç ra'ziːɐən]

zich trainen (ww)	trainieren (vi)	[trɛ'niːɐən]
zich verdedigen (ww)	sich verteidigen	[zɪç fɛɐ'taɪdɪgən]
zich vergissen (ww)	einen Fehler machen	['aɪnən 'feːlɐ 'maxən]
zich verontschuldigen	sich entschuldigen	[zɪç ɛnt'ʃʊldɪgən]

zich verspreiden	verschütten (vt)	[fɛɐ'ʃʏtən]
(meel, suiker, enz.)		
zich vervelen (ww)	sich langweilen	[zɪç 'laŋˌvaɪlən]
zijn (ww)	sein (vi)	[zaɪn]

zinspelen (ww)	andeuten (vt)	['anˌdɔɪtən]
zitten (ww)	sitzen (vi)	['zɪtsən]
zoeken (ww)	suchen (vt)	['zuːxən]
zondigen (ww)	sündigen (vi)	['zʏndɪgən]

zuchten (ww)	aufseufzen (vi)	['aʊfˌzɔɪftsən]
zwaaien (met de hand)	winken (vi)	['vɪŋkən]
zwemmen (ww)	schwimmen (vi)	['ʃvɪmən]
zwijgen (ww)	schweigen (vi)	['ʃvaɪgən]

www.ingramcontent.com/pod-product-compliance
Lightning Source LLC
Chambersburg PA
CBHW071323090426
42738CB00012B/2773